A questão
comunista

domenico losurdo

A questão comunista

história e futuro de uma ideia

TRADUÇÃO
RITA COITINHO

© Boitempo, 2022
© Carocci editore, Roma, 2021

Título original: *La questione comunista: storia e futuro di un'idea*

Direção-geral Ivana Jinkings
Edição Pedro Davoglio
Coordenação de produção Livia Campos
Assistência editorial Camila Nakazone e João Cândido Maia
Tradução Rita Coitinho
Preparação Lyvia Felix
Revisão Daniel Rodrigues Aurélio
Capa Maikon Nery
Diagramação Antonio Kehl

Equipe de apoio Elaine Ramos, Frederico Indiani, Higor Alves, Isabella Meucci, Ivam Oliveira, Kim Doria, Lígia Colares, Luciana Capelli, Marcos Duarte, Marina Valeriano, Marissol Robles, Maurício Barbosa, Raí Alves, Thais Rimkus, Tulio Candiotto, Uva Costriuba

---

CIP-BRASIL. CATALOGAÇÃO NA PUBLICAÇÃO
SINDICATO NACIONAL DOS EDITORES DE LIVROS, RJ

L89q

Losurdo, Domenico, 1941-2018
A questão comunista : história e futuro de uma ideia / Domenico Losurdo ; tradução Rita Coitinho. - 1. ed. - São Paulo : Boitempo, 2022.

Tradução de: La questione comunista - storia e futuro di un'idea
Apêndice
Inclui bibliografia
ISBN 978-65-5717-134-9

1. Marx, Karl, 1818-1883. 2. Filosofia marxista. 3. Comunismo - União Soviética. I. Coitinho, Rita. II. Título.

22-76100   CDD: 335.41
                                         CDU: 330.85

Gabriela Faray Ferreira Lopes - Bibliotecária - CRB-7/6643

É vedada a reprodução de qualquer
parte deste livro sem a expressa autorização da editora.

1ª edição: março de 2022

BOITEMPO
Jinkings Editores Associados Ltda.
Rua Pereira Leite, 373
05442-000 São Paulo SP
Tel.: (11) 3875-7250 / 3875-7285
editor@boitempoeditorial.com.br
boitempoeditorial.com.br | blogdaboitempo.com.br
facebook.com/boitempo | twitter.com/editoraboitempo
youtube.com/tvboitempo | instagram.com/boitempo

SUMÁRIO

INTRODUÇÃO. REPENSAR O MARXISMO, PROJETAR A SOCIEDADE PÓS-CAPITALISTA, *por Giorgio Grimaldi* 7
    POR QUE *A QUESTÃO COMUNISTA*? 7
    UMA NOVA SEÇÃO DO PROJETO DE REPENSAR O MARXISMO 9
    O *MARXISMO OCIDENTAL* E *A QUESTÃO COMUNISTA* 9
    ESTRUTURAS CONCEITUAIS, HISTÓRIA, PRÁXIS 12
    MOVIMENTO COMUNISTA E LUTA POR RECONHECIMENTO 16
    O MARXISMO HOJE 18
    BIBLIOGRAFIA 20

ADVERTÊNCIA 21

PREMISSA. "ANTITOTALITARISMO" E ANTICOMUNISMO COMO DOUTRINAS DE ESTADO 23

1. O COMUNISMO COMO "UTOPIA INVERTIDA"? 33
    "ANTITOTALITARISMO" E AUTOABSOLVIÇÃO DO OCIDENTE LIBERAL 33
    COMUNISMO: UMA "PALAVRA INDIZÍVEL"? 39
    AS FRONTEIRAS IMPRECISAS ENTRE A UTOPIA E O
        PROJETO POLÍTICO CONCRETO 46
    NATUREZA, ARTIFÍCIO, ENGENHARIA SOCIAL 49
    UTOPIA E UTOPIA REALIZADA 51
    UTOPIA E UTOPIA INVERTIDA 55
    MITO E REALIDADE DO "NOVO HOMEM" 59
    DESENVOLVIMENTO DAS FORÇAS PRODUTIVAS: UMA
        NOVA UTOPIA INVERTIDA? 62
    O "ESTADO ESTACIONÁRIO" E O "DECRESCIMENTO" COMO
        UMA UTOPIA INVERTIDA 66

2. LIBERAL-SOCIALISMO OU COMUNISMO? 71
    MARX, LÊNIN E A CAUSA DA LIBERDADE 71

"Reação imperialista" e nascimento do liberal-socialismo 77
Comunismo, liberal-socialismo, "socialismo para
o povo dos senhores" 82
Liberal-socialismo e comunismo: três oportunidades de
encontro (perdidas) 86
Equívoco liberal-socialista e responsabilidade comunista 93
Os limites de fundo do liberal-socialismo 97
Bobbio contra Hobhouse: o liberal-socialismo como
fuga do conflito 101
Da fuga do conflito à deslegitimação das revoluções
anticoloniais 106
A análise do fascismo: Bobbio e a ruptura com
o liberal-socialismo 114
1848 e 1989: Tocqueville e Bobbio 117
Renascimento ecológico do liberal-socialismo? 120
Movimento comunista e hereditariedade do liberal-socialismo ... 123

3. Amadurecimento do projeto comunista e herança liberal 127
Herança liberal e crítica do populismo... 127
O populismo como culto do "decrescimento" e da "natureza" 133
Populismo e messianismo 139
O comunismo como capítulo da história das religiões? 142
O messianismo do totalmente Outro 146
O messianismo da Expectativa 149
Ah, se Badiou tivesse lido Togliatti! 154
Retornar ao "socialismo utópico"? Uma empreitada quixotesca 161

4. O comunismo como evasão ou "movimento real" 171
Populismo, messianismo, rebelionismo... 171
Como o rebelionismo se converte em seu contrário 179
Como o messianismo se transforma em capitulacionismo............. 185
Imprevisibilidade do processo histórico e... 189
... dupla definição de "comunismo" 197

Conclusões – A aventurosa viagem de Colombo como uma
metáfora para a revolução 199

Apêndice 201

Referências bibliográficas 205

Sobre o autor 215

INTRODUÇÃO
Repensar o marxismo, projetar a sociedade pós-capitalista
Giorgio Grimaldi

Por que *a questão comunista*?

Na gênese de uma obra atuam as questões, as exigências que ao autor se apresentam como elementos que decidem o movimento de seu tempo. Elas podem ocupar uma posição mais ou menos central no debate reservado a determinados círculos culturais ou mesmo aos olhos da opinião pública, e a tarefa do autor é a de primeiro identificá-las, isolando-as dos temas que, seguindo a lógica da moda, são percebidos como assuntos "do momento" e que "no momento" se esgotam. A obra que a moda (ou até a mera contingência) dita não pressupõe uma análise dos aspectos decisivos do próprio tempo, mas reflete, com maior ou menor elegância, suas decisões.

No caso de um filósofo como Domenico Losurdo, que nunca seguiu ou se entregou a tendências, mas sempre manteve livre e coerente o olhar sobre um objetivo – "a emancipação política e social da humanidade como um todo"[1] –, a primeira questão que ocorre interpor a este texto inédito (o primeiro trabalho monográfico a ser publicado depois de seu falecimento, ocorrido em 28 de junho de 2018) é o motivo de ter escolhido prosseguir no projeto de repensar o marxismo que animou a última fase de seu pensamento. Não se trata, ao contrário do que o título provisório do volume (*A questão comunista a cem anos da Revolução de Outubro*) poderia sugerir, de um texto que parte de uma ocasião, de uma contingência. Claro, ele se insere nas discussões nascidas a partir do centenário da Revolução de 1917, mas fora de qualquer intenção celebrativa ou apologética. *A questão comunista* tem o propósito de

---

[1] Neste volume, p. 189.

articular um balanço histórico da experiência soviética e do marxismo em sua complexidade. Não apenas: Losurdo observa o marxismo nos elementos que nele convergem e naquilo que é capaz, em um futuro próximo ou distante, de produzir.

O primeiro olhar, voltado para o passado, coloca a experiência do marxismo do século XX sempre em estreito contato com o século anterior – fundador, na conexão crítica mais profunda e essencial –, com Hegel e a filosofia clássica alemã em sua complexidade. Losurdo enfrenta também a problemática e tormentosa relação com o judaísmo e o cristianismo, da qual alguns aspectos constitutivos (um, sobretudo: o messianismo) são primordiais para a compreensão das características e dos limites do próprio marxismo, do movimento comunista e do projeto de "uma sociedade pós-capitalista"[2]. O segundo olhar, orientado para o futuro, não se dirige à mera coerência temática do texto, mas a uma questão de natureza teórica: o marxismo de Losurdo expulsa os elementos de caráter utópico e messiânico, isto é, tudo aquilo que se refere a um futuro que tem as características de um totalmente Outro em relação à imanência atual, ao estado presente das coisas, e que se realiza na forma de imediatismo, com a simplicidade e a potência do advento do Messias. O imediatismo do advento do mundo emancipado e a visão particular que essa *forma mentis* [mentalidade] tem dele – ou seja, a completa ausência de conflitos e contradições – são os elementos centrais de um esquema utópico-messiânico que (Losurdo insiste nisso com grande clareza) pode ter uma função positiva, de mobilização, em uma fase inicial da luta pela emancipação, mas que posteriormente não pode mais existir e deve deixar espaço para as tarefas concretas de gestão do poder, sem as quais não é possível "construir" qualquer "sociedade pós-capitalista"[3].

Chegamos, assim, a um ponto que ocupa um lugar estratégico no pensamento de Losurdo e em seu repensar do marxismo, que neste texto produz resultados teóricos decisivos: trata-se da questão do poder. É justamente na articulação dessa questão que se encontra um dos motivos que constituem a resposta à questão da qual partimos: por que estabelecer uma prioridade de redação e publicação para uma obra que pretende repensar o marxismo hoje?

---

[2] Ibidem, p. 198.
[3] Idem.

Introdução – Repensar o marxismo, projetar a sociedade pós-capitalista   9

Uma nova seção do projeto de repensar o marxismo

De fato, uma versão impressa do arquivo de *A questão comunista* estava na mesa de Losurdo, um sinal da intenção de uma publicação futura. Reconstruindo as várias passagens de que nasceu o volume, graças ao arquivo disponibilizado pela família Losurdo, ficou claro que se trata de uma parte específica de um projeto abrangente, cujo processamento abrange um período que vai de 2014 a 2018, e que inclui o material do livro *O marxismo ocidental: como nasce, como morre, como pode renascer* (publicado em 2017), o texto aqui publicado e, em perspectiva, um volume sobre a China e os problemas associados ao desenvolvimento e à implementação de uma ordem pós-capitalista. Dessas três partes do projeto, *O marxismo ocidental* e *A questão comunista* estão intimamente relacionadas; a terceira, *em andamento*, desenvolve uma questão específica que, segundo Losurdo, merecia um espaço próprio. Isso mostra que, como se pode ler a partir de um primeiro índice juntado aqui no "Apêndice", um capítulo completo (o quarto) foi suprimido. Trata-se do capítulo intitulado "Pensar a China, repensar o pós-capitalismo", que não aparece nas duas versões do texto que recebemos (uma impressa, conforme mencionado anteriormente, e outra em arquivo digital, criada em 26 de julho de 2014 e cuja última modificação data de 17 de janeiro de 2017, uma versão mais atualizada que a primeira).

Nesse ponto, a partir do material editado e do que estava no arquivo, pode-se afirmar que, do projeto completo sobre o marxismo ocidental, parte de um plano de reflexão e de repensamento do marxismo em geral, *O marxismo ocidental* e *A questão comunista* constituem um verdadeiro díptico: um confronto próximo, crítico e aberto com o marxismo ocidental. Uma seção posterior, ao contrário, em vez de observar a China – a grande protagonista atual do marxismo oriental – em referência ao Ocidente, pretende concentrar-se sobre ela, sem, é claro, isolar sua experiência. Com *A questão comunista*, portanto, o quadro inaugurado por *O marxismo ocidental* está completo.

O que se completa então, e qual é o caminho que conduz Losurdo a este texto?

O marxismo ocidental e *A questão comunista*

Em *O marxismo ocidental*, Losurdo percorreu a história do marxismo do século XX para reconstruir e compreender as divergências e as fraturas entre o marxismo ocidental e o oriental, duas categorias que de fato indicam diretamente uma localização específica, mas que, em última análise, expressam duas configurações diferentes do mesmo movimento, para além da efetiva localização geográfica. O marxismo ocidental representa a ala que, tanto por razões histórico-políticas quanto teóricas, vê declinar a perspectiva de uma revolução, que se mostra cada vez menos iminente no Ocidente. Diante das imensas dificuldades e trágicos conflitos que acompanham a complexa elaboração e construção concreta do socialismo *real*, o marxismo ocidental carimba o marxismo oriental como uma degeneração e traição do marxismo, reduzido, a seus olhos, a um mero *instrumentum regni** no signo da iliberdade. A perspectiva eurocêntrica e/ou domesticada do atlantismo (ora mal disfarçada, ora explícita), a consequente falta de pleno reconhecimento da legitimidade das lutas de libertação dos povos coloniais e o peso da tradição judaico-cristã do messianismo impedem o marxismo ocidental não só de proceder com sucesso no Ocidente, mas também de informar-se criticamente do que está acontecendo fora de suas fronteiras ou, pelo menos, reconhecer a complexidade das experiências soviética e chinesa em particular.

Em vez de prosseguir nessa direção, o marxismo ocidental rejeitou o oriental, por considerá-lo inautêntico, e preferiu celebrar a si mesmo como um movimento que, longe do poder e da corrupção que daí derivaria, mantém sua excelência moral diante dos dramas do socialismo "realizado". Escrutinando em suas diversas articulações o marxismo que, em contraposição com aquele "oriental", gosta de se apresentar como "ocidental", Losurdo inverte o julgamento. Essa falta de relação com o poder, celebrada pelo marxismo ocidental – uma falta que chega a tornar-se programa –, e a ausência de pleno reconhecimento e aceitação das revoluções anticoloniais têm representado uma estagnação teórica (e, consequentemente, também prática). Por um lado, tendo-se liquidado o poder enquanto tal, renunciou-se *a priori* ao trabalho teórico de questionar sua gestão e os problemas que dele decorrem. Por outro lado, mesmo no campo marxista, o Ocidente se fechou na defesa dos próprios "interesses", endossando, de modo mais ou menos consciente, as políticas imperialistas e neocoloniais. É certo que isso não resultou no fim do marxismo como tal (pense-se na China), mas no fim do marxismo de tipo ocidental. *O marxismo ocidental* convidava a sanar a divergência, a fratura entre os dois marxismos, tecendo outra vez o fio de continuidade com a linha Gramsci-Togliatti (que certamente não eram

---

* *Instrumentum regni*: refere-se à instrumentalização que o Estado faz da igreja ou da religião para alcançar seus objetivos de governo. (N. T.)

marxistas "orientais", mas – este é um dos pontos centrais – estavam atentos à lição de Lênin) e elaborando-o a partir das experiências do marxismo do século XX e das experiências e problemas atuais.

A perspectiva losurdiana indicava principalmente duas direções. A primeira era constituída pela necessidade de se confrontar o tema da gestão concreta do poder; a segunda correspondia à aquisição de uma visão de conjunto da situação mundial – uma totalidade que não deveria mais ser perdida de vista, que implicava um olhar não apenas concentrado no Ocidente, mas particularmente atento à questão colonial e, hoje, neocolonial. A tomada de consciência da necessidade de se saber gerir o poder e da impossibilidade de liquidar o problema em nome de uma iminente extinção do Estado, bem como o pleno reconhecimento e atenção aos confrontos das revoluções anticoloniais, eram o êxito da reflexão de *O marxismo ocidental*, que indicava esses elementos como condições necessárias para permitir o renascimento do marxismo no Ocidente.

Elaboradas algumas das formas essenciais que devem informar internamente o marxismo, Losurdo, em *A questão comunista*, muda agora o ângulo do problema, que permanece o mesmo: repensar o marxismo depois do século XX. O ângulo muda, porque o marxismo agora é observado e comparado, de novo, com o pensamento de autores que se referem a ele (prossegue o confronto, já presente em *O marxismo ocidental*, mas não apenas nele, com Badiou, Hardt, Negri, Žižek), mas também é observado e comparado com a tradição do socialismo, do liberal-socialismo, do socialismo liberal (daí Carlo Rosselli, Bobbio, Hobson, Hobhouse) em suas várias configurações, até mesmo aquelas particularmente sensíveis à questão ecológica (Caillé). O ponto de onde se irradia a análise e que ilumina o marxismo de dentro como objeto de reflexão é, aqui, o movimento comunista.

A história desse movimento vem analisada por Losurdo por meio dos sucessos, das derrotas, dos dilemas, da conflitualidade interna, das questões em aberto, mantendo o resultado alcançado em *O marxismo ocidental* e estendendo-o a todo o campo do marxismo: a máxima atenção à gestão concreta do poder em cada situação histórica determinada no tempo e a visão de conjunto – a totalidade. Já sabemos que nem todo marxismo reserva a atenção ou pelo menos a consideração necessária a esses dois elementos, que, instituídos em *O marxismo ocidental*, animam e permeiam a obra de Losurdo ao longo de toda a sua evolução. Agora, em *A questão comunista*, Losurdo relaciona suas reflexões sobre marxismo, liberalismo, socialismo e suas combinações para elaborar um balanço dos resultados do movimento comunista (daí, no título provisório da obra, como já sabemos, a referência ao horizonte dos *cem anos da Revolução de Outubro*) e indicar os frutos positivos a serem reivindicados e as lacunas, os limites a serem superados por meio da aquisição crítica das lições do liberalismo e do liberal-socialismo. Em *A questão comunista* convergem e assumem uma nova configuração temas que acompanham toda a reflexão de Losurdo e que marcaram momentos importantes de sua obra: este texto, portanto, não apenas continua e completa *O marxismo ocidental*, mas retoma, reconfigura e rearticula elementos fundamentais de seu pensamento em um quadro de reformulação do marxismo, do qual fixa elementos decisivos.

A questão do poder e o que chamamos de *visão de conjunto*, ideias que estão na base do pensamento de Losurdo, aparecem tanto em *O marxismo ocidental* quanto em *A questão comunista*, livro este no qual aparecem em seu máximo desenvolvimento e profundidade. Torna-se necessário, agora, acompanhar amplamente como se deu tal desenvolvimento.

Estruturas conceituais, história, práxis

Ao menos a partir de *A luta de classes*, Losurdo concentrou-se no trabalho de reelaboração e de reformulação do marxismo, com uma atenção particular para as experiências do século XX. A União Soviética, o Vietnã, a República Popular da China – que se instituiu no século passado e hoje é uma das maiores potências mundiais –, bem como as experiências marxistas na América Latina, são, aos olhos de Losurdo, não uma impiedosa realidade de um nobre porém irrealizável ideal, mas uma gigantesca tensão, um enorme trabalho, expressão de um imenso movimento de emancipação que se mensura pela tarefa de conferir direitos políticos, civis, econômicos e sociais às grandes massas que jamais os conheceram.

Trata-se de um momento eminente de um movimento milenar que atravessa a história mundial: durante séculos, massas de homens e mulheres foram excluídas da plena cidadania e, no princípio dessa exclusão, foram excluídas do reconhecimento completo e, portanto, real e efetivo, de sua humanidade. Relegados à condição de subordinação contínua e considerados semelhantes (senão iguais) aos animais e instrumentos de trabalho (*instrumentum vocale*, como na Roma Antiga), são indivíduos que não tiveram pleno reconhecimento de sua individualidade, de sua humanidade, de sua liberdade. A essa situação, que se estendeu por milênios de história em escala planetária, reagiu-se de maneiras e graus diversos, em níveis diferentes, cuja configuração refletia, a cada vez, a mentalidade e a sensibilidade de uma época. Esses movimentos podem estar mais ou menos conscientes de sua função histórica ou mesmo de seu alcance – capazes de atrair outros grupos para seu lado –, podem ter um significado mais ou menos universalista, podem assumir – como Losurdo enfatiza de maneira particular neste texto – uma forma religiosa ou mais política (ou seja, que não confunde os dois planos). A história da emancipação, portanto, tem longa duração e longa origem e pode assumir, em cada situação, muitas formas diferentes, que se deve saber reconhecer e distinguir. O marxismo e o comunismo fazem parte dessa história e constituem, como comprovam o século XX e as experiências anteriormente mencionadas, um dos momentos mais elevados, mesmo que seja pela amplitude da escala que inauguram e em que atuam.

É isso que Losurdo reivindica e defende frente ao liberalismo, capaz, sim, de elaborar uma teorização complexa dos direitos políticos e civis e de pensar de forma madura e articulada a questão do poder e, em particular, sua limitação, mas constitutivamente incapaz de conceber a aplicação desses direitos e a limitação do poder de uma maneira verdadeiramente universal: a luta, a partir do Ocidente, pelo sufrágio universal (masculino e feminino) e a falta de governo das leis, de um Estado de direito nas colônias, são um o efeito e o outro um dado provenientes do universalismo parcial do liberalismo. Com certeza esse último é um passo à frente em relação à sociedade feudal e seu mercado fechado (são célebres, mas escassamente consideradas pelos marxistas "ortodoxos", as páginas do *Manifesto comunista* nas quais Marx e Engels reconstroem a ascensão da burguesia e destacam seu alcance progressivo), mas no liberalismo os homens propriamente livres são, como regra, exclusivamente brancos e proprietários.

Em *Contra-história do liberalismo* – um texto fundamental –, Losurdo mostrava que liberalismo e escravidão moderna surgiram e caminharam de mãos dadas: como isso foi possível? O universalismo mais ou menos de fachada do liberalismo foi a causa profunda disso. E, ao mesmo tempo – passagem e resultado teórico decisivo –, o autor enucleava um legado que devia ser criticamente compreendido e assimilado pela tradição marxista: a parcialidade do universalismo burguês não acarretava a liquidação do universalismo, dos direitos políticos e civis (os direitos "burgueses"), o adiamento, mesmo que arrogante, da questão do poder e de sua limitação. Ao contrário, para o marxismo a parcialidade liberal tinha de ser libertada de sua própria parcialidade: era precisamente o marxismo que, autenticamente universalista, poderia realizar o que o liberalismo havia realizado apenas de modo parcial, mantendo os subalternos excluídos. E naquele texto Losurdo apontou outro elemento de grande importância para compreender a história do liberalismo e os mecanismos que o movem, e para dele tirar uma lição para o marxismo: longe da fábula do automatismo que permite ao liberalismo expandir gradativamente seu alcance de ação, este, ao contrário, adquiriu dos movimentos socialistas e comunistas uma expansão de seu caráter universalista, que assimilou a ponto de modificar a própria configuração.

Esse movimento, complexo, cheio de nuances, irrita duas categorias de "puristas". A primeira é a dos liberais, segundo os quais o socialismo e o comunismo "contaminam" o liberalismo, que deveria remontar às suas origens, isto é, a um universalismo que foi maculado desde o início pela exclusão da imensa maioria dos indivíduos da plena humanidade. No lado oposto, está a categoria dos "puristas" marxistas, para os quais não é apenas um incômodo que certas reivindicações, sob a égide do liberalismo, tenham sido realizadas (na verdade, o resultado não importa tanto quanto a cor da bandeira que o aponta), mas, com a simples ideia de "contaminar" a revolução proletária com conteúdo burguês, acusam a traição da causa comunista e veem corrompida sua esplêndida visão do futuro. É uma pena que seja apenas uma "visão", porém, e que nem mesmo a ordem neoliberal, que de fato quer voltar ao liberalismo originário, convença-os de que a história não prossegue com soluções "puras". Na verdade, o liberalismo das origens é afetado pela estratificação e pelos diferentes e exclusivos *estatutos* jurídicos medievais dos quais se enxertou, trazendo consigo seus traços; e o liberalismo das origens em uma versão neoliberal, tendo em suas costas a fase do liberalismo que assimilou as reivindicações socialistas e comunistas, não é progressivo (como o das origens no que diz respeito à ordem feudal), mas regressivo (porque é estabelecido pelo desmantelamento do progresso anterior). Em qualquer caso, também não atua como um sistema "puro". "Restaurando" um sistema em uma condição histórica diferente daquela que se tem como referência, põe-se em contradição consigo mesmo: não pode subtrair o sufrágio universal, então agora busca neutralizá-lo; não pode negar o reconhecimento dos direitos universais do homem em nível global, mas reveste-os ideologicamente para aboli-los; não pode renegar a ideia de livre mercado, mas, para proteger os monopólios, aplica taxas. Em todo caso, mesmo que o equilíbrio de forças não seja justo, a ordem neoliberal é forçada a lidar com um mundo em que algumas ideias e reivindicações são, pelo menos no nível comunicativo, inegociáveis, ou seja, nem mesmo em seu momento de maior sucesso (ainda que em fase de declínio) pode o neoliberalismo ser aplicado em sua forma "pura".

Contudo, o principal elemento ausente em ambas as posições que gostariam de apresentar-se como "puras", "autênticas", é o sentido histórico, no qual, ao contrário, Losurdo insiste continuamente. E seu convite para que nos libertemos da ideia de um marxismo "autêntico" porque "puro", não "contaminado" pelo passado "burguês" está em consonância – se ele realmente quiser se apresentar como "ortodoxo" – com Lênin e Gramsci, bem como com Marx e Engels, que – embora com oscilações importantes (é preciso dizer: a complexidade não deve ser removida para se apresentar "pura") – nos convidaram à construção de uma sociedade mais avançada do que a burguesa, a sermos "herdei[ros] da filosofia clássica alemã"[4], à qual certamente não faltou o elemento "burguês".

É uma indicação, a engelsiana, que Losurdo tomou a sério, que nos permite compreender a base teórica sobre a qual se realiza a reflexão sobre o poder, sobre a sociedade pós-capitalista e sobre a totalidade política e social que permeia toda a sua obra e se religa ao repensar do marxismo que caracteriza a última fase de seu pensamento – da qual este livro constitui um importante momento. Losurdo foi de fato um intérprete excepcional tanto de Kant quanto de Hegel, um autor, esse último, que moldou profundamente seu pensamento. De Hegel (entre os textos mais importantes destacamos *Hegel e a liberdade dos modernos*, *Hegel e a Alemanha*, *A hipocondria da antipolítica*), Losurdo apontou os aspectos decisivos que o ligam aos momentos progressivos da modernidade e mostrou a validade e a atualidade das ferramentas conceituais centrais de sua obra. De Kant, documenta (em *Autocensura e compromisso no pensamento político de Kant*) como seu pensamento político deve ser lido em conexão com e em defesa da Revolução Francesa e de seus resultados (embora, para ser contextualizada, a crítica de Engels a Kant em *Ludwig Feuerbach e o fim da filosofia clássica alemã* deve ser considerada excessivamente unilateral). E é o pensamento de Hegel a estrutura conceitual a partir da qual Losurdo elabora dois aspectos decisivos de *A questão comunista*: a totalidade e a modalidade da transição para a sociedade pós-capitalista.

O primeiro aspecto – a totalidade – é em Hegel a visão de conjunto, o Absoluto (diga-se de passagem – deve ser repensado considerando o Absoluto

---

[4] Friedrich Engels, *Ludwig Feuerbach e il punto d'approdo della filosofia classica tedesca* (Roma, Editori Riuniti, 1976 [1886]), p. 78. [ed. bras.: *Ludwig Feuerbach e o fim da filosofia clássica alemã*, trad. Vinícius Mateucci de Andrade Lopes, São Paulo, Hedra, 2020]

hegeliano como estase e/ou "fechamento" do sistema, negação do movimento), totalidade que Losurdo declina como totalidade política e social, como espírito objetivo. Isso lhe permite pensar com clareza e coerência, sem oscilações, sobre a questão colonial, indicada com lucidez e decisão por Lênin quando convida os povos coloniais a saírem da subordinação a que são forçados pelo sistema imperialista. Losurdo insiste nesse ponto, sobretudo neste volume: "como a construção do Estado de bem-estar, o processo de descolonização não pode ser concebido sem o impulso e a contribuição do movimento comunista"[5]. Ambos são possíveis porque a totalidade política e social é observada como um todo: a nível nacional segue-se o Estado social, a nível internacional, a luta pela descolonização.

O segundo aspecto cujo fundamento é hegeliano é a solução losurdiana da oscilação marxista (presente desde Marx) entre a visão histórica e a escatológica: a dialética. Para pensar a sociedade pós-capitalista é necessário não "imaginar a nova ordem como a negação abstrata e não dialética do ordenamento existente"[6]. Em outras palavras, a dialética, que é movimento, não procede de acordo com graus zeros que interrompem e rompem o *continuum* histórico. Isso significa não só que todo messianismo é posto fora de ação por Losurdo (e mesmo isso não significa não compreender as motivações profundas: é esplêndido neste texto o confronto de Losurdo com Benjamin), mas também que, no movimento dialético, a verdade do passado se combina com novas demandas, e a "nova ordem" nunca é *novitas* [novidade] perfeita, mas junção, em um nível superior, do passado e do presente já projetados no futuro. É assim que o marxismo pode se tornar o herdeiro dos pontos mais altos do liberalismo. Losurdo toma para si o que expressou Lúcio Lombardo Radice: "O mundo evolui, mas as verdades do mundo que desvanece são recolhidas do novo mundo"[7].

MOVIMENTO COMUNISTA E LUTA POR RECONHECIMENTO

É no confronto com a filosofia clássica alemã, com o pensamento liberal (Locke, Tocqueville), com o marxismo, Nietzsche e Heidegger, que Losurdo reforça sua posição: é nesse nível que ele estabelece o plano de reflexão e debate, e é nesse nível que é preciso situar-se para entendê-lo. A reflexão filosófica e a reflexão

---

[5] Neste volume, p. 26.
[6] Ibidem, p. 146.
[7] Ibidem, p. 186.

histórico-política referem-se uma à outra porque uma constitui a outra, uma informa a outra. É nesse plano que se desenvolve sua leitura do marxismo do século XX, a qual não suprime nenhuma fase, mesmo aquela difícil e polêmica reconstruída em seu *Stalin*, a qual não se esquiva do que é a verdadeira matéria incandescente. O horizonte conceitual de Losurdo é o de um repensar complexo do marxismo não a partir de uma teoria que deva remontar a uma "pureza" original, mas a partir do entrelaçamento – na realidade, mesmo trágica – da teoria e da prática, nomeadamente na tensão da teoria que se faz prática em um contexto histórico específico: poderíamos dizer, na *dura* realidade.

É somente olhando bem de frente a glória e o horror da história que se pode extrair a lição mais incisiva. A reconstrução plena da história do movimento comunista não é orientada para a apologia nem para a execração: ambas as atitudes não levam em conta a – termo que se repete – totalidade de um movimento, de uma fase histórica, de um processo histórico em sua complexidade. É na visão de conjunto que realmente é possível traçar um balanço completo, compreender uma fase histórica e os movimentos que nela atuam e são seus protagonistas.

É uma visão de conjunto que nos permite notar que o liberalismo clássico elabora direitos individuais cuja validade – de fato – diz respeito principalmente a homens, brancos e proprietários. É essa mesma visão que nos permite observar o duplo padrão metrópoles/colônias em suas várias configurações, desde a época colonial e imperialista até o neocolonialismo e o imperialismo contemporâneos. E uma visão de conjunto é aquela que permite ver as tragédias e as responsabilidades do socialismo real sobre as quais a crítica dominante insiste constantemente: não se trata de negá-las, mas, sim, para pensar e repensar o marxismo, de tê-las bem presentes e não as remover em nome da "pureza" da teoria. No entanto, a visão de conjunto oferece um quadro mais bem articulado do que o dominante e permite, assim, um balanço bem diferente: além de ter sido componente essencial e decisivo na luta e no combate ao nazifascismo, o marxismo do século XX significou a aquisição de uma consciência política em escala inédita, impôs uma agenda política ao Ocidente liberal por meio do Estado social (que o neoliberalismo, não por acaso, empenha-se em desmantelar tanto quanto possível), convidou – a partir de Lênin – os povos coloniais a libertarem-se da condição de subalternidade e a lutar pela própria independência, política e econômica.

Sem o movimento comunista – este é um ponto fixo da reflexão de Losurdo, no qual insiste – não é concebível a revolução anticolonial mundial que se desenvolve com sucesso no século XX. E sem o movimento comunista não é concebível a aquisição por milhões de indivíduos, antes considerados *periféricos* na história, de uma plena dignidade humana (não mais *instrumentum vocale*) e, portanto, de direitos (políticos, civis, econômicos e sociais). De *objetos* do olhar patronal sobre o mundo, massas de indivíduos tornaram-se *sujeitos* de direito. É uma luta pelo reconhecimento (ainda não concluída, como a contemporaneidade testemunha) que no século XX tem um de seus momentos mais intensos, e nessa fase da luta o movimento comunista contribuiu de maneira essencial: são *essa* luta, *essa* história, *essa* contribuição o que Losurdo – em particular neste texto – pretende reafirmar frente ao seu apagamento ou à crítica dissolutiva que reduz a simples utopia, e a utopia que produz crimes e horrores, o movimento comunista e suas aspirações. Trata-se, em vez disso, de uma nobre história, que como tudo que é humano apresenta luzes e sombras: essas últimas não podem ser instrumentalizadas para esmorecer as primeiras até apagá-las por completo.

O marxismo hoje

Esse é o legado do movimento comunista que Losurdo apresenta para repensar o marxismo, para relançar uma perspectiva de práxis concreta. O marxismo, além de acertar as contas com outras tradições mais ou menos afins, deve acertar as contas consigo mesmo. Sua carga emancipatória não se exauriu, assim como não está concluída a luta pelo reconhecimento, dentro e fora do Ocidente (que deve ser pensado em uma visão global e não como um espaço privilegiado de liberdade).

No momento em que escrevo, o mundo está às voltas com uma pandemia global: estando imerso nesta fase, uma análise que se afirma aprofundada seria imprudente. O mínimo que se pode dizer, no entanto – e que tangencia nosso tema –, é que o que se sustentou e se mantém no sistema tem laços fortes e constitutivos com o Estado de bem-estar (pense na saúde pública). O neoliberalismo demonstra, em face das pedras angulares do liberalismo clássico, do qual é fruto direto, que é incapaz de realizá-las totalmente: protege a liberdade (de uma elite) e a propriedade (de uma elite), mas não – em absoluto – a vida (nem mesmo da elite, mesmo que tenha acesso a um tratamento inacessível a outras pessoas). Ou seja, mesmo na configuração mais restrita (uma elite), que é a sua, o neoliberalismo não consegue defender a vida, não lhe dá prioridade, porque – de fato – a subordina ao lucro. Em uma emergência, o sistema mostra sua inadequação: a natureza reativa a história.

Diante dessa reativação, que nunca é uma solução imediata, mas uma crise imediata, o marxismo não pode ficar parado contemplando. A pandemia não é a causa da crise (natureza e história se copertencem mas, precisamente por isso, não se identificam): esta, já em curso, se agrava com a emergência. Pode o marxismo – observador atento dos mecanismos do capital – oferecer uma contribuição e ter um papel não minoritário (ou pelo menos não nulo) quando o quadro neoliberal – na emergência global de saúde – demonstra seus limites constitutivos? Pode-se sair da crise – que não é, repetimos, contingência da covid-19, mas estrutural do capital – sem a contribuição do marxismo?

Na crise (e agora não estamos mais nos referindo – é preciso esclarecer – à pandemia em curso), o marxismo ocidental – ou pelo menos o marxismo que tem essas características criticadas por Losurdo – não pode seguir imaginando alternativas, sonhando com mundos possíveis, contando com subjetividades desejantes: é bom que acordemos da dimensão dos sonhos para chegar à da realidade, firmemente segura nas mãos de quem organiza o sistema que pretendemos superar.

E aqui a lição de Losurdo – central neste texto – é essencial: os subalternos não estão acostumados e educados para a gestão do poder e, por aversão a um sistema específico, rejeitam o poder como tal. O resultado não é a dissolução do poder nem a superação do sistema que se baseia nesse poder, mas a continuidade da condição subalterna. Se Lênin convidou o movimento comunista a superar o infantilismo (este é o significado do *Esquerdismo: doença infantil do comunismo*), é possível acrescentar a esse convite – seguindo Losurdo – o de superar a fase da adolescência, a rebeldia *in primis*.

A questão comunista – eis por que repensar o marxismo hoje – elucida e discute (e abre para discussão) uma série de elementos que servem não para imaginar, sonhar, desejar "uma sociedade pós-capitalista e pós-imperialista", mas para "construí-la"[8]. Não que não sejam possíveis (e necessários) a imaginação, os sonhos, o desejo, mas nunca como um fim em si mesmos. O que foi imaginado, sonhado, desejado deve voltar-se para a própria realização: em seu encontro com a *diferença* da qual também brota – a realidade –, mudará inevitavelmente suas características, mas só assim a realidade poderá mudar de caráter.

Desejo agradecer à esposa de Domenico Losurdo, Erdmute Brielmayer, ao seu filho Federico e a Stefano G. Azzarà pelos recursos colocados à disposição para o estudo dos materiais do Arquivo de Domenico Losurdo (o Grupo de Pesquisa Interuniversitário "Domenico Losurdo" – Departamento de Estudos Humanísticos, Università degli Studi di Urbino Carlo Bo – iniciou um trabalho

---

[8] Ibidem, p. 198.

sobre os inéditos). Quero também agradecer a Gianluca Mori e Alessandra Zuccarelli da Carocci por terem acolhido imediatamente e com sincero envolvimento este projeto editorial.

Porém – se me for concedido –, desejo manifestar novamente, a minha gratidão maior a Erdmute Brielmayer e Federico Losurdo, por terem me confiado a organização desta obra – um gesto que muito me honra.

Dedico meu trabalho de editoria à memória, sempre viva, de Domenico Losurdo, mestre do pensamento e do método.

Outono de 2020

Bibliografia

ENGELS, Friedrich. *Ludwig Feuerbach e il punto d'approdo della filosofia classica tedesca*. Roma, Editori Riuniti, 1976 [1886]. [ed. bras.: *Ludwig Feuerbach e o fim da filosofia clássica alemã*. Trad. Vinícius Mateucci de Andrade Lopes. São Paulo, Hedra, 2020.]

LÊNIN, Vladimir Ilyich. *L'estremismo, malattia infantile del comunismo*. Roma, Editori Riuniti, 1974 [1920]. [ed. bras.: *Esquerdismo:* doença infantil do comunismo. São Paulo, Expressão Popular, 2014.]

LOSURDO, Domenico. *Hegel e la Germania*: filosofia e questione nazionale tra rivoluzione e reazione. Milão, Guerini, 1997.

_____. *L'ipocondria dell'impolitico*: la critica di Hegel ieri e oggi. Lecce, Milella, 2001. [ed. bras.: *A hipocondria da antipolítica*: história e atualidade na análise de Hegel. Trad. Jaime A. Clasen. Rio de Janeiro, Revan, 2014.]

_____. *Controstoria del liberalismo*. Roma/Bari, Laterza, 2005. [ed. bras.: *Contra-história do liberalismo*. Trad. Giovanni Semeraro. Aparecida, Ideias & Letras, 2006.]

_____. *Autocensura e compromesso nel pensiero politico di Kant*. Nápoles, Bibliopolis, 2007 [1983]. [ed. bras.: *Autocensura e compromisso no pensamento político de Kant*. Trad. Ephrain Ferreira Alves. Aparecida, Ideias & Letras, 2015.]

_____. *Stalin*: storia e critica di una leggenda nera. Roma, Carocci, 2008. [ed. bras.: *Stalin*: história crítica de uma lenda negra. Trad. Jaime A. Clasen. Rio de Janeiro, Revan, 2010.]

_____. *Hegel e la libertà dei moderni*. Nápoles, La Scuola di Pitagora, 2011 [1992], 2. v. [ed. bras.: *Hegel e a liberdade dos modernos*. Trad. Ana Maria Chiarini e Diego Silveira. São Paulo, Boitempo, 2019.]

_____. *La lotta di classe*: una storia politica e filosofica. Roma/Bari, Laterza, 2013. [ed. bras.: *A luta de classes*: uma história política e filosófica. Trad. Silvia de Bernardinis. São Paulo, Boitempo, 2015.]

_____. *Il marxismo occidentale*: come nacque, come morì, come può rinascere. Roma/Bari, Laterza, 2017. [ed. bras.: *O marxismo ocidental*: como nasceu, como morreu, como pode renascer. Trad. Ana Maria Chiarini e Diego Silveira. São Paulo, Boitempo, 2018.]

MARX, Karl; ENGELS, Friedrich. *Manifesto del Partito Comunista*. Roma/Bari, Laterza, 2003 [1848]. [ed. bras.: *Manifesto comunista*. Trad. Álvaro Pina e Ivana Jinkings. São Paulo, Boitempo, 2010.]

ADVERTÊNCIA

O texto aqui apresentado é a última versão do arquivo com o título provisório *A questão comunista cem anos depois da Revolução de Outubro*: é a obra que Domenico Losurdo pretendia publicar depois de *O marxismo ocidental*. O arquivo, com exceção da supressão do quarto capítulo e da brevidade das "Conclusões", apresenta pouquíssimas lacunas (que são apontadas, sempre que necessário, no texto): pode, portanto, ser considerado com segurança a versão quase definitiva da obra.

As intervenções e os adendos do editor italiano são, no corpo do texto, indicados entre colchetes; se estiverem em uma nota, a chamada será indicada por asterisco e haverá uma marcação final com as iniciais N. E. I.* As intervenções mais importantes foram discutidas pelo editor com Erdmute Brielmayer e Federico Losurdo, em um trabalho conjunto em que se decidiu como proceder até mesmo em questões de detalhe (pontuação, raríssimas resoluções de sintaxe etc., as quais não se apresentam ao leitor para não sobrecarregar desnecessariamente a leitura), para estabelecer um padrão filológico.

Além dos índices provisórios deixados pelo autor (aqui apresentados no "Apêndice"), o arquivo original traz também uma bibliografia, revisada pelo editor.

---

* Os colchetes que indicam a referência em língua portuguesa das obras citadas, bem como as traduções de palavras estrangeiras no corpo do texto, foram inseridos pela edição brasileira. As notas de rodapé com a marcação N. T. foram incluídas pela tradução brasileira.

PREMISSA
"Antitotalitarismo" e anticomunismo como doutrinas de Estado

Radical é a mudança ocorrida em relação ao clima ideológico dominante por volta de 1989. Naqueles anos circulava um *cartoon* [caricatura] em que Marx exclamava: "Proletários de todos os países, perdoem-me!". A história – assegurava-se – estava essencialmente acabada, concluíra-se com o triunfo do capitalismo e, portanto, só se envergonhava o filósofo que, mais do que qualquer outro, se propusera a traçar uma alternativa ao sistema dominante. Era um sistema retratado como o melhor de todos os mundos possíveis e agora protegido das crises recorrentes e devastadoras para as quais Marx havia chamado a atenção. Menos de vinte anos depois, com a eclosão de uma crise muitas vezes comparada à Grande Depressão, no Ocidente foram os mesmos analistas do mundo econômico e financeiro que pediram orientação, senão ao coautor (junto com Engels) do *Manifesto Comunista*, em todo caso ao autor de *O capital*: idealmente, pediam perdão ao filósofo antes retratado como um imperdoável penitente. Quem melhor do que ele poderia explicar a *crise* que, apesar das ilusões e promessas anteriores, estava voltando a investir contra o sistema capitalista, causando miséria e desespero em massa?

A *crise* tornou ainda mais áspera a polarização social intrínseca à sociedade capitalista: houve uma redistribuição colossal de renda, mas a favor das classes privilegiadas, que enriqueceram ainda mais e de forma notável, muitas vezes recorrendo a métodos simplesmente escandalosos. Estamos diante de uma luta de classes conduzida de cima pelas elites privilegiadas: e a fornecer essa explicação estão também estudiosos e analistas que fazem parte da corrente dominante, até mesmo empresários, por definição internos ao sistema social que se põem a criticar. E assim, junto com *O capital*, o *Manifesto Comunista* é de fato redescoberto!

Dois anos depois de 1989, junto com a dissolução da União Soviética, ocorreu a Primeira Guerra do Golfo: a intervenção contra o Iraque de Saddam Hussein por uma poderosa força militar liderada pelos Estados Unidos foi aprovada sem problemas pelo Conselho de Segurança da Organização das Nações Unidas (ONU) e celebrada por uma ampla opinião pública como o advento da Nova Ordem Internacional. A partir desse momento, o governo das leis – asseguravam os dirigentes e ideólogos do Ocidente – presidiria também as relações entre os Estados: o flagelo da guerra estava destinado a diminuir drasticamente e até desaparecer. A história caminhava mesmo para um final feliz, com a concretização da melhor ordem possível no plano interno e internacional!

A segunda ilusão provou ser tão efêmera quanto a primeira. O século XX terminou com a guerra contra a Iugoslávia, desencadeada pelo Ocidente e pela Organização do Tratado do Atlântico Norte (OTAN) sem a autorização do Conselho de Segurança e em aberta violação do direito internacional, e resultou na instalação, pelos Estados Unidos, da gigantesca base militar de [Camp] Bondsteel, firmemente estabelecida nos Bálcãs e apontada de modo ameaçador para o Leste Europeu e a Rússia. Quatro anos depois, foi a vez da Segunda Guerra do Golfo, que não só carecia de legitimidade da ONU, como também encontrou oposição de dois países membros com autoridade no Ocidente e na OTAN como a França e a Alemanha. Foi a negação brutal da promessa de uma Nova Ordem Internacional baseada na realização do Estado de direito mesmo nas relações entre os Estados. Foi a imposição desvelada da lei do mais forte.

Com efeito, numerosas eram as personalidades políticas e intelectuais que conclamavam a todos a se curvarem respeitosamente à "lógica do *imperialismo*", "do *neoimperialismo*" ou que louvavam de maneira descarada o triunfo do "*imperialismo* ocidental", ou mais exatamente o dos Estados Unidos; um historiador alcançou um sucesso extraordinário ao louvar o Império Britânico, com o olhar no passado, e o Império Americano, com o olhar no presente[1]. Para dizer a verdade, não faltaram tomadas de posição que colocassem em questão as reais motivações da intervenção dos Estados Unidos no Afeganistão, aparentemente uma resposta ao ataque às Torres Gêmeas em Nova York: "Acho

---

[1] Domenico Losurdo, *La lotta di classe: una storia politica e filosofica* (Roma-Bari, Laterza, 2013), p. 260-7. [ed. bras.: *A luta de classes: uma história política e filosófica*, trad. Silvia de Bernardinis, São Paulo, Boitempo, 2015, p. 275-82]

que seria mais correto caracterizar os atentados terroristas não como resposta à liberdade ou aos ideais estadunidenses, mas à política estadunidense, ao *imperialismo* estadunidense, especialmente no Oriente Médio". Quem se manifestou assim foi o eminente historiador inglês das doutrinas políticas Quentin Skinner[2]. Não era uma voz isolada. Damos a palavra a outros dois estudiosos, desta vez dos Estados Unidos: "A guerra estadunidense ao terrorismo é uma reedição do *imperialismo*"[3]; o que inspirava Washington – observou Anatol Lieven por sua vez – era um "*imperialismo* cada vez mais explícito"[4]. À mesma conclusão chegaram personalidades políticas ocidentais de primeiro plano: se Ted Kennedy distanciou-se do "novo *imperialismo*" de Washington[5], o ex-chanceler alemão Helmut Schmidt denunciou veementemente a "tendência estadunidense para o unilateralismo ou mesmo para o *imperialismo*"[6].

Crises recorrentes do capitalismo, *luta de classes, imperialismo,* guerras e ameaças de guerra: os desdobramentos da situação econômica e política chamaram a atenção do grande público para três categorias centrais do discurso caras a Marx e Lênin. Às vezes, no curso do debate, emergiu até mesmo um equilíbrio problemático e não maniqueísta acerca do papel que ocuparam Marx e Lênin no movimento histórico. Eminentes estudiosos de diferentes origens e experiências (o estadunidense Joseph E. Stiglitz, ganhador do Nobel de Economia, o francês Thomas Piketty, autor neomarxista de um *best-seller* internacional*, o alemão Jens Jessen, um prestigioso articulista do semanário liberal *Die Zeit*), com diferentes linguagens reconheceram que foi o colapso do socialismo no Leste Europeu que abriu o caminho para a reação "ultraliberal", para fazer recuar o "grande salto em frente em matéria de justiça social" estimulado pela Revolução de Outubro, para sancionar o domínio indiscutível da riqueza sobre a vida política. De forma mais geral, as vozes se engrossam, denunciando a configuração (no Ocidente e em particular em seu país líder) da democracia como o "domínio dos grandes bancos" e da grande riqueza como

---

[2] Citado em Paolo Passarini, "Skinner: 'Afghanistan? Non una guerra, somiglia alla vendetta'", *La Stampa*, 16 dez. 2001.
[3] Michael Ignatieff, "Lehrer Atta, Big D und die Amerikaner", *Die Zeit*, v. 34, 15 ago. 2002 (publicado originalmente em *The New York Times Magazine*), p. 11.
[4] Anthony Lewis, "Bush and Iraq", *The New York Review of Books*, 7 nov. 2002, p. 6.
[5] Maurizio Molinari, "Un coro attraversa l'America: no alla guerra", *La Stampa*, 8 out. 2002.
[6] Helmut Schmidt, "Europa braucht keinen Vormund", *Die Zeit*, v. 32, 1º ago. 2002.
* Thomas Piketty, *Le capital au xxie siècle* (Paris, Seuil, 2013). [ed. bras.: *O capital no século XXI*, trad. Monica Baumgarten de Bolle, Rio de Janeiro, Intrínseca, 2014] (N. E. I.)

"plutocracia". Contudo, não é esse o princípio inspirador da crítica formulada por Marx, Engels e Lênin ao mundo liberal-burguês[7]?

Quanto às relações internacionais, são os mesmos partidários e ideólogos do sistema vigente que acabam por reconhecer, indireta e involuntariamente, o papel histórico positivo desempenhado pelo movimento comunista. Dá o que pensar a maneira como um ilustre político e estrategista estadunidense descreve o colapso do sistema colonial: a partir do fim da Segunda Guerra Mundial, demonstrando uma "inquietação crescente", os povos coloniais agitaram a bandeira da "emancipação nacional". Por outro lado, o apoio que lhes foi dado pela União Soviética "a nível ideológico e mesmo militar tornou a repressão muito cara", sobretudo porque a "guerra popular" foi capaz de enfrentar com eficácia a superioridade tecnológica do Ocidente: estavam ultrapassados os tempos em que, no embate entre nativos, de um lado, e grandes conquistadores, de outro, as perdas eram em "uma proporção de 100 para 1" em detrimento dos primeiros[8].

Isto é, como a construção do Estado de bem-estar, o processo de descolonização não pode ser concebido sem o impulso e a contribuição do movimento comunista. Aqui estão dois méritos inegáveis, pelo menos para quem não sente saudade do antigo regime marcado pela dominação colonial exercida pela raça branca (que implicou nos Estados Unidos uma discriminação ubíqua em prejuízo dos negros), da miséria em massa e do poder excessivo da grande riqueza sobre o mundo também no plano político.

Haveria condições para um novo debate sobre o "socialismo real" ou, pelo menos, sobre os autores reivindicados por essas experiências, como Marx e Lênin, não mais sobrecarregado pelo peso da Guerra Fria. No entanto, interpõe-se um fenômeno inesperado e à primeira vista surpreendente: na União Europeia e especialmente nos países da Europa oriental, apesar da agitação frenética da bandeira da liberdade, manifesta-se com força cada vez maior uma tendência à criminalização não só do movimento comunista, mas das *ideias* que fazem referência ao comunismo. A mover-se nessa direção está, em primeiro lugar, a Polônia, onde a "propaganda do comunismo" é proibida.

---

[7] Domenico Losurdo, *La sinistra assente: crisi, società dello spettacolo e guerra* (Roma, Carocci, 2014), p. 20-6. [ed. bras.: *A esquerda ausente: crise, sociedade do espetáculo, guerra*, trad. Maria Lucília Ruy, São Paulo, Anita Garibaldi/Fundação Mauricio Grabois, 2020, p. 45-52]

[8] Zbigniew Brzezinski, *Strategic Vision: America and the Crisis of Global Power* (Nova York, Basic Books, 2012), p. 14 e 34.

Tal crime é definido em termos muito vagos, que deixam amplo espaço para interpretações e arbitrariedades: estarão na mira os editores e intérpretes excessivamente simpáticos a Bertolt Brecht que, já no título de um de seus famosos poemas, pronuncia o "Elogio do comunismo"? Para ser equânime, o rigor da lei deveria recair também sobre os editores e admiradores de Pablo Neruda e Nâzim Hikmet, para citar apenas os poetas comunistas de maior fama internacional. E por que se limitar à poesia? Mesmo aqueles que insistem em reimprimir e admirar publicamente o *Manifesto Comunista* e seus autores, Marx e Engels, não devem se safar. Nesse ponto, o *Index* de livros proibidos corre o risco de alongar-se de maneira desmedida.

Na Polônia, mas também na Letônia, Lituânia e outros países do Leste Europeu, a exibição pública de símbolos comunistas é proibida. Um autor austríaco, que estudou atentamente essa legislação, comenta: para ser coerente, deveria incidir também sobre a bandeira nacional da Áustria, na qual continua presente o símbolo caro a gerações inteiras de comunistas, a saber, a foice e o martelo[9].

Não são visados apenas indivíduos ou grupos minoritários. Na República Tcheca, o Partido Comunista, que nas eleições legislativas de junho de 2006 obteve 12,8% dos votos, teve sua organização de juventude condenada à clandestinidade. Depois de ter seus representantes no Parlamento intimidados ou espancados e alguns de seus militantes raptados, torturados e assassinados, o Partido Comunista da Ucrânia, que nas últimas eleições parlamentares de que participou (2012) obteve mais de 13% dos votos, foi posto fora da lei. A perseguição anticomunista também é sentida na Lituânia e na Letônia. Tudo sem que na União Europeia e no Ocidente se elevem protestos daqueles que gostam de se apresentar como defensores da causa da democracia e dos direitos humanos.

Contudo, não se deve pensar que a criminalização do comunismo diz respeito apenas à Europa oriental. Na Alemanha, a legislação que durante os anos da Guerra Fria prendia operários, empregados e intelectuais ou que, na melhor das hipóteses, impedia os suspeitos de comunismo de serem contratados e de seguirem carreira em escolas, universidades e no setor público em geral, nunca foi revogada. Ainda que temporariamente tornada supérflua pelo refluxo do movimento comunista, essa legislação poderia mais uma vez ser útil em uma

---

[9] Hannes Hofbauer, *Verordnete Wahrheit, bestrafte Gesinnung: Rechtsprechung als politisches Instrument* (Viena, ProMedia, 2011), p. 244-5.

situação diferente e menos favorável para as classes dominantes. Já agora, o grupo parlamentar de esquerda (*Die Linke*) está sob o controle vigilante dos Serviços responsáveis por supervisionar a "defesa da Constituição": o poder reserva-se o direito de deslegitimar e atacar as suspeitas de "extremismo" ou de comunismo[10].

Sejamos claros: a perseguição anticomunista no Ocidente liberal ou promovida por ele é tudo menos uma novidade. Acabamos de ver isso a propósito da Alemanha. Esse é apenas um caso entre muitos. Por muito tempo, na América Latina ou em outras partes do mundo, os Estados Unidos promoveram ou impuseram a proscrição de partidos comunistas e golpes de Estado que, para os militantes comunistas, significavam não apenas prisão, mas também tortura e morte. Essa não é uma história que diga respeito exclusivamente ao Terceiro Mundo ou a países como a Grécia, situados na periferia da Europa. Se a "estratégia de tensão" que por muitos anos ensanguentou a Itália tivesse alcançado todos os seus objetivos, os militantes do mais forte partido comunista fora do "campo socialista" teriam sido alvo de uma caçada implacável. Tudo isso em nome da "segurança nacional", que exigia a neutralização antecipada de potenciais agentes do temido ataque de Moscou. Agora a situação internacional mudou profundamente; a União Soviética desapareceu. A perseguição anticomunista não é realizada em defesa da segurança, mas da memória das vítimas. O crime de comunismo é, mais claramente do que nunca, um crime de opinião.

Longe de se opor às normas e tendências que se impõem sobretudo na Europa oriental, a União Europeia as legitima e consagra: a motivação para essa atitude é a necessidade de condenar igualmente, a nível moral e judicial, os dois totalitarismos, o nazista e o soviético. De acordo com esse princípio, a República Tcheca golpeia com o rigor da lei quem se atreve a pronunciar ou sugerir uma "justificativa para o genocídio comunista", sem perder tempo em precisar o que significa essa expressão; o importante é reafirmar, também no plano jurídico, a igualdade perfeita entre os dois monstros, ambos totalitários e genocidas.

O ápice do grotesco foi atingido na Lituânia: corre o risco de ser condenado a dois anos de prisão quem aprovar, negar ou redimensionar o totalitarismo nazista ou soviético; e até agora estamos lidando com uma regra ou tendência geral. No entanto, não escapam da justiça aqueles que aprovam, negam ou

---

[10] "Zu Links", *Die Welt Kompakt*, 3 jun. 2013.

redimensionam "a agressão soviética dos anos 1990-1991". De que se trata? A referência é ao movimento separatista que se desenvolvia na Lituânia no início de 1991, que na época ainda era parte integrante da União Soviética. No dia 13 de janeiro do mesmo ano, em Vilnius, capital do país, interveio o corpo especial do Ministério do Interior, enviado por Gorbachev para retomar o controle de uma emissora de televisão. A dura repressão resultou em catorze mortes: pelo menos, essa é a versão oficial do "Domingo Sangrento de Vilnius". Quem questiona essa versão e a modalidade, o encadeamento ou a extensão da "agressão soviética dos anos 1990-1991" pode ser alvo da lei e é, de qualquer forma, exposto à zombaria universal da ideologia dominante: seria como – proclamam autoridades políticas lituanas – negar ou querer reduzir a uma bagatela o "holocausto" judeu.

A mediocridade da comparação é imediatamente evidente. Se uma repressão que resultou na morte de catorze pessoas é sinônimo de "holocausto", o que dizer do terror sangrento e das práticas genocidas a que, mesmo depois da Segunda Guerra Mundial, países europeus como a França e a Grã-Bretanha recorreram para reinstituir a ordem colonial no Vietnã, na Argélia, no Quênia? A salvaguarda da memória das vítimas é louvável, mas por que excluir da memória e das homenagens as vítimas do colonialismo europeu, defendidas em sua época quase exclusivamente pelos comunistas? As consequências desse apagamento são muito graves. Pense-se na agressão neocolonial que foi desencadeada em 2011 contra a Líbia e que teve a França, a Grã-Bretanha e a Itália como protagonistas (bem como, é claro, os Estados Unidos). Para citar um ilustre filósofo: "Hoje sabemos que a guerra causou pelo menos 30 mil mortes, contra as 300 vítimas da repressão inicial" perpetrada por Gaddafi[11]. Se questionar a versão oficial da repressão que resultou na morte de catorze pessoas na Lituânia em 1991 [traz o risco de condenação], que punição devem receber os responsáveis da União Europeia e da OTAN que ainda tentam esconder ou apagar o massacre [líbio] e até se declararam orgulhosos de ter posto em movimento a máquina de guerra que o provocou?

Na verdade, vem esclarecer o real significado da proibição na Lituânia de se colocar em discussão a data sagrada do novo calendário pós-soviético a condenação infligida ao presidente da "Frente Popular Socialista", culpado de ter sustentado a tese segundo a qual quem abriu fogo contra os que protestavam no "Domingo Sangrento de Vilnius" não foram agentes russos, mas

---

[11] Tzvetan Todorov, "La guerra impossibile", *la Repubblica*, 26 jun. 2012.

agentes provocadores lituanos, empenhados em instigar a onda de indignação, o "terrorismo de indignação" necessário para assegurar ao movimento separatista o apoio da opinião pública interna e internacional e, portanto, a vitória. Como mostra o que aconteceu na Ucrânia em fevereiro de 2014, o uso de agentes provocadores é uma prática consolidada das operações de *regime change* [mudança de regime] implementadas pelo Ocidente[12]; mas na Lituânia é crime investigar essa prática[13]. O antitotalitarismo e o anticomunismo são uma doutrina de Estado imposta e protegida por lei; e a criminalização do comunismo anda de mãos dadas não só com a falsificação da história, mas também com a violação das regras da democracia, com o uso de práticas (a entrada em cena de provocações sangrentas) e com uma *Realpolitik* marcadas por um cinismo sem limites.

Pelo menos respeita-se o princípio proclamado várias vezes de querer combater os dois totalitarismos com o mesmo rigor? É reveladora a atitude da União Europeia face à *regime change* ocorrida na Ucrânia em fevereiro de 2014. Entre os principais protagonistas do golpe de Estado estão os círculos políticos descritos por um importante jornal italiano: são movimentos fortemente presentes nas ruas e bem representados também no Parlamento, mas cujas "raízes estão, no entanto, na Segunda Guerra Mundial, quando os nacionalistas ucranianos e os nazistas se encontraram no terreno comum do anticomunismo e do antissemitismo"; uma colaboração que resultou em "massacres" e na constituição de "uma divisão da SS" à qual até hoje rendem homenagens[14]. Graças à *regime change* ou melhor, ao golpe de Estado promovido pela União Europeia (bem como pelos Estados Unidos), esse movimento, com uma clara marca neonazista, tornou-se uma importante força governamental.

O mínimo que se pode dizer é que os dois monstros totalitários não são tratados do mesmo modo. Fundada no curso da ofensiva neoliberal e neocolonialista, a doutrina do Estado antitotalitário visa atingir, antes de mais nada, as ideias comunistas, o movimento que inspirou e alimentou a luta pelo Estado

---

[12] Sobre o golpe de Estado e a mudança de regime na Ucrânia, cf. neste volume, p. 183-5. Ver também Domenico Losurdo, *La sinistra assente*, cit., p. 121-6, para o uso de agentes provocadores e correlatos; e p. 71-110 para a categoria de "terrorismo de indignação". [ed. bras.: *A esquerda ausente*, cit., p. 173-84, 107-54]

[13] Hannes Hofbauer, *Verordnete Wahrheit, bestrafte Gesinnung*, cit., p. 242-7.

[14] Bernardo Valli Kiev, "Tra Stalin e nazismo l'Ucraina risveglia gli incubi del passato", *la Repubblica*, 13 mar. 2014.

de bem-estar e contra o domínio colonial. Quem pretende retomar essa luta não pode deixar de se referir ao comunismo; mas, no nível moral e político, é legítimo reivindicar o legado crítico de um movimento criminalizado por um antitotalitarismo que agora ascendeu a doutrina do Estado?

No mundo islâmico, mais exposto ao fundamentalismo, normas e condenações por apostasia e blasfêmia estão se adensando. O Ocidente assume uma atitude zombeteira e desdenhosa em relação a esse fenômeno, mas não percebe que está imitando as práticas tão eloquentemente condenadas!

1.
O COMUNISMO COMO "UTOPIA INVERTIDA"?

"Antitotalitarismo" e autoabsolvição do Ocidente liberal

A doutrina antitotalitária tende a afirmar-se por leis próprias, enquanto no plano científico se torna cada vez mais evidente "o desgaste do paradigma totalitário"[1]. Sim, eminentes historiadores de diferentes orientações são obrigados a registrar esse desgaste a partir da própria concretude da pesquisa histórica. A atual teoria do totalitarismo fabulou uma sociedade liberal-democrática que se desenvolveu sob a bandeira do Estado de direito, mas que foi então atacada, de forma repentina e misteriosa, primeiro pelo monstro totalitário soviético e depois pelo monstro totalitário nazista, ambos caracterizados em todo o curso de sua existência por uma ditadura terrorista e onipresente, mas ambos finalmente derrotados, o segundo em 1945 e o primeiro em 1991. Quão longe essa historieta edificante está da realidade histórica!

Em nossos dias, a primeira coisa a ser colocada em questão é a datação. Já problemática em si mesma e de "um valor estritamente limitado", a categoria de "totalitarismo" não pode, em caso algum, ser aplicada "aos sistemas comunistas pós-stalinistas". Sim, "qualquer tentativa desse tipo levará rapidamente à irrelevância, senão ao absurdo puro e simples"[2]. Stálin morreu em 1953, e a União Soviética e os países de orientação socialista da Europa Oriental continuaram a existir por mais de três ou quase quatro décadas. Sem falar que na Ásia e na América Latina os países liderados por partidos comunistas ainda

---

[1] Andrea Panaccione, "Postfazione", em Roj A. Medvedev e Zores A. Medvedev, *Stalin Sconosciuto: alla luce degli archivi segreti sovietici* (Milão, Feltrinelli, 2006 [2003]), p. 369.

[2] Ian Kershaw, *Che cos'è il nazismo? Problemi interpretativi e prospettive di ricerca* (Turim, Bollati Boringhieri, 1995 [1985]), p. 66.

mostram vitalidade hoje ou estão se revelando mais vigorosos do que nunca. Só por essa razão, a pretensão de descartar toda a história do comunismo como sinônimo de totalitarismo é – tomo as palavras do eminente historiador britânico já citado – "absurdo puro e simples".

Agora perguntemo-nos: quando teria começado o flagelo do totalitarismo na Rússia? Em um livro dedicado a "Stálin no poder", outro eminente historiador ocidental não se limita a comparar o líder soviético a Pedro, o Grande (ambos determinados a modernizar e europeizar em marcha forçada um país em grande parte atrasado e exposto aos perigos da agressão); começa sua pesquisa com uma análise da Moscou subjugada por dois séculos pelos mongóis e em uma situação geopolítica de perene insegurança: nesse terreno e nessa situação geopolítica fundam-se a autocracia e o "absolutismo político" que caracterizam a história da Rússia como um todo[3].

Não se trata de uma tomada de posição isolada. Ainda mais significativa é posição assumida por um intelectual estadunidense que se tornou famoso acima de tudo por suas incansáveis denúncias ao monstro totalitário soviético e comunista. E, no entanto, quando a lógica da pesquisa histórica prevalece, ele chega a conclusões que estão em total contraste com a ideologia que professava. Já os artigos do Código Penal Russo de 1845 representam para o "totalitarismo o que a Magna Carta foi para a liberdade". Sim: "No início do século XX, o governo imperial iniciou experimentalmente uma política que ultrapassou os limites do regime policial para entrar no reino ainda mais sinistro do totalitarismo [...] Tudo é militarizado* e tudo se submete ao controle". O totalitarismo na Rússia não surge "das ideias de um Rousseau, de um Hegel ou de um Marx"[4]. Eis um resultado inesperado também para o intelectual aqui mencionado: para compreender o flagelo que denunciou, é necessário partir não da Revolução de Outubro, mas do antigo regime por ela derrubado.

Ainda que por um caminho diferente, outros ilustres estudiosos da mesma orientação ideológica e política chegam ao mesmo resultado inesperado. Em livro empenhado em denunciar (ou criminalizar) a história do comunismo como

---

[3] Robert C. Tucker, *Stalin in Power: The Revolution from Above, 1928-1941* (Nova York--Londres, Norton, 1990), p. 16.

* No original, "*politicizzato*", o que equivaleria a "policializado", que traduzimos por "militarizado", palavra usual no Brasil e que tem também o sentido de imiscuir as forças de repressão na política. (N. T.)

[4] Richard Pipes, *La Russia: potere e società dal Medioevo alla dissoluzione dell' "ancien régime"* (Milão, Leonardo, 1992 [1974]), p. 422, 427 e 445.

um todo, François Furet reconhece: "os canhões de agosto de 1914 haviam, mais ou menos por toda a Europa, no sentido próprio e no figurado, enterrado a liberdade em nome da pátria"[5]. Esse é o ponto de vista endossado até por um dos editores do *Livro negro do comunismo*: ele nos convida a não perder de vista a "matriz" do stalinismo, que foi o período da Primeira Guerra Mundial, das revoluções de 1917 e das guerras civis em seu conjunto"[6]. Assim, o flagelo do totalitarismo stalinista havia começado a ficar fora de controle com a guerra contra a qual insurgiram-se a Revolução de Outubro e o próprio Stálin.

Atualmente está claro: por muito tempo, diversos autores indicaram, e às vezes ainda hoje chegam a indicar, a Primeira Guerra Mundial como o ponto de partida da tragédia do século XX. Enquanto a carnificina grassava em 1917, Max Weber[7] observou que em todos os países envolvidos no gigantesco conflito, mesmo aqueles com a tradição liberal mais consolidada, era atribuído ao Estado "'um poder 'legítimo' sobre a vida, a morte e a liberdade" dos indivíduos e uma "disponibilidade ilimitada de todos os bens econômicos acessíveis a ele". A Revolução de Outubro não havia estourado, e Hitler era um ilustre desconhecido naquele momento, mas, mesmo que não existisse ainda o nome, a realidade do Estado total ou totalitário já havia emergido. Cerca de vinte anos depois, um autor francês, acertadamente definido como "liberal até os ossos" pelo editor de um de seus livros póstumos[8], enfatizou: para entender o "regime totalitário" que se estava difundindo rumo a uma "era das tiranias", era preciso começar por 1914. Sim, o "novo século", que mais tarde se chamaria "o breve século", teve seu início no fim daquele ano com "a proclamação do estado de sítio nas grandes nações beligerantes do Ocidente". Dali surgiu o controle total exercido pelo Estado não apenas sobre a vida econômica e política. Não, algo ainda mais perturbador havia ocorrido, a saber, a "estatização do pensamento". Esta tinha assumido duas formas: "uma negativa, com a supressão de qualquer possibilidade de expressão de opinião considerada lesiva do interesse

---

[5] François Furet, *Il passato di un'illusione: l'idea comunista nel xx secolo* (Milão, Mondadori, 1995), p. 98. [ed. bras.: *O passado de uma ilusão: ensaios sobre a ideia comunista no século XX*, trad. Roberto Leal Ferreira, São Paulo, Siciliano, 1995, p. 101]

[6] Nicolas Werth, *La terreur et le désarroi: Staline et son système* (Paris, Perrin, 2007), p. XIV.

[7] Max Weber, "Der Sinn der 'Wertfreiheit' der soziologischen und ökonomischen Wissenschaften", em *Methodologische Schriften, Studienausgabe* (Frankfurt, Fischer, 1968 [1917]), p. 276.

[8] Célestin Bouglé, "Préface", em Élie Halévy, *L'ère des tyrannies: études sur le socialisme et la guerre* (Paris, Gallimard, 1938), p. 8.

nacional; e outra positiva, pelo que poderíamos chamar de a organização do entusiasmo"[9]. É esse trágico prólogo, que questiona fortemente o Ocidente liberal e os responsáveis pelo massacre, que a atual teoria do totalitarismo luta para apagar. Compreende-se melhor a preocupação da ideologia dominante tendo em conta o fato de que foi o movimento socialista e comunista que formulou a primeira crítica dura ao totalitarismo nascido da Grande Guerra. Mesmo antes de sua eclosão, mas quando já eram evidentes os "crescentes gastos militares em progressão geométrica", Engels alertou contra o "horror inédito" e as "consequências absolutamente incalculáveis" que surgiam no horizonte[10]. Fruto da "competição pelas conquistas" coloniais das grandes potências capitalistas, bem como da "luta de classes", estava prestes a surgir um regime político sem precedentes e decididamente monstruoso, uma espécie de monstro voraz que acabaria por devorar indivíduos e a própria forma de vida associada[11]. Depois da conflagração, as críticas a esse regime se tornaram um elemento essencial da preparação ideológica para a Revolução de Outubro. Escrevendo em sua véspera imediata, em *O Estado e a revolução*, Lênin denunciou as consequências desastrosas da guerra sobre o ordenamento político: no *front*, um poder de vida e morte foi exercido sobre toda a população masculina capaz de portar armas; na "retaguarda", mesmo "os países mais avançados" (os de tradição liberal) foram transformados "em prisões militares para os trabalhadores", sujeitos à disciplina própria da guerra. No conjunto, a "opressão" exercida "pelo Estado" tornou-se cada vez mais "monstruosa". Sofreram em particular as "massas trabalhadoras", mas não só elas: a sociedade como um todo foi devorada por uma espécie de Moloch despótico e sanguinário[12].

Nikolai Bukhárin, em especial, desenvolveu uma análise aprofundada do regime que emergia da guerra. Ele viu um "novo Leviatã surgindo no horizonte, diante do qual a imaginação de Thomas Hobbes parece uma brincadeira de criança". Esse Leviatã não se limita a controlar a produção e a força de trabalho, reduzidas a condições mais ou menos servis. O salto de qualidade vai muito além da esfera estritamente política e econômica: "Filosofia, medicina, religião e ética, química e bacteriologia – tudo foi 'mobilizado' e 'militarizado', assim como a 'indústria e as finanças'; o desenvolvimento tecnológico agora serve

---

[9] Élie Halévy, *L'ère des tyrannies*, cit., p. 214, 225 e 244.
[10] Karl Marx e Friedrich Engels, *Werke* (Berlim, Dietz, 1977), v. 22, p. 517.
[11] Ibidem, v. 21, p. 166.
[12] Vladímir Ilitch Lênin, *Opere complete* (Roma, Editori Riuniti, 1955-70), v. 25, p. 363 e 370.

apenas para alimentar a produção de mortes em larga escala e uma 'horrível fábrica de cadáveres'". Sem dúvida, é uma primeira análise do totalitarismo, mesmo que o termo ainda não tenha surgido. Bukhárin também capta com clareza o fenômeno que mais tarde será denominado "nacionalização das massas", enumerando meticulosamente as inúmeras associações que se capilarizam pela sociedade (por exemplo, na francesa) e que organizam e arregimentam um sustentáculo coletivo à expansão colonial e à política militar[13]. Poder-se-ia dizer que esse super-Leviatã acabou ganhando forma até mesmo no Estado do qual Bukhárin foi líder e depois vítima; permanece o fato, entretanto, de que a primeira análise crítica profunda do fenômeno totalitário foi desenvolvida pelo movimento comunista a partir da luta contra a guerra.

Para confirmar que é por aí que devemos começar, há também a reflexão sobre a origem da palavra "totalitarismo". Ela tem por trás de si um adjetivo que, a partir de 1914, começa a ressoar obsessivamente. Invoca-se a "mobilização total" e, alguns anos depois, a "guerra total" e mesmo a "política total" – a única que pode garantir a vitória na "guerra total"[14]. Do adjetivo passamos então ao substantivo "totalismo" (*Totalismus*): dois anos após a Revolução de Outubro e imediatamente depois do conflito gigantesco que acaba de terminar, um livro critica o "totalismo revolucionário" (*revolutionärer totalismus*)[15]; o adjetivo qualificativo usado aqui serve para distinguir as espécies de "totalismo revolucionário" das espécies que poderíamos definir como "totalismo de guerra". Posteriormente, o "totalismo" dá lugar ao "totalitarismo".

É da conclamação e da implementação da "mobilização total", da "guerra total" e da "política total" que convém partir. É interessante notar que atualmente um estudioso estadunidense, professor em uma academia militar, para descrever o que é comumente chamado de "totalitarismo" soviético, usa a

---

[13] Nikolai Ivanovich Bukhárin, *Lo Stato Leviatano: scritti sullo Stato e la guerra, 1915-1917* (Milão, Unicopli, 1984), p. 130-43 e 45; sobre a "nacionalização das massas", ver George L. Mosse, *La nazionalizzazione delle masse: simbolismo politico e movimenti di massa in Germania dalle guerre napoleoniche al Terzo Reich* (Bolonha, il Mulino, 1975 [1974]).

[14] Erich Ludendorff, *Der totale Krieg* (Munique, Ludendorffs Verlag, 1935), p. 35 e passim; obviamente, o mote da mobilização total remete particularmente a Ernst Jünger e ao texto por ele publicado em 1930 (*Die totale Mobilmachung*).

[15] Alfons Paquet, *Im Kommunistischen Rußland: Briefe aus Moskau* (Jena, Diederichs, 1919), p. 111; Nolte chamou a atenção para esse autor e seu recurso à categoria de "totalismo" (Ernst Nolte, *Der europäische Bürgerkrieg 1917-1945: Nationalsozialismus und Bolschewismus*, Frankfurt-Berlin, Ullstein, 1987, p. 563).

categoria de *warfare State* [Estado de guerra], um Estado construído na expectativa de uma guerra e de uma guerra mais ou menos total. "O *warfare state* soviético e o stalinismo são essencialmente uma coisa só"; e o que explica sua gênese e sua afirmação não são razões "ideológicas", mas "racionais", entendendo-se que se trata de uma questão de racionalidade bélica[16].

In principio erat bellum [No princípio havia a guerra]! Em contraste com o movimento comunista que se formou no curso da luta contra a Primeira Guerra Mundial, esta viu as grandes potências do mundo capitalista e liberal-democrático como seus promotores e protagonistas. Entre elas estava também a Alemanha de Guilherme II, governada "por instituições essencialmente democráticas"[17] e que certamente não era menos democrática do que os Estados Unidos, onde o regime terrorista da supremacia branca vigorava mais do que nunca em prejuízo dos negros (especialmente do Sul). Saudada com entusiasmo por Churchill ("A guerra é o maior jogo da história universal, jogamos aqui a mais alta das apostas"; a guerra constitui "o único sentido e o único propósito de nossa vida"[18]), a horrível carnificina continuou a ser transfigurada em termos espiritualistas e até religiosos, mesmo depois de sua conclusão. Imediatamente após a assinatura do armistício, Herbert Hoover, alto expoente da administração estadunidense e futuro presidente dos Estados Unidos, atribuiu ao conflito que acabava de encerrar uma função de "purificação dos homens" e, portanto, de preparação para "uma nova era de ouro: temos orgulho de ter participado desse renascimento da humanidade"*. Na Itália, depois de ter saudado a guerra em seu início como um prenúncio de uma "regeneração da vida social atual", um ilustre filósofo liberal, a saber Benedetto Croce, continuou a celebrá-la em 1928 como uma "fornalha de fusão"** do povo e, desse modo, um instrumento de superação da luta de classes, quando já estava claro que o herdeiro e beneficiário dessa retórica havia se tornado o fascismo. Contundente, por outro lado,

---

[16] James J. Schneider. *The Structure of Strategic Revolution: Total War and the Roots of the Soviet Warfare State* (Novato, Presidio, 1994), p. 2-5.

[17] Henry Kissinger. *On China* (Nova York, The Penguin Press, 2011), p. 425-6. [ed. bras.: *Sobre a China*, trad. Cássio de Arantes Leite, São Paulo, Objetiva, 2011]

[18] Alex Peter Schmid, *Churchills privater Krieg: Intervention und Konterrevolution im russischen Bürgerkrieg, November 1918-März 1920* (Zurique, Atlantis, 1974), p. 48-9.

* Ver Domenico Losurdo, *Antonio Gramsci dal liberalismo al "comunismo critico"* (Roma, Gamberetti, 1997), p. 41-6. (N. E. I.)

** Sobre Croce, ver Domenico Losurdo, *La comunità, la morte, l'Occidente: Heidegger e l'"ideologia della guerra"* (Turim, Bollati Boringhieri, 1991), p. 7-10. (N. E. I.)

foi a ironia do comunista Antonio Gramsci: "Cinco anos de purificação, de regeneração, de martírio, meio milhão de vidas jovens destruídas, outro meio milhão de vidas jovens arruinadas, o país reduzido a um vergonhoso tumulto de aventureiros, traficantes, pessoas frenéticas e irresponsáveis, o patrimônio nacional hipotecado para sempre..."[19].

O historiador estadunidense Fritz Stern definiu a Primeira Guerra Mundial da seguinte forma: é "a primeira calamidade do século XX, a calamidade da qual brotaram todas as outras calamidades"[20]. Ignorar ou ocultar essa "primeira calamidade", e o "hábito da violência absoluta" que ela engendrou[21], e fazer partir a história do totalitarismo da Revolução de Outubro ou do advento de Stálin no poder na Rússia Soviética têm pouco a ver com a pesquisa histórica propriamente dita: estamos, antes, na presença de um rito de autoabolição do Ocidente capitalista e liberal.

Comunismo: uma "palavra indizível"?

Uma vez que nos livramos do preconceito ideológico-jurídico, constituído pela doutrina do Estado antitotalitário, podemos analisar as críticas mais estritamente científicas dirigidas ao comunismo. Contudo, antes mesmo de entrar nesse novo terreno, vale a pena nos perguntarmos sobre um problema mais geral. A referência a essa tradição política ainda é crível? Em outubro de 2008, causou grande impressão a declaração do então secretário de um partido de orientação comunista, Fausto Bertinotti, segundo a qual, como consequência da história passada, comunismo era uma "palavra indizível". Vamos então dar uma olhada no léxico do debate político contemporâneo: existem palavras mais "dizíveis"?

À primeira vista pareceria menos comprometedor referir-se ao "socialismo", ao qual os próprios liberal-socialistas renderam homenagem. Infelizmente, a projetar uma sombra muito escura sobre essa palavra está uma circunstância histórica que é impossível de remover: "socialista" definia-se também o partido de Hitler, o Partido Nacional Socialista dos Trabalhadores Alemães. Era o "socialismo de bom sangue" teorizado em particular por Himmler: consentia

---

[19] Antonio Gramsci, *L'Ordine Nuovo, 1919-1920* (Turim, Einaudi, 1987), p. 244-5.
[20] Em Christopher Clark, *The Sleepwalkers: How Europe Went to War in 1914* (Londres, Penguin Books, 2013), p. XXI.
[21] François Furet, *Il passato di un'illusione*, cit., p. 100. [ed. bras.: *O passado de uma ilusão*, cit, p. 104]

aos proletários alemães tornarem-se donos das terras tomadas aos eslavos, condenados a serem deportados e dizimados ou, para os sobreviventes, a trabalhar como escravos no serviço daqueles em cujas veias o "bom sangue" corria[22]. E não se trata apenas do nazismo. Nos anos imediatamente posteriores à Primeira Guerra Mundial, professava o "socialismo", ainda que apenas um "socialismo prussiano", um chauvinista fervoroso e nada impressionado com a carnificina que acabara de terminar. O breve texto, uma espécie de manifesto do "socialismo prussiano", concluía peremptoriamente: "Somos socialistas e não queremos que tenha sido em vão"[23]. Alguns anos antes, poucos meses após o início do conflito (que ainda não envolvia a Itália), expressando uma orientação semelhante, Croce manifestou seu apreço e simpatia pelo "socialismo estatal e nacional", e pela insígnia da "disciplina de ferro" da guerra, promulgada pela Alemanha de Guilherme II e pela social-democracia alemã[24]. Mesmo se quisermos desconsiderar o envolvimento dos partidos socialistas clássicos na Primeira Guerra Mundial e nas guerras coloniais, "socialismo" é realmente uma palavra menos "indizível" que "comunismo"?

Agora voltemo-nos para as palavras que marcam a ideologia dominante e constantemente assumem um estridente juízo de valor positivo. Hoje em dia, a homenagem à "democracia" é obrigatória, mas qual era o nome do partido que se opôs até o limite à abolição da escravatura nos Estados Unidos? Era o partido que se autodefinia "democrático" e que estava de fato convicto de sê-lo. E como se chamava o partido que, após a abolição formal do instituto da escravidão, empenhou-se com maior ênfase em bloquear a real emancipação dos afro-americanos e a dar sustentação, ao contrário, ao regime terrorista da *white supremacy* [supremacia branca]? Os negros eram frequentemente vítimas de linchamentos, que incluíam uma tortura lenta e interminável para o infeliz condenado à morte e que eram organizados como espetáculos de massa, e tudo sob a sábia direção do partido do governo que era exatamente o partido "democrático". E, para chegar aos nossos dias, quantas guerras foram e seguem sendo deflagradas em nome da "democracia" e de sua difusão? Se tivesse alguma familiaridade com a história, Bertinotti

---

[22] Götz Aly, *Hitlers Volksstaat: Raub, Rassenkrieg und nationaler Sozialismus* (Frankfurt, Fischer, 2005), p. 28-9.

[23] Oswald Spengler, *Preußentum und Sozialismus* (Munique, Beck, 1921 [1919]), p. 99.

[24] Benedetto Croce, *L'Italia dal 1914 al 1918: pagine sulla guerra* (3. ed., Bari, Laterza, 1950), p. 22.

teria facilmente percebido que "comunismo" não é mais "indizível" que "socialismo" ou "democracia".

Resta examinar a palavra que talvez mais do que qualquer outra tenha ascendido ao título de nobreza no ordenamento e no poder dominante também a nível internacional: "liberalismo". Mas quem pensa que se encontra, pelo menos nesse caso, perante uma história mais ou menos imaculada, faria bem em refletir sobre um acontecimento aparentemente insignificante ocorrido na Alemanha no final do século XIX. Em 1888, a *Die neue Zeit*, revista dirigida por Karl Kautsky, publicou um ensaio de Paul Lafargue sobre Victor Hugo e sobre a vida cultural e política francesa. Porém, aqui não estamos interessados nem no tópico nem no autor. No texto original, aparece a certa altura o "liberalismo" (*libéralisme*), que o tradutor alemão traduz por "democracia burguesa" (*bürgerliche Demokratie*), e a seguir explica na nota: "O autor usa o termo *libéralisme*". Uma vez que na Alemanha o liberalismo se tornou o sustentador do cesarismo, do antissemitismo e do Junker, ao invés da tradução literal, pareceu mais apropriado traduzir o termo por "democracia burguesa"[25]. Claro, trata-se de um episódio menor, mas um tanto sintomático!

É o sintoma de uma história ignorada e removida, a tal ponto que um autor como John C. Calhoun, ainda em meados do século XIX um ilustre teórico da escravidão como um "bem positivo", continua nos Estados Unidos a ser contado e publicado entre os "*Liberty Classics*", entre os clássicos da liberdade e da tradição liberal. E a mesma honra é reservada para John E. E. D. Acton, campeão da causa do Sul escravista por ocasião da Guerra de Secessão. Levando em conta essa história ignorada e removida, entre as palavras aqui comparadas, "liberalismo" acaba sendo o mais indizível; os dois séculos de ouro desse movimento político (os séculos XVIII e XIX) viram o prodigioso desenvolvimento da escravidão negra justamente nos países clássicos da tradição liberal e observaram essa instituição assumir nos Estados Unidos uma configuração de uma dureza muito particular: livre de qualquer vínculo político e moral e de qualquer interferência do Estado e da Igreja, a propriedade privada, incluindo aquela de gado humano ou de escravos, pode exercer poder absoluto e proceder a uma desumanização e reificação completa do escravo, até o ponto em que os membros individuais de sua família podem ser vendidos separadamente no mercado como qualquer outra mercadoria. É por isso que, aos olhos do

---

[25] Nota para Paul Lafargue, "Die Legende von Victor Hugo", *Neue Zeit: Revue des geistigen und öffentlichen Lebens*, v. 6, 1888, p. 263.

abolicionista britânico John Wesley, "a escravidão americana" é "a mais vil que já apareceu na terra". Para completar a história do liberalismo, é preciso ter em mente que entre o final do século XIX e o início do século XX, no próprio país que se colocava à frente do Ocidente liberal, no que se refere aos ameríndios e afro-americanos, começaram a ressoar palavras de ordem extremamente nefastas: elas invocavam a "solução final e completa" ou a "solução final" da questão indígena e negra, respectivamente. E, de fato, nesse período, foram em grande parte exterminados nos Estados Unidos os índios pele-vermelha e, dentro do Império Britânico, os aborígenes da Austrália e da Nova Zelândia[26]. E, no entanto, o atual país líder do Ocidente liberal continua a ser celebrado como a primeira democracia liberal da história!

Mesmo os nomes dos movimentos, e os movimentos que se definem como professantes da rejeição ao poder e à violência, são tudo menos imaculados assim que submetidos a uma análise histórica concreta. "Não violência"? É o próprio Gandhi que declara com orgulho que desempenhou o papel de "recrutador-chefe" a serviço do exército britânico durante a Primeira Guerra Mundial. Para a "primeira calamidade do século XX, a calamidade da qual brotaram todas as outras calamidades", ele contribuiu de forma nada desprezível, dirigindo-se ao seu povo nestes termos: "devemos oferecer o nosso apoio total e decisivo ao Império"; a Índia deve estar pronta para "oferecer todos os seus filhos válidos como um sacrifício ao Império na hora crítica", para "oferecer todos os seus filhos idôneos como um sacrifício pelo Império neste momento crítico"; "Devemos dar todo homem de que dispomos para a defesa do Império"[27]. À mãe de todas as calamidades não deixa de dar sua contribuição, na verdade mais modesta do que a do líder indiano, também um dos principais expoentes do anarquismo, nomeadamente Piotr A. Kropotkin, que no início da guerra toma partido ao lado da Rússia czarista. Por outro lado, veremos o movimento que agita a bandeira do desaparecimento não só do Estado, mas do poder enquanto tal, exercendo em grande escala, durante a Guerra Civil Espanhola, um poder

---

[26] Ver Domenico Losurdo, *Controstoria del liberalismo* (Roma-Bari, Laterza, 2005), p. 3-9; p. 152-6, no que se refere a Calhoun e Acton; p. 37-9, sobre Wesley; p. 329-32, para a abordagem sobre confrontamento dos ameríndios, dos afro-americanos e dos aborígenes. [ed. bras.: *Contra-história do liberalismo*, trad. Giovanni Semeraro, Aparecida, Ideias & Letras, 2006, p. 13-9, 166-6, 47-9, 350-2]

[27] Ibidem, *La non-violenza: una storia fuori dal mito* (Roma-Bari, Laterza, 2010), p. 31-5 [ed. bras.: *A não violência: uma história fora do mito*, trad. Carlos Alberto Dastoli, Rio de Janeiro, Revan, 2012]

brutal de vida e morte e assim se fazendo responsável por um dos capítulos mais trágicos da história do século XX[28].

Olhando mais de perto, o desânimo expresso por Bertinotti na época com a palavra "comunismo" é apenas uma expressão de subordinação ao equilíbrio histórico do século XX traçado pela ideologia dominante. Para esclarecer esse ponto, é melhor começar de longe. Na década de 1830, duas ilustres personalidades francesas visitaram os Estados Unidos da América independentemente uma da outra. Trata-se de Alexis de Tocqueville e Victor Schoelcher. O primeiro é universalmente conhecido, o segundo merece maior notoriedade do que a de que gozava: desempenhou um papel protagonista, após a revolução de fevereiro de 1848, na abolição definitiva da escravatura nas colônias francesas.

Essas duas personalidades analisam a mesma realidade no mesmo período, chegando, porém, a conclusões opostas. No entanto, ambos mostram honestidade intelectual: por um lado, observam o governo da lei e da democracia no âmbito da comunidade branca, por outro lado, a escravidão dos negros e a dizimação dos índios. Enfocando o primeiro aspecto, Tocqueville já no título de seu livro celebra *A democracia na América*; Schoelcher, ao contrário, apoiando-se no destino reservado aos povos de origem colonial, denuncia com veemência o despotismo feroz em ação nos Estados Unidos. Quem tem razão dentre os dois autores comparados? Poder-se-ia dizer que ambos se enganam: alhures, ao falar de "democracia para o povo dos cavalheiros" em relação aos Estados Unidos da época, questionei tanto a categoria da democracia como a do despotismo*. Pode-se acrescentar, contudo, que o erro de Tocqueville é mais grave, principalmente se tivermos em mente o contraste que ele instituiu entre o amor à liberdade típico da República Norte-Americana (apesar de seu apego à instituição da escravidão abolida em grande parte do continente americano) e a tristeza pelo valor da liberdade reprovada na França (também protagonista, com os jacobinos, da abolição da escravatura nas colônias).

E agora vamos passar para o século XX e imaginar o mundo em sua complexidade visitado e analisado por Tocqueville *redivivus* [revivido] e Schoelcher *redivivus*. Concentrando-se na metrópole capitalista e comparando-a com os países de orientação socialista ou recém-independentes, os primeiros não teriam dificuldade em determinar e enfatizar o melhor funcionamento do

---

[28] Ver neste volume, p. 165-6.

* Ibidem, *Controstoria del liberalismo*, cit, p. 216-37. [ed. bras.: *Contra-história do liberalismo*, cit., p. 236-54] (N. E. I.)

governo e das instituições representativas nos Estados Unidos e na Europa ocidental. Ao reservar sua atenção sobretudo para as colônias e ex-colônias, estas últimas teriam insistido na persistência dos massacres coloniais, nas ferozes ditaduras militares impostas na América ou, na Ásia, em um país como a Indonésia. E provavelmente a Schoelcher não tivesse escapado o fato de que, nos próprios Estados Unidos, os povos que lutam contra a opressão e a discriminação buscaram ajuda, inspiração e encorajamento olhando para Moscou ou Pequim.

Historicamente, na esteira de Tocqueville *redivivus* estava Arendt quando, no final de 1967, criticando os expoentes mais radicais do movimento antiguerra do Vietnã, declarou: "Até agora, não houve tortura aqui, nem campos de concentração, nem terror"[29]. Os seguidores ideais de Schoelcher *redivivus*, por sua vez, eram os militantes que de alguma forma tentavam apontar à filósofa que, mesmo que não tivessem irrompido nos Estados Unidos, as "torturas", os "campos de concentração" e o "terror" estavam explodindo no Vietnã, e isso graças à política de Washington. O triunfo alcançado pelo Ocidente no final da Guerra Fria foi também o triunfo de Tocqueville *redivivus*. E ainda... Tendo se convertido ao capitalismo liberal e estimulada e pressionada pelo Ocidente, a partir de 1989, a Rússia foi atingida por uma onda de privatizações selvagens e muitas vezes criminosas: irrompia uma polarização social drástica, uma queda dramática no padrão e na expectativa de vida para as massas populares e o que um ilustre cientista político (Maurice Duverger) definiu como o "genocídio dos idosos". Ao rejeitar a conversão ao capitalismo liberal e manter firme a perspectiva do "socialismo com características chinesas", o Partido Comunista no poder no grande país asiático conseguiu nos anos e décadas seguintes realizar um empreendimento único na história, libertando da miséria "mais de 600 milhões de pessoas", ou (de acordo com outros cálculos) "660 milhões de pessoas"[30]. Como podemos ver, não há razão para considerar a palavra "comunismo" como "indizível". Pelo contrário... Nas primeiras décadas do século XX, um grande autor liberal ou liberal-conservador observou: "economistas ortodoxos" que, para "combater o socialismo", tentaram às vezes demonstrar

---

[29] Elisabeth Young-Bruehl, *Hannah Arendt, 1906-1975: per amore del mondo* (Turim, Bollati Boringhieri, 1990 [1982]), p. 468.

[30] Ver Domenico Losurdo, *La lotta di classe*, cit., p. 111-4, para Schoelcher; p. 267-9, para Duverger; p. 318-24, para a saída da China da condição de miséria de massas. [ed. bras.: *A luta de classes*, cit., p. 124-7, 285-9 e 334-40]

que a propriedade privada da terra e do capital não é apenas indispensável ou vital para o convívio social, mas também responde aos ditames absolutos da moralidade e da justiça, ao que parece deixaram o flanco aberto a ataques muito poderosos; e sua tese, que a qualquer momento poderia ser considerada difícil, na verdade quase desesperada, atinge a evidência do absurdo nos tempos atuais, quando todos nós sabemos as maneiras pelas quais grandes fortunas são frequentemente constituídas[31].

No final do século XX, o processo de privatização selvagem na Rússia pós-soviética, que permitiu a um punhado de pessoas privilegiadas literalmente roubar bens públicos, foi resumido da seguinte forma pelo *Financial Times*: "Para a maioria do público foi uma ilustração eficaz da máxima de Proudhon, segundo a qual 'propriedade é roubo'"[32].

Em nossos dias, principalmente nos Estados Unidos, o movimento de luta contra as especulações inescrupulosas e gananciosas do capital financeiro dirige-se aos *banksters*, recorrendo-se a um neologismo que resulta da fusão de banqueiros e *gangsters*; ou mesmo com referência particular ao complexo militar-industrial e aos lucros que este acumulou ao fomentar a corrida armamentista e as guerras reais, o movimento de luta condena tanto *Wall Street* quanto *War Street*. Para condenar tudo isso, existe palavra melhor do que "comunismo"?

Quando Lênin decide mudar a denominação do partido operário e revolucionário russo de Social-Democrata para Comunista, ele não o faz pensando primeiro na fase final da sociedade pós-capitalista teorizada por Marx. Em vez disso, trata-se acima de tudo de marcar distância do social-chauvinismo, dos "socialistas" que legitimaram a carnificina da Primeira Guerra Mundial, agitando não raro os *slogans* do intervencionismo democrático: se os socialistas dos países da Entente pretendiam exportar democracia para a Alemanha, os socialistas alemães estavam decididos a exportá-la para a Rússia czarista aliada da Entente. Infelizmente, o papel essencial e às vezes de vanguarda desempenhado pelos "socialistas" (e pelos trabalhistas) na promoção de guerras coloniais ou neocoloniais ainda não foi esgotado: pense-se em Tony Blair, um dos arquitetos da Segunda Guerra do Golfo (baseada na falsa acusação de que o Iraque de Saddam Hussein teria armas de destruição em massa e estaria pronto para usá-las), ou François Hollande, um dos intérpretes mais enérgicos

---

[31] Gaetano Mosca, *Elementi di scienza politica* (5. ed., Bari, Laterza, 1953 [1923]), v. I, p. 417-8.
[32] Em Giuseppe Boffa, *L'ultima illusione: l'Occidente e la vittoria sul comunismo* (Roma-Bari, Laterza, 1997), p. 71.

e inescrupulosos da contraofensiva neocolonial no Oriente Médio e na África. Novamente uma constatação: para promover a luta contra essas manipulações e infâmias, não há palavra melhor do que "comunismo"!

As fronteiras imprecisas entre a utopia e o projeto político concreto

Mas não é uma utopia impossível e funesta a que inspira o "comunismo"? Essa é uma tese central da ideologia dominante e deve ser examinada com cuidado. Deve-se notar, em primeiro lugar, que essa tese pressupõe uma fronteira clara entre projeto político realista e utopia. Mas as coisas de fato se colocam nesses termos? Segundo o Schelling de 1809/1810, as ideias difundidas "especialmente a partir da Revolução Francesa" tinham a ilusão de querer criar o "verdadeiro Estado", esquecendo-se de que "o verdadeiro Estado pressupõe um paraíso na terra e que a verdadeira *politeia* só existe no céu"[33]. O que aqui se critica como utopia inatingível é o Estado liberal e democrático, ou seja, uma ordem política hoje considerada óbvia e inalienável. Coloquemo-nos, no entanto, no tempo em que o grande filósofo chegou à conclusão que hoje parece risível: os ideais de 1789 não haviam penetrado em nenhum país da Europa continental, enquanto na França o Antigo Regime fora de fato derrubado, mas para abrir caminho para a ditadura militar e belicosa de Napoleão. Na Inglaterra mesmo as coisas não estavam muito melhores:

> O *habeas corpus* foi suspenso por oito anos em 1794, e as tropas ocuparam a maior parte das áreas industriais como se fossem terras de conquista [...]. Pitt, apoiado por grande parte da opinião pública, perseguiu implacavelmente todos aqueles que se manifestaram a favor das ideias liberais ou que, de qualquer forma, se inclinam a favor das ideias francesas. Motins, revoltas, greves ou levantes, mesmo se justificados pela miséria e sofrimento, eram esmagados impiedosamente.[34]

Não havia dúvida aos olhos de Schelling! As ideias de 1789 revelaram-se uma utopia, e nessa convicção o filósofo alemão foi ainda mais fortalecido após o fracasso em toda a Europa da Revolução de 1848: aspirar a um "Esta-

---

[33] Friedrich Wilhelm Joseph von Schelling, "Stuttgarter Privatvorlesungen", em *Sämmtliche Werke* (Stuttgart-Augsburg, Cotta, 1856-61 [1810]), v. VII, p. 461-2.

[34] Jean-Marie Poursin e Gabriel Dupuy, *Malthus* (Roma-Bari, Laterza, 1974 [1972]), p. 61-4.

do de direito completo" (*Staat des vollendeten Rechts*), a um "Estado perfeito" (*Vollkommer Staat*), significava abandonar-se a um "devaneio apocalíptico", com as consequências ruinosas que eram visíveis aos olhos de todos[35].

Do mesmo modo, outras "obviedades" dos dias atuais foram rotuladas como utopias no passado. Embora fosse proprietário de escravos e estivesse empenhado em aumentar sua propriedade, Jefferson, com os olhos voltados à missão internacional que os Estados Unidos desejavam desempenhar, sentia-se incomodado com a instituição da escravidão e, ainda que fosse para um futuro vago e remoto, projetava a abolição. No entanto, essa medida deveria ter sido seguida pela deportação dos ex-escravos para a África. Não era imaginável uma convivência em bases igualitárias de negros e brancos: seria um terrível desafio à natureza e às diferenças naturais; o resultado inevitável teria sido uma guerra total entre as raças com o consequente extermínio dos derrotados[36]. Lincoln também considerava utópica a ideia de uma sociedade inter-racial e, ao final da Guerra de Secessão, projetava a ideia de deportar os ex-escravos: mas a transferência para a África era muito dispendiosa e pensava-se na América Latina. Os Estados Unidos tiveram, no entanto, que renunciar a esse projeto devido à oposição dos países latino-americanos.

É sobretudo no final do século XIX, com o advento e a fúria do regime da *white supremacy*, que a ideia de uma sociedade baseada na coexistência e na igualdade racial foi estigmatizada como sinônimo de utopia irrealista e funesta. Não foram poucos os visitantes da Europa a argumentar dessa forma, somando-se à comunidade branca dos Estados Unidos como um todo. Um deles, mais tarde destinado a se tornar um teórico alemão da geopolítica famoso e controverso, observou – na verdade constatou, foi obrigado a constatar – que na República estadunidense a realidade da "aristocracia racial" suplantara os projetos fantasiosos de realização do princípio da "igualdade": a separar brancos e negros e a colocar os primeiros em uma posição de poder e privilégio, havia uma "linha de cor", mais rígida e intransponível do que nos dias da escravidão, e tão difundida e inevitável que atravessava "até mesmo instituições para cegos". Assim, até os "fanáticos da instrução" e da educação foram forçados a reconhecer que o artifício humano nada poderia fazer contra

---

[35] Friedrich Wilhelm Joseph von Schelling, "Philosophie der Mythologie", em *Sämmtliche Werke* (Stuttgart-Augsburg, Cotta, 1856-61) v. XI, p. 552.
[36] Ver neste volume, p. 60.

a natureza e suas leis inelutáveis[37]. Nem é preciso dizer que hoje o quadro mudou drasticamente. O sonho ou o pesadelo (dependendo do ponto de vista) de uma sociedade fundada no princípio da coexistência e da igualdade entre as diferentes "raças" tende a se tornar uma realidade em uma área cada vez mais extensa do planeta.

Outros exemplos da transformação da utopia em realidade ou em um projeto político concreto poderiam ser citados. Pense-se na condição da mulher e nas relações entre homem e mulher: mesmo com suas limitações persistentes, o quadro que se nos apresenta hoje a esse respeito teria parecido uma utopia fantástica ou distopia repugnante (dependendo do ponto de vista) há algumas décadas, quando era uma crença generalizada e quase inabalável que a segregação das mulheres e a sua exclusão dos direitos políticos e das profissões liberais eram impostas pela natureza.

Agora vale a pena referir-se a um exemplo tirado de uma esfera significativamente diferente daquela considerada até agora. Não apenas para Malthus, mas para toda uma série de autores contemporâneos ou posteriores, e na verdade, para o que durante séculos foi a cultura dominante, a escassez e a miséria em massa foram um elemento constitutivo e inseparável da condição humana. Aos olhos de Tocqueville, a Revolução de Fevereiro de 1848 já estava infelizmente contaminada pelo socialismo e pela utopia socialista, pelo fato de nela estarem fortemente presentes "teorias econômicas e políticas" que – observam suas *Lembranças* – queriam nos fazer "crer que as misérias humanas são obra das leis e não da Providência, e que se poderia suprimir a pobreza mudando-se o ordenamento social"[38]. Silenciadas com punho de ferro as massas parisienses, em um discurso de 3 de abril de 1852 o liberal francês reiterava: insano prenúncio de desastre sair em busca de um "remédio político contra esse mal herdado e incurável da pobreza e do trabalho" sob a bandeira de dificuldades e fadiga exaustiva[39].

Não há dúvida de que, especialmente a partir da crise econômica que eclodiu em 2008, a miséria se faz sentir de forma generalizada e dramática

---

[37] Friedrich Ratzel, *Politische Geographie der Vereinigten Staaten von Amerika unter besonderer Berücksichtigung der natürlichen Bedingungen und wirtschaftlichen Verhältnisse* (Munique, Oldenburg, 1893), p. 180-1 e 282-3.

[38] Alexis de Tocqueville, *Oeuvres complètes* (Paris, Gallimard, 1951), v. XII, p. 84 e 92-4. [ed. bras.: *Lembranças de 1848: as jornadas revolucionárias em Paris*, trad. Modesto Florenzano, São Paulo, Penguin-Companhia, 2011]

[39] Ibidem, v. XVI, p. 240.

no Ocidente; mas a queda ou recaída nessa condição é percebida como uma injustiça intolerável por grandes massas, incluindo aqueles que estão longe dos ideais do socialismo; após as conquistas políticas e sociais e o desenvolvimento das forças produtivas ocorridos nos séculos XIX e XX, a erradicação da miséria em massa de utopia se transformou em um projeto político concreto.

Natureza, artifício, engenharia social

Em Friedrich August von Hayek, crítico implacável do comunismo e, mais precisamente, do socialismo em todas as suas formas e manifestações, a denúncia da utopia configura-se como a denúncia da engenharia social ou do "construtivismo", da arrogância que revelariam aqueles que, esquecendo os limites da natureza humana, se entregam a projetos imaginativos e artificiais de transformações sociais radicais. Certo, mas o que é "natureza" e o que é "artifício"? Aos olhos do patriarca do neoliberalismo, a pretensão de construir um Estado de bem-estar é sinônimo de intervenção arbitrária sobre a natureza física e humana, como se extrai de sua condenação aos direitos sociais e econômicos, por ele colocados na conta da Revolução de Outubro. É tendo essa tradição sobre as costas que no final do século passado um destacado expoente do Partido Republicano dos Estados Unidos poderia acusar o "Estado de bem-estar" de ter "violado a natureza humana"[40].

No entanto, só uma consciência ingênua a nível filosófico e histórico pode pensar que o domínio incontestado do mercado é sinônimo de desenvolvimento espontâneo e natural. Assimilando-se, ao contrário, a lição de um autor como Karl Polanyi, pode-se dizer que o mercado totalmente autorregulado é uma utopia que, para chegar a uma realização, ainda que parcial, envolveu já na metrópole capitalista e ainda mais nas colônias ou países periféricos, a destruição de laços comunitários e identidades culturais e de grupo enraizados em uma tradição secular, com a consequente remodelação de sociedades inteiras. Concentrando-se aqui a atenção à metrópole capitalista, deve-se ter em mente que na Inglaterra, em 1834, a liberalização do mercado de trabalho e o consequente desmantelamento da assistência tradicional proporcionada pelas *poor laws* [leis dos pobres] foram acompanhados de maior difusão ou generalização das casas de trabalho – essa prefiguração de verdadeiros campos

---

[40] Newt Gingrich, "America, perché sei così grande?", *La Stampa*, 26 jan. 1995.

de concentração –, nas quais com uma simples ação da polícia eram encerrados os pobres, os desempregados e os "vagabundos".

Muito significativa para compreender a ambiguidade da categoria em questão é a luta ideológica que se desenvolveu por ocasião da Guerra de Secessão. Quem, por ocasião desse embate, encarnou as razões do desenvolvimento social espontâneo e quem defendeu as razões de uma engenharia social opressora? Para os teóricos da escravidão, não havia dúvida. Bastava evitar especulações abstratas e olhar para a história: "A escravidão era mais universal do que o casamento e mais permanente do que a liberdade"; era a liberdade generalizada, por outro lado, que constituía "uma experiência limitada e recente"; mas "nós não desejamos um novo mundo". Conforme observado por um notável historiador estadunidense (Eugene D. Genovese), para esses ideólogos a escravidão era uma espécie de *common law* [direito consuetudinário] que os abolicionistas gostariam de cancelar por meio da "ação positiva do Estado" e, portanto, por meio de intervenções que exigiam restringir o real em esquemas rígidos e opressores[41].

Depois do fim da Guerra de Secessão, nos anos da Reconstrução – nos quais, depois de abolida a escravidão, tentou-se em vão garantir o gozo dos direitos políticos e civis aos negros –, os teóricos da *white supremacy* ficaram igualmente livres de dúvidas. A seus olhos, a tentativa da União de impor a igualdade e a integração racial a partir de cima era sem sentido, apagando ou reduzindo drasticamente a autonomia dos estados, recorrendo a uma ditadura pedagógica chamada a varrer os alegados "preconceitos" raciais dos povos do Sul, no âmbito de uma insana experiência de engenharia social que visava apagar uma tradição secular e atropelar os valores e os costumes consolidados da grande maioria da população (branca), em última instância, em violação da própria ordem natural. Ainda hoje, a *affirmative action* [ação afirmativa] é rotulada pelos círculos de direita como a expressão máxima da engenharia social. Pode-se facilmente imaginar as objeções dirigidas a essa campanha ideológica. Deveria ser rotulada como engenharia social a tentativa de criar uma sociedade baseada na igualdade e na integração racial ou, em vez disso, a instituição da escravidão e, depois, o *apartheid* e a legislação contra a miscigenação? Onde estava a natureza e onde estava o artifício? E, no que diz respeito à ação afirmativa, não é ela uma tentativa de remediar as falhas de uma engenharia social colocada em ação há séculos em detrimento dos negros?

---

[41] Domenico Losurdo, *Il revisionismo storico: problemi e miti* (Roma-Bari, Laterza, 2015 [1996]), p. 70-5.

Direta ou indiretamente, os teóricos do Sul se referiam a Edmund Burke, o grande crítico *ante litteram* [antes da palavra] da engenharia social, segundo o qual o ideal da *égalité*, a reivindicação de igualdade política, violava "a ordem natural das coisas", a "ordem social natural", e assim manchava-se com a "pior das usurpações", aquela que é culpada de pisotear as "prerrogativas da natureza" ou o "conhecimento da natureza"[42]. O grande crítico inglês da Revolução Francesa acabou por se referir, direta ou indiretamente, ao próprio darwinismo social: um de seus traços característicos era a denúncia da engenharia social que acreditava ler nos projetos de transformação democrática nas relações entre as classes, nações ou raças.

Não há dúvida: as categorias com as quais se pretende liquidar Marx e Engels e o movimento que deles partiu são totalmente formais. No entanto, precisamente por causa da natureza formal dessas categorias, a conservação e a reação têm feito uso delas com frequência para se opor a qualquer projeto de reivindicação de transformação social, incluindo a abolição do privilégio feudal na Europa e da escravidão e do Estado racial na outra margem do Atlântico.

UTOPIA E UTOPIA REALIZADA

É também por outra razão que a acusação de utopismo dirigida ao movimento comunista se mostra muito mais problemática do que imaginam os adversários desse movimento. Após a derrubada do capitalismo, Marx evoca o advento de uma sociedade caracterizada pelo desaparecimento das classes sociais. Não há dúvida de que é uma meta muito ambiciosa. Mas agora leiamos Tocqueville[43]. *A democracia na América* exprime a ideia segundo a qual "as castas desaparecem [*les castes disparaissent*]" e "as classes se aproximam [*les classes se rapprochent*]"; assim: "por assim dizer, não existem mais classes". Como se vê, o que define o contraste entre o coautor do *Manifesto Comunista* e o pensador liberal não é o abandono à utopia, de um lado, e o realismo político, do outro; vemos, porventura, contraporem-se a utopia e a utopia realizada.

---

[42] Edmund Burke, "Reflections on the Revolution in France", em *The Works: A New Edition* (Londres, Rivington, 1826 [1790]), v. V, p. 79 e 104. [ed. bras.: Edmund Burke, *Reflexões sobre a revolução em França*, trad. Renato de Assumpção Faria, Denis Fontes de Souza Pinto e Carmen Lidia Richter Ribeiro Moura, Brasília, Ed. UnB, 1982., p. 81 e 89]

[43] Alexis de Tocqueville, *Oeuvres complètes*, cit., v. I.2, p. 12, 40. [ed. bras.: *A democracia na América*, Livro II: *Sentimentos e opiniões*, trad. Eduardo Brandão, São Paulo, Martins Fontes, 2000, p. 4, 38]

O ideal colocado por Marx no futuro, e em um futuro que tem por trás não apenas a revolução anticapitalista, mas também um período de transição socialista, é em Tocqueville o resultado de um processo que já se arrasta há muito tempo e está agora prestes a ser concluído. No Ocidente, a partir do século XI, ocorreu "uma dupla revolução nas condições sociais". Sim, "o nobre recuará na escala social, o plebeu nela avançará; um desce, o outro sobe. Cada meio século os aproxima e em breve estarão lado a lado". Não é apenas a riqueza nobiliárquica, é a riqueza enquanto tal que é revertida para todos os níveis por um processo em última análise desejado pela Providência: as "atividades intelectuais" são "fontes de poder e riqueza", de modo que as "descobertas da civilização" e os "avanços nos campos comercial e industrial" se tornam "outros tantos elementos de igualdade entre os homens". Todos os diferentes fatores do mundo moderno "parecem trabalhar juntos para empobrecer os ricos e enriquecer os pobres". Em conclusão, a tendência ao "nivelamento universal" é irresistível: não pode ser bloqueada ou mesmo abrandada, especialmente porque "os ricos [...] são esparsos e impotentes" e, portanto, incapazes de oferecer uma resistência eficaz[44].

"Nivelamento universal" (*nivellement universel*): junto com a polarização social, as desigualdades na distribuição da riqueza social desapareceram; e se de alguma forma devem persistir, ao menos não envolvem uma desigualdade na distribuição do poder político. Nem é preciso dizer que essa imagem parece um tanto ingênua hoje. Contudo, o ponto essencial é outro: a utopia da ideologia dominante hoje condenada no movimento comunista parecia já realizada em meados do século XIX, aos olhos do liberal francês, pelo menos no que se refere ao Ocidente. Deve-se acrescentar que, se a utopia reprovada a Marx tem um potencial crítico para a sociedade existente, esta é transfigurada e até mesmo aparece como consagrada pela Providência em Tocqueville.

Cerca de um século depois, Popper polemiza contra os comunistas, declarando que "nas democracias [ocidentais] a maior parte" das reivindicações constantes no *Manifesto Comunista* já estava realizada; "amplamente implementado", por meio de "pesados impostos sucessórios", estaria também o ponto que requer a "abolição de todos os direitos hereditários". É sobretudo eloquente o modo como o teórico da sociedade aberta condena Platão. O erro deste últi-

---

[44] Ibidem, v. I.1, p. 3-4 [ed. bras.: *A democracia na América*, Livro I: *Leis e costumes*, trad. Eduardo Brandão, São Paulo, Martins Fontes, 2005, p. 9], e v. I.2, p. 259. [ed. bras.: *A democracia na América*, Livro II, cit., p. 316]

mo não consistiria em ter visado a "eliminação da luta de classes", mas em ter perdido de vista o fato de que esse objetivo deve ser perseguido pela "abolição das classes" e pela luta por "uma sociedade igualitária, sem classes" (como teria acontecido no Ocidente), não afastando a "classe dominante" de qualquer crítica (como faz o autor de *A república*). Em outras palavras, os métodos autoritários devem ser condenados; de resto, é perfeitamente realista aspirar a uma sociedade "sem classes" e sem "luta de classes", conforme confirmado pelos resultados já alcançados pelas democracias ocidentais[45]. Uma vez mais, a utopia (reprovada a Platão e aos autores do *Manifesto Comunista*) já foi realizada, e do modo mais completo e luminoso possível, conjugando perfeitamente igualdade e liberdade! E, uma vez mais, a utopia realizada é caracterizada pela acriticidade e pela transfiguração acrítica da sociedade existente; comparado a Marx, Popper fez desaparecer não a utopia, mas apenas sua carga crítica.

Integra a sociedade comunista evocada no *Manifesto* a superação de uma divisão do trabalho que obriga as classes trabalhadoras e, dentro da família, as mulheres a uma condição de permanente subalternidade. Só que – objeta Croce[46] – na sociedade existente não há uma "hierarquia social" cristalizada: na realidade, "quem se sobrepõe em uma parte da vida social está subordinado em outras, quem quer que seja hierarca em uma é dependente em outras". Como se vê, não existem classes dominantes e classes subalternas. O exemplo dado para demonstrar essa tese soa até caricatural: "O estadista mais dominador cederá, para dizer o mínimo, a hierarquia a sua fiel esposa em casa ou pelo menos na cozinha e na lavanderia". A utopia realizada, confirmando a já ocorrida emancipação da mulher, refere-se a seu aprisionamento na "cozinha e na "lavanderia"!

A tendência para a utopia realizada não desapareceu no pensamento liberal de hoje. Vejamos a análise que um ilustre sociólogo fez há algum tempo do atual sistema capitalista: "A atribuição de posições sociais passou a ser cada vez mais uma prerrogativa do sistema de ensino". A propriedade teria perdido todo seu peso, sendo substituída pelo mérito: "A posição social de um indivíduo [passa agora a depender] dos objetivos escolares que conseguiu alcançar"; haveria "uma semelhança cada vez maior das posições sociais dos indivíduos" e

---

[45] Karl Popper, *La societá aperta e i suoi nemici* (5. ed., Roma, Armando, 1974 [1943], v. I, p. 77 e v. II, p. 186. [ed. bras.: *A sociedade aberta e seus inimigos*, trad. Milton Amado, Belo Horizonte, Itatiaia, 1974, v. I, p. 59 e v. II, p. 147]
[46] Benedetto Croce, *Discorsi di varia filosofia* (Bari, Laterza, 1959) v. I, p. 267.

seria inegável a tendência para um "nivelamento das diferenças sociais". Assim se exprimia Dahrendorf; mas deve-se acrescentar que suas posições eram mais moderadas do que as dos sociólogos contra os quais ele foi forçado a polemizar e segundo quem a sociedade estaria se movendo espontaneamente para "uma situação em que não haveria mais classes ou conflitos de classes pela simples razão de que não haveria mais argumentos em conflito"[47].

O jovem Croce, que sentia a influência de Marx, percebeu o caráter problemático do discurso usual sobre a utopia:

> Realmente não sei com que ânimo muitos liberalistas qualificam o socialismo com o rótulo de utopia. Por outra razão, os socialistas poderiam retribuir a mesma qualificação ao liberismo [...] O liberismo dirige-se com suas exortações a uma entidade que, *pelo menos agora*, não existe, ao interesse nacional ou geral da sociedade; porque a sociedade atual está dividida em grupos antagônicos e reconhece o interesse de alguns desses grupos, mas ainda não reconhece, ou o faz apenas muito debilmente, um interesse geral.[48]

Aqui não fazemos distinção entre a utopia propriamente dita, reprovada aos "socialistas", e a utopia realizada de que dá mostra o "liberismo" (ou liberalismo), mas trata-se disto: a gritar contra o utopismo diante do ideal de uma sociedade sem classes estão frequentemente aqueles que acabam eliminando as contradições de classe da sociedade burguesa existente, na verdade retratando-a como uma sociedade que já superou a divisão de classes e as classes como tais.

Sabemos que o próprio Croce recai posteriormente nas posições da utopia realizada, que tem em Marx sua crítica mais contundente: a "democracia vulgar" – observa a *Crítica do Programa de Gotha* – "vê na república democrática o reino milenar", sem sequer imaginar a agudeza dos conflitos de classe que continuam a existir e que empurram para novas convulsões[49]. Afastando o olhar da esfera da produção e fixando-se exclusivamente na da circulação, os ideólogos burgueses – ironiza *O capital* – apresentam a sociedade burguesa como

---

[47] Ralf Dahrendorf, *Classi e conflitti di classi nella società industriale* (Bari, Laterza, 1963 [1959]), p. 112 e 120-1.

[48] Benedetto Croce, *Materialismo storico ed economia marxistica* (Roma-Bari, Laterza, 1973 [1899]), p. 89-90. [ed. bras.: *Materialismo histórico e economia marxista*, São Paulo, Centauro, 2007]

[49] Karl Marx e Friedrich Engels, *Werke*, cit., v. 19, p. 29. [ed. bras.: Karl Marx, *Crítica do Programa de Gotha*, trad. Rubens Enderle, São Paulo, Boitempo, 2012, p. 44]

"um verdadeiro Éden dos direitos inatos do homem"[50]. Aqueles que zombam do programa revolucionário que visa a derrubada das relações capitalistas de produção como a pretensão de construir uma espécie de paraíso terrestre são por sua vez acusados por Marx de apresentar a sociedade burguesa existente como o paraíso terrestre! A utopia reprovada a Marx consiste em ter evocado "uma ordem de coisas em que não haverá mais classes ou antagonismo de classes e as evoluções sociais deixarão de ser revoluções políticas"[51]; a utopia realizada (típica dos ideólogos burgueses) consiste em dar como já existente essa "ordem das coisas".

UTOPIA E UTOPIA INVERTIDA

A crítica mais dura dirigida à "utopia" comunista não se concentra em sua impraticabilidade, mas na dialética pela qual ela, justamente em busca do futuro messiânico que exalta, acaba, de forma mais ou menos inevitável, produzindo catástrofe e horror. Atendo-se particularmente à repressão da Praça Tiananmen, Bobbio denuncia "a inversão total de uma utopia, da maior utopia política da história (não falo aqui das utopias religiosas), em seu exato contrário", em uma "utopia invertida"[52]. Ainda mais drástico é Popper: "Todos aqueles que se propuseram a trazer o paraíso à terra criaram apenas o inferno"[53]. É um lugar-comum que desempenha um papel essencial na ideologia dominante do Ocidente.

Aqui nos deparamos com uma primeira e clamorosa contradição. É uma contradição da qual não têm nenhuma noção aqueles que, por um lado, sublinham os efeitos devastadores da utopia e, por outro, celebram o primado moral e político do Ocidente. É precisamente aqui que o gênero literário da utopia encontrou sua terra prometida. A evocação de um futuro luminoso, ou apenas claramente melhor do que o presente, pressupõe uma visão unilinear do tempo e, portanto, refere-se principalmente à tradição judaico-cristã. Disso estava bem consciente Nietzsche que, para acabar com o ciclo infernal de utopias e revoluções, nos convidou a romper de uma vez por todas com a

---

[50] Ibidem, v. 23, p. 190. [ed. bras.: Karl Marx, *O capital: crítica da economia política*, Livro I: *O processo de produção do capital*, trad. Rubens Enderle, São Paulo, Boitempo, 2013, p. 250]
[51] Ibidem, v. 4, p. 182.
[52] Norberto Bobbio, *L'utopia capovolta* (Turim, La Stampa, 1990), p. 127.
[53] Karl R. Popper, *La lezione di questo secolo* (Veneza, Marsilio, 1992), p. 91.

tradição judaico-cristã e com a visão unilinear do tempo para abraçar a teoria do eterno retorno do idêntico*.

As duas únicas grandes "utopias" e revoluções que podemos identificar na história milenar da civilização chinesa referem-se ambas à influência do pensamento ocidental (e, indiretamente, da tradição judaico-cristã). Isso é por si só evidente para a Revolução Taiping, cujo protagonista, convencido de que era o irmão mais novo de Jesus e, em todo caso, profundamente influenciado pelo cristianismo e pelo messianismo cristão, estava empenhado em criar uma sociedade de igualdade e justiça, o "Reino Celeste da Paz". Contudo, isso também se aplica à revolução dirigida por Mao Tsé-Tung, que se refere principalmente a Marx (um autor ocidental e sem dúvida influenciado pela cultura judaico-cristã) e que ao mesmo tempo presta homenagem ao heroísmo e ao espírito de sacrifício dos Taiping, sobre cuja "gigantesca revolução" até Marx expressa um julgamento positivo[54]. Bobbio, ao contrário, dá provas da ingenuidade histórica e filosófica quando identifica no comunismo do século XX a única ou "a primeira utopia que tentou [com resultados desastrosos] entrar na história, passar do reino dos 'discursos' ao reino das coisas"[55]. O olhar do filósofo de Turim não ultrapassa as fronteiras da Europa, e também em relação a esse continente ignora capítulos importantes da história e da história das ideias: os seguidores de Thomas Müntzer, na Alemanha nas primeiras décadas do século XVI, e os seguidores da "quinta monarquia", na Inglaterra, em meados do século XVII, perseguem claramente uma utopia que pretendem realizar no plano mundano e político. E é uma utopia que por vezes evoca motivos de certo modo "comunistas".

Não é de surpreender que o motivo da transformação da utopia em "utopia invertida" (nas palavras de Bobbio) ou do "paraíso" no "inferno" (para dizê-lo mais banalmente, com Popper) certamente não esperou a Revolução de Outubro para fazer sua aparição. Na verdade, já vimos Schelling denunciar as consequências desastrosas do "devaneio apocalíptico". Estamos nos anos que se seguiram imediatamente às convulsões que atingiram toda a Europa continental

---

* Domenico Losurdo, *Nietzsche, il ribelle aristocratico*: *biografia intellettuale e bilancio critico*, v. I, *La critica della rivoluzione dai profeti ebraici al socialismo* (Turim, Bollati Boringhieri, 2014 [2002]), p. 487-521. [ed. bras.: *Nietzsche, o rebelde aristocrata*: *biografia intelectual e balanço crítico*, trad. Jaime A. Clasen, Rio de Janeiro, Revan, 2009, p. 461-492] (N. E. I.)

[54] Mao Tsé-Tung, *Opere scelte* (Pequim, Casa Editrice in Lingue Estere, 1969-75), v. IV, p. 469; Karl Marx e Friedrich Engels, *Werke*, cit., v. 9, p. 96.

[55] Norberto Bobbio, *L'utopia capovolta*, cit., p. 128.

em 1848-1849, e bem se compreende o balanço traçado pelo filósofo alemão no ciclo histórico que se iniciou com a derrubada do Antigo Regime: na França, as convulsões revolucionárias se seguiram umas às outras e se entrelaçaram às guerras devastadoras da Era Napoleônica, enquanto outra onda de revoluções e guerras tinha início em 1848. E, o que é pior, a Revolução Francesa e a luta pela democracia política favoreceram o advento do movimento comunista, que abriu caminho para novas e mais graves catástrofes. Não há dúvida: aos olhos do último Schelling, a utopia de 1789 havia se transformado em seu contrário.

No entanto, a mais clamorosa incoerência do lugar-comum da ideologia dominante que agora analiso é outra: nem Bobbio nem Popper questionaram se por acaso há um elemento de utopia em seu projeto político que pudesse se transmutar em seu contrário. Sobretudo após o triunfo alcançado pelo Ocidente na Guerra Fria, difundiu-se a teoria segundo a qual a vitória da paz perpétua pressuporia a expansão da democracia em escala planetária. É assim que a busca do ideal ou utopia da paz perpétua tem provocado uma sucessão de guerras no Oriente Médio cujo fim não está à vista e que, pelo contrário, faz temer o pior. É o próprio Popper que, em nome da realização definitiva da *pax civilitatis* [paz civil], nos convida a não "ter medo de fazer guerras pela paz" e evoca a possibilidade de um confronto definitivo do Ocidente com a China[56]. Seria um confronto que poderia facilmente se expandir no espaço e assumir também uma dimensão nuclear: ao contrário da China, os Estados Unidos sempre se reservaram o direito de ser os primeiros a recorrer à arma atômica. Com o olhar voltado para a União Soviética, que agora se foi, Popper chamou a atenção para a dialética pela qual o "paraíso" se transforma em inferno; enquanto agia no presente, deu sua boa contribuição para a transformação da *pax civilitatis* em um holocausto nuclear. Embora tenha recorrido a uma linguagem mais sóbria, Bobbio também incorre nessa clamorosa distração e contradição. O fato é que ambos os filósofos de que falamos aqui mostram-se incapazes de aplicar a seu próprio discurso as regras que enunciam para os discursos de seus interlocutores ou adversários; e a falta de autorreflexão, apesar das garantias sedutoras de um problematicismo sofrido, é sinônimo de dogmatismo.

Enfim. É correto sublinhar que, por mais fascinante que seja, a utopia não é inocente e pode ter consequências funestas. Porém, uma consideração semelhante também se aplica ao discurso que denuncia a transmutação da utopia

---

[56] Karl R. Popper, "Kriege führen für den Frieden", *Der Spiegel*, 23 mar. 1992 (entrevista); Ibidem, "Io, il Papa e Gorbaciov", *La Stampa*, 9 abr. 1992 (entrevista).

em uma utopia do avesso. Na esteira da condenação do "devaneio apocalíptico" típico do ciclo revolucionário francês, Schelling saudou o golpe de Estado de Luís Bonaparte e o advento da ditadura bonapartista. E sempre naqueles anos e a partir dos mesmos pressupostos, instalou-se na Alemanha a teorização de uma desprezível *Realpolitik*, que, ao pôr fim às ilusões (ou utopias) idealistas do período anterior, não se deixava mais envolver pela compaixão pela "gente enferma e deformada", que invocava a ajuda do Estado, ou ainda, pelas raças, como a dos ameríndios, que pretendiam escapar do "declínio irrefreável"[57].

É precisamente desse clima espiritual que surgiu o nazismo: como demonstrou a fúria da Primeira Guerra Mundial, falidas estavam as "ideias de 1789" e a utopia da paz perpétua a elas conexa; mas na outra margem do Atlântico, como demonstrado pelo advento de uma sociedade fundada em uma *white supremacy* implacável, ainda mais miseravelmente fracassada foi a pretensão de fundar, com a Guerra de Secessão e a Revolução Abolicionista, uma sociedade multirracial sob a bandeira da igualdade entre as raças. O principal ideólogo do Terceiro Reich abre seu infame livro convidando-nos a tomar nota da realidade: como a história do Ocidente demonstrava desde o advento do cristianismo, o "Absoluto sem fronteiras" que, "de forma pacífica ou violenta", pretendia impor as "abstrações" ideológicas de uma "comunidade sobre-humana das almas de todos", da "humanização da humanidade", da "humanidade" como tal, estava em ruínas e havia deixado para trás apenas ruínas[58].

Ainda em nossos dias não seria mau fazer-se uma pergunta: existe uma relação entre a denúncia da história do movimento comunista como um todo como uma "utopia às avessas", de um lado, e o desmantelamento do Estado de bem-estar e o desencadeamento de guerras coloniais ou neocoloniais, de outro? Entretanto, é inútil procurar essa questão em Bobbio ou Popper*.

---

[57] Domenico Losurdo, *Hegel e la Germania: filosofia e questione nazionale tra rivoluzione e Reazione* (Milão, Guerini-Istituto Italiano per gli Studi Filosofici, 1997), p. 589-96.

[58] Alfred Rosenberg, *Der Mythus des 20: Jahrhunderts* (Munique, Hoheneichen, 1937 [1930]), p. 21-2.

* Aqui, no arquivo original, segue um espaço com quatro anotações. A primeira é um *memorandum* de Domenico Losurdo, *Il revisionismo storico: problemi e miti* (Roma-Bari, Laterza, 2015 [1996]), p.128; a segunda diz respeito a um trabalho de Clark, mais tarde citado. Relatamos a terceira a seguir: "O século XX é a utopia invertida do comunismo marxista ou do mundo wilsoniano sem guerra?". A quarta diz respeito a Popper e à transformação do "paraíso da paz perpétua" no "inferno das guerras neocoloniais". Para o "mundo wilsoniano sem guerra", ver Ibidem, *Un mondo senza guerre: l'idea di pace dalle promesse del passato alle*

Mito e realidade do "novo homem"

Visitando Paris nos meses imediatamente após a Revolução de 1789, um observador alemão de sóbria formação iluminista relatou que o caráter dos franceses havia mudado radicalmente para melhor após a "transformação da constituição política": o espetáculo das grandes assembleias populares, com uma ordem baseada não na coerção, mas na autodisciplina, sem que acontecesse sequer "uma única ação indevida ou ilegal", comoveu-o a ponto de levá-lo às lágrimas[59]. No momento de entusiasmo unânime causado pela derrubada de um antigo regime amplamente percebido como injusto e opressor, o ímpeto na construção de uma nova sociedade deu asas até às esperanças mais enfáticas. É um fenômeno que se manifestou, de diferentes maneiras, até mesmo do outro lado do Atlântico, durante a Guerra de Independência contra o governo britânico, que resultou na fundação da República estadunidense. Dessa forma, precisamente nesse caso, a retórica do novo homem assumiu tons particularmente estridentes. Em 1782, um cidadão estadunidense de origem francesa a descreveu como "a sociedade mais perfeita que existe agora no mundo": habitando-a estava "uma nova raça de homens", desprovida de "velhos preconceitos". Ausentes não estavam apenas a nobreza hereditária, mas também a miséria e a polarização social; desapareceram ainda as guerras do Antigo Regime e da velha Europa. Portanto: "Unidos pelos laços de seda de um governo brando, todos respeitamos as leis, e não porque tememos seu poder, mas porque são justas". É claro: "O Americano é um homem novo, que age de acordo com novos princípios"[60].

E, no entanto, a ideologia dominante atual isola as revoluções de inspiração marxista e comunista de todas as outras, para zombar delas e do tema do "novo homem" por elas cultivado e agitado. Tem alguma justificativa essa abordagem? Em virtude de sua dimensão histórica (e natural), o homem conhece profundas transformações também no plano moral. Mesmo antes de Marx, e do movimento político que o reivindica, esteve Tocqueville a chamar

---

tragedie del presente (Roma, Carocci, 2016), p. 155-83 e 229-47. [ed. bras.: *Um mundo sem guerras: a ideia de paz das promessas do passado às tragédias do presente*, trad. Ivan Esperança Rocha, São Paulo, Ed. Unesp, 2018] (N. E. I.)

[59] Joachim Heinrich Campe, *Briefe aus Paris zur Zeit der Revolution geschrieben* (Hildesheim, Olms, 1977 [1790]), p. 17 e 32-4.

[60] J. Hector St. John de Crèvecoer, *Letters from an American Farmer* (Nova York, Duffield, 1904 [1782]), p. 30-3.

atenção para esse fenômeno: é somente em uma sociedade que surgiu de uma revolução democrática e na qual a ideia de igualdade foi afirmada que pode se fortalecer "uma compaixão geral por todos os membros da espécie humana"; tal sentimento não pode, ao contrário, emergir onde a sociedade está dilacerada por intransponíveis barreiras de castas (ou raciais). Nesse último caso, longe de se tornar "geral", a compaixão permanece confinada ao âmbito da casta (ou raça) a que se pertence[61]. O homem da "compaixão geral" nem sempre existiu, apareceu em determinado momento, após certas transformações políticas e sociais, e se estabeleceu como um homem novo.

A ideia de um novo homem, da qual todos gostam de zombar hoje, na verdade refere-se a um fenômeno histórico recorrente que todos, com um pouco de reflexão e análise histórica, podem constatar. Thomas Jefferson sentia-se desconfortável com a instituição da escravidão (mas não a ponto de desistir de sua propriedade de gado humano). A partir disso, ele evocou uma sociedade livre dessa instituição, mas também livre da presença física dos negros, a serem deportados para a África. E isso porque uma coexistência em bases paritárias de dignidade entre brancos e negros constituiria um desafio temerário às "reais distinções instituídas pela natureza" e resultado no "extermínio (*extermination*) de uma ou outra raça"[62]. Cito aqui uma personalidade acolhida no panteão da república estadunidense e do Ocidente liberal como um todo. No entanto, quem argumentasse da mesma forma hoje seria considerado racista: para o novo homem que emergiu nesse meio-tempo, são e devem ser uma obviedade a sociedade multiétnica e o princípio da igualdade entre todos os homens e mulheres, independentemente da nacionalidade, etnia ou raça a que pertençam.

Concentremos nossa atenção agora em uma relação social diferente. Na *Metafísica dos costumes*, Kant não hesitou em teorizar um "direito dos pais aos filhos como parte de sua casa", um direito dos pais de capturar seus filhos fugitivos "como coisas" ou como "animais domésticos que escaparam"[63]. Poucas décadas depois, portanto, tinham razão Marx e Engels ao denunciar o fato de que, na família patriarcal da época, os filhos eram "escravos" do

---

[61] Domenico Losurdo, *Il revisionismo storico*, cit., p. 60-7.
[62] Thomas Jefferson, *Writings* (Nova York, The Library of America, 1984), p. 264.
[63] Immanuel Kant, *Gesammelte Schriften*, editado pela Academia Alemã de Ciências (Berlim--Leipzig, Reimer-de Gruyter, 1900), v. VI, p. 281-2.

pai[64]. Em nossos dias, mesmo os conservadores mais teimosos estão de fato mais próximos de Marx do que de Kant. Este último deve, sem dúvida, ser contado entre os maiores filósofos morais de todos os tempos; ainda assim, qualquer um que argumentasse da mesma forma hoje seria considerado um bárbaro. E outra vez emerge a realidade do novo homem!

Para ser exato, *A ideologia alemã* citada anteriormente observa que na sociedade patriarcal da época, junto com os filhos, até mesmo "a mulher" estava entre "os escravos do homem" ou do *pater familias*[65]. Em nossos dias, o horror do feminicídio recorrente estimula reflexões zelosas e amargas sobre a persistência de uma visão que empurra o homem a tratar a companheira como sua propriedade, como escrava da qual reivindica uma espécie de direito de vida e de morte. Assim ocorre um fenômeno paradoxal: é como se a ideologia dominante invocasse o advento do novo homem, ideia que, por outro lado, em seu inveterado anticomunismo, não se cansa do ridicularizar.

Obviamente, não devemos perder de vista a dimensão natural do homem (fragilidade, paixões etc.). O entusiasmo mais ou menos unânime na construção de uma nova sociedade pode estimular a subestimação da dimensão natural do homem e fazer esquecer que o mesmo entusiasmo mais ou menos unânime é um momento fugaz no contexto de um processo de construção de uma nova ordem que é prolongada, cansativa e rica em contradições e paixões. No entanto, não se deve esquecer que o sarcasmo reservado ao tema do novo homem é o fio condutor da tradição do pensamento reacionário e de suas correntes mais torpes. Em 1883, mesmo ano da morte de Marx, em um livro que já no título (*A luta de raças*) discutia com o teórico da luta de classes, Gumplowicz fundava seu social-darwinismo: era preciso livrar-se de uma vez por todas da "vã ilusão de que o homem de nossos dias – o civilizado! – em sua natureza, em seus impulsos e necessidades, em suas capacidades e características espirituais, seria diferente de sua condição originária". "O homem permanece homem", ele "nunca foi mais animal do que é hoje"; sim, "os homens são sempre os mesmos"[66]. Não era diferente a argumentação de Hitler: dada a natureza imutável do homem,

---

[64] Karl Marx e Friedrich Engels, *Werke*, cit., v. 3, p. 32. [ed. bras.: Karl Marx e Friedrich Engels, *A ideologia alemã*, trad. Rubens Enderle, Nélio Schneider e Luciano Cavini Martorano, São Paulo, Boitempo, 2007, p. 36]

[65] Idem.

[66] Ludwig Gumplowicz, *Der Rassenkampf*: *Soziologische Untersuchungen* (Innsbruck, Wagner'sche Universit Tsbuchhandlung, 1883), p. 105-6 e 349.

a lei do mais forte estava destinada a dominar o mundo animal, bem como as relações entre povos e raças.

De modo oposto se posicionaram Marx e Engels e o movimento político que deles partiu. É verdade, o entusiasmo pelo novo mundo a ser construído às vezes turva a clareza de julgamento a ponto de fazer perder de vista a complexidade e a longa duração de certos processos históricos: os tempos de mudança moral são mais longos do que os da transformação política. O fato é que, ao agitar o tema do novo homem, Marx, Engels e o movimento comunista questionaram radicalmente as relações sociais fundadas na mais brutal opressão e que, não obstante, eram tidas pela ideologia dominante como naturais e eternas.

Desenvolvimento das forças produtivas: uma nova utopia invertida?

Para uma opinião pública sempre maior, o novo homem é direta ou indiretamente evocado e invocado mesmo quando é evocada e invocada a nova relação a ser estabelecida com a natureza. Constitui-se em indubitável novidade o homem que em nossos dias se sente responsável ou é chamado a sentir-se responsável pelas consequências que seu comportamento acarreta no meio ambiente, enquanto produtor e consumidor, e mesmo como fruidor do tempo livre: mesmo um turismo de massa imprudente e descontrolado pode ser devastador para o meio ambiente. Radical é a mudança ocorrida e ela afeta não apenas o pensamento e a maneira de pensar, mas também as emoções e a maneira de sentir. Bem longe de se entusiasmar com o grandioso espetáculo dos Alpes berneses, o jovem Hegel o considerava fundamentalmente enfadonho; em todo caso, a partir dessa visão, ele foi levado não à celebração de uma beleza pacificadora, mas a considerações sobre a árdua luta que o homem, para garantir sua sobrevivência, foi forçado a travar contra uma natureza sombria[67]. De modo ainda mais radical se colocou Madame de Staël, que, segundo seu biógrafo, preferia sua casa parisiense e as "valas de drenagem na rue de Bac" ao "Lago de Genebra" e aos "Alpes"[68]. Não há dúvida: essa forma de ver e sentir pertence ao passado. O que aconteceu nesse ínterim?

---

[67] Johannes Hoffmeister (org.), *Dokumente zu Hegels Entwicklung* (Stuttgart, Frommann, 1936), p. 234-6.
[68] Jean Christopher Herold, *Amante di un secolo: vita di Madame de Staël* (Milão, Bompiani, 1981 [1958]), p. 251.

Um papel essencial foi desempenhado pelo prodigioso desenvolvimento das forças produtivas. Graças a elas, já não faz sentido olhar para uma paisagem alpina como um mundo de penúria e miséria, um mundo que, dada também a distância dos locais de socialização e difusão da educação e da cultura, empobrece as próprias relações sociais e torna muito dificultoso ou impossível o desenvolvimento da individualidade humana. O novo homem de fato evocado e invocado pelo movimento ecológico, o novo homem que respeita florestas, bosques, pradarias, paisagens alpinas, em vez de transformá-los em áreas agrícolas para a produção de alimentos, que respeita a fauna ou as espécies raras em vez de abatê-las para enriquecer sua alimentação e seu vestuário, o novo homem que, em comparação com o passado, desenvolveu uma sensibilidade completamente diferente da paisagem urbana e rural, não poderia sequer ser concebível sem o desenvolvimento das forças produtivas.

Disso não se dá conta o movimento ecológico que às vezes faz uma denúncia cara aos círculos conservadores, segundo a qual a utopia comunista se transforma fácil ou inevitavelmente em uma utopia invertida ou uma distopia. Como se sabe, Marx chama a ir além do sistema capitalista para alcançar uma ordem caracterizada não só por uma distribuição mais equitativa, mas também e em primeiro lugar por um maior desenvolvimento das forças produtivas e da riqueza social. Agora um importante expoente do movimento ecológico cita e parafraseia o famoso ataque do *Manifesto Comunista*, mas voltando-o contra si mesmo: "Um espectro ronda o mundo, o de seu fim próximo" e "agora está evidente que nosso planeta não será capaz de suportar um crescimento ilimitado". De fato: será possível "evitar o fim cada vez mais plausível de nosso mundo"[69]?

Diante desses pressupostos, o potente desenvolvimento da riqueza social prometido por Marx a partir da construção de uma sociedade pós-capitalista configura-se como a mais assustadora das utopias invertidas, aquela que envolve o fim do mundo ou, ao menos, da espécie humana. Para evitar o apocalipse, não resta mais que liquidar Marx e sua teoria do desenvolvimento das forças produtivas e da riqueza social. Aqueles que argumentam dessa forma fariam bem em reler, do autor tão duramente criticado, a *Crítica do Programa de Gotha*. Esse texto tão breve se abre com uma advertência que hoje soa profética: por maior e mais crescente que seja a produtividade do trabalho, "não é a fonte de todas as riquezas". Não se deve mais perder de vista um ponto central: "A natureza é a

---

[69] Alain Caillé, *Per un manifesto del convivialismo* (Lecce-Brescia, Pensa Multimedia, 2013 [2011]), p. XXXII, 1 e 2.

fonte dos valores de uso (e é em tais valores que consiste propriamente a riqueza material!), tanto quanto o é o trabalho, que é apenas a exteriorização de uma força natural, da força de trabalho humana."[70]. Ou seja, há plena consonância entre duas palavras de ordem aparentemente contraditórias: desenvolvimento da riqueza social, de um lado, e, do outro lado, respeito à natureza. E isso por duas razões: primeiro, a destruição ou esgotamento dos recursos naturais é sinônimo não de aumento, mas de redução da riqueza social; segundo, poluir e tornar o meio ambiente insalubre também significa comprometer aquele recurso e "força natural" que é a "força de trabalho humana" e que, por si só, torna possível o desenvolvimento das forças produtivas e da riqueza social. A destruição capitalista das forças produtivas e dos recursos humanos estão intimamente interligadas; na verdade, constituem uma unidade. "A maior força produtiva" é o proletariado, a "própria classe revolucionária"[71]; forçar trabalhadores a morrerem prematuramente, em decorrência da sobrecarga de trabalho e de uma vida de miséria ou de meio ambiente degradado, também significa minar a riqueza social.

Para além do plano filosófico, a consonância entre as duas palavras de ordem (desenvolvimento das forças produtivas e respeito ao meio ambiente) também pode ser verificada no plano histórico. Vale a pena comparar duas tradições de pensamento. Na Inglaterra liberal, Malthus (e em sua esteira muitos outros autores, incluindo Tocqueville) convidava as classes mais baixas a se resignar: a miséria era a consequência inevitável da escassez dos recursos naturais e teria sido inútil ou contraproducente a intervenção do poder político por eles invocada. De outro lado, em 1843, outro autor liberal, Herbert Spencer, zombava assim daqueles que chamavam a atenção para a poluição crescente e a necessidade de algum remédio público: se ao Estado é atribuída a tarefa de intervir contra os resíduos poluentes das indústrias, por que lhe negar a competência da "saúde espiritual da nação"[72]? Dois anos depois, vemos Engels traçar um balanço impressionante do desastre ambiental causado pela industrialização capitalista e, em 1848, no *Manifesto Comunista*,

---

[70] Karl Marx e Friedrich Engels, *Werke*, cit., v. 19, p. 15. [ed. bras.: Karl Marx, *Crítica do Programa de Gotha*, cit., p. 23]

[71] Ibidem, v. 4, p. 181.

[72] Herbert Spencer, *The Man versus the State: With Six Essays on Government, Society, and Freedom* (Indianapolis, Liberty Classics, 1981 [1843-84]), p. 244. [ed. port.: *Homem versus Estado*, Lisboa, Alfanje, 2011]

junto com Marx, apelar à derrubada do sistema capitalista para edificar um novo sistema social caracterizado pelo desenvolvimento sem precedentes da riqueza social. Isto é, do lado liberal, o destaque dado à escassez de recursos naturais não anda de mãos dadas com o respeito ao meio ambiente; pelo outro lado, o *páthos* das forças produtivas não impede de forma alguma a compreensão da questão ecológica.

Mas os recursos naturais são realmente tão limitados, como afirmam os campeões e profetas do "decrescimento"? Não há dúvida de que, até agora, o desenvolvimento histórico provou que Malthus estava errado: o forte aumento demográfico não impediu a melhoria ainda mais acentuada do padrão de vida e o aumento muito substancial da expectativa de vida. E é um incremento que se acentuou no século XX[73], século talvez mais do que qualquer outro caracterizado pelo culto ao crescimento, que deveria ter sido fonte de infortúnios. O ecologismo que hoje proclama o dogma da limitação e mesmo do esgotamento dos recursos naturais acaba por estabelecer ou reafirmar aquela separação clara entre o homem e a natureza que pretende superar; ignora o recurso e a "força natural, a força de trabalho humana" de que fala a *Crítica do Programa de Gotha*. Desde sempre essencial, esse recurso agora desempenha um papel crescente e cada vez mais importante, como Marx previu em outra de suas obras, para ser mais exato nos *Grundrisse*: o celebérrimo *Fragmento sobre as máquinas* evoca a perspectiva de um desenvolvimento sem precedentes das forças produtivas, pelo fato de que a "força do saber objetivada" e do "saber social geral, conhecimento" se tornaram uma "força produtiva imediata" de imenso potencial[74]. Assim, não faz sentido falar em esgotamento dos recursos naturais. O recurso natural que agora se tornou decisivo na economia do conhecimento é por definição inesgotável, e uma sociedade caracterizada pelo "decrescimento" ou estacionariedade seria intrinsecamente doente, incapaz de produzir ou explorar o potencial cognitivo inerente à forma social em que a difusão da educação torna-se cada vez mais massiva. Bem promovido e bem orientado, o "conhecimento social geral" pode ser o motor da restauração ambiental e do desenvolvimento sustentável.

---

[73] Ver neste volume, p. 122-3.
[74] Karl Marx, *Grundrisse der Kritik der politischen Ökonomie (Rohentwurf) 1857-1858* (Berlim, Dietz, 1953), p. 587 e 594. [ed. bras.: Karl Marx, *Grundrisse: manuscritos econômicos de 1857-58. Esboços da crítica da economia política*, trad. Mario Duayer e Nélio Schneider, São Paulo, Boitempo, 2011, p. 589]

Tudo isso não significa que crises ecológicas dramáticas não possam ocorrer ao longo do processo histórico: não há Providência que garanta a harmonia preestabelecida entre o consumo dos recursos e sua produção e reprodução. Pode muito bem ser necessária a intervenção do poder político para desencorajar (e se necessário proibir) certos tipos de produção e consumo e encorajar outros. No entanto, tudo isso nada tem a ver com a expectativa do "fim cada vez mais plausível do nosso mundo". E essa expectativa não é algo novo. No final do século XIX, isso estava na ordem do dia: difundida era a crença, compartilhada também por personalidades muito diferentes (um filósofo fortemente interessado em ciência como Engels e um poeta como Giosuè Carducci), no iminente fim da humanidade após a chegada de uma nova e fatal era glacial, com a consequente perda do calor necessário à preservação da vida. É bom lembrar esse capítulo da história das ideias, mas não para questionar a gravidade da crise ecológica atual. Não, esta crise deve ser mantida constantemente em mente, porém, não devemos perder de vista que a expectativa do fim do mundo refere-se à história das religiões e às crenças recorrentes mais ou menos religiosas. Em última análise, é a expectativa (religiosa) do fim do mundo que sustenta a tese segundo a qual o desenvolvimento das forças produtivas e da riqueza social foi hoje irreparavelmente convertido em uma catastrófica distopia ou utopia invertida.

O "ESTADO ESTACIONÁRIO" E O "DECRESCIMENTO" COMO UMA UTOPIA INVERTIDA

Como o liberalismo, o ecologismo de hoje muitas vezes parece não ter capacidade de autorreflexão: ele denuncia a transmutação da utopia em uma utopia invertida, mas não se pergunta se essa dialética não se manifesta em seu interior. O crítico implacável do "crescimento ilimitado" (e, na verdade, do crescimento enquanto tal), que já conhecemos, expressa uma ilimitada [admiração] por John Stuart Mill, que, nos *Princípios de economia política*, se declara por uma sociedade finalmente livre da obsessão do desenvolvimento e feliz em seu "estado estacionário"[75]. A obra aqui citada e celebrada foi lançada em 1848. São os anos em que, após uma doença que destruiu a cultura da batata, de um total de 9 milhões de habitantes, a Irlanda perde quase um terço, exatamente 2,5 milhões: metade emigrou para o Canadá e para os Estados Unidos, e a outra

---

[75] Alain Caillé, *Per un manifesto del convivialismo*, cit., p. 31-3.

metade morreu de inanição. Quase ao mesmo tempo, uma tragédia análoga atingiu outra colônia da Grã-Bretanha, a saber, a Índia: uma fome tão terrível que – como consta francamente um autor inglês empenhado em celebrar a glória do Império – "[o]s residentes britânicos [...] são forçados a suspender seus passeios noturnos habituais, devido ao fedor de cadáveres, numerosos demais para serem enterrados". Tampouco há perspectivas de melhoria para esses passeios: "subsequentemente, a cólera e a varíola mataram uma multidão que havia sobrevivido à carestia"; é mais um inconveniente para as férias e o tempo livre da elite[76]. Agora voltemos nossa atenção para a metrópole, para o país que subjugou a Irlanda e a Índia: para os trabalhadores de Londres, Manchester etc., para as classes mais baixas como um todo, a situação, mesmo que não seja tão desesperadora quanto para os condenados das colônias, está longe de ser confortável. Na esperança de por alguma forma aliviar sua miséria, Mill exige que o casamento seja proibido aos casais que são incapazes de "mostrar que têm os meios de sustentar uma família"[77]. Em síntese, esta é a situação no Império Britânico quando o filósofo liberal inglês (ou liberal-socialista) aponta para o ideal do "estado estacionário": morte por fome em grande escala nas colônias, miséria material degradante e castidade forçada para as classes subalternas da metrópole! Tudo isso é certamente o resultado de relações políticas e sociais opressoras (capitalismo e colonialismo), mas também da estreiteza da base produtiva, estreiteza para a qual, em certas circunstâncias, a (recorrente) peste da batata pode não ser menos devastadora do que uma guerra de extermínio: o ideal do "estado estacionário", já no momento em que foi proclamado, era na realidade uma utopia invertida.

As condições da Irlanda e da Índia do século XIX não são muito diferentes das da África subsaariana de hoje: mesmo agora, nessa região do mundo, uma colheita ruim, devido à seca ou a outros motivos, é suficiente para causar uma catástrofe humanitária de grandes proporções. Pelo menos nesse caso, é claro que o problema não pode ser resolvido simplesmente pela redistribuição da riqueza social; deve-se aumentá-la, e muito. Mais uma vez, "estado estacionário" e "decrescimento" acabam sendo uma utopia invertida.

Sendo exatos, estamos diante de um problema mais geral. Poucos meses após a eclosão da crise de 2008, a Organização para a Alimentação e Agricultura

---

[76] Harriet Martineau, *British Rule in India: A Historical Sketch* (Londres, Smith, 1857), p. 297.
[77] John Stuart Mill, *Saggio sulla libertà* (Milão, Il Saggiatore, 1981 [1858]), p. 145. [ed. bras.: *Sobre a liberdade: texto integral*, trad. Pedro Madeira, Rio de Janeiro, Nova Fronteira, 2011]

(FAO, sigla em inglês) divulgou estes dados: "Mais de um bilhão de pessoas – um sexto da humanidade, cem milhões a mais que no ano passado – passam fome. A cada três segundos, um homem, uma mulher ou uma criança morre de fome"[78]. O quadro teria sido decididamente mais sombrio se a República Popular da China, desconsiderando as palavras de ordem do "estado estacionário" ou do "decrescimento", que já começavam a ecoar, não tivesse conseguido promover um desenvolvimento que libertasse da mais abjeta pobreza centenas e centenas de milhões de pessoas. Além disso, não se trata apenas de fome e do perigo de inanição. Em um país emergente como a Índia de hoje, uma imensa massa de agricultores continua privada de eletricidade: em grande parte isolada do mundo circundante e do mundo digital, e em grande parte privada da oportunidade de ser informada e educada, uma parcela muito considerável da população indiana é de fato forçada à miséria hereditária; a própria divisão em castas é fortalecida ou se torna mais difícil de combater. Novamente, "estado estacionário" e "decrescimento" acabam sendo uma utopia invertida. E, paradoxalmente, o são mesmo no plano estritamente ecológico: uma das principais fontes de poluição e degradação ambiental é constituída pela agricultura e pela pecuária gravemente atrasadas e também pela tendência, típica dos camponeses às voltas com o problema da subsistência, de tentar escapar da miséria transformando áreas de mata em área de plantação de grãos ou pastagens.

É também por isso que não é convincente a proposta de virar as costas ao comunismo, que estaria obcecado com o problema do desenvolvimento das forças produtivas, para se converter a um "convivialismo" ecologicamente satisfeito e feliz com o "estado estacionário" e cujo programa político é resumido da seguinte forma por Caillé:

> Nenhum ser humano tem o direito de possuir individualmente um limite considerado excessivo pelo senso de decência comum. E, simetricamente, nenhum ser humano deve ser reduzido à extrema pobreza, condenado à miséria abjeta. Nem miséria, nem plutocracia.[79]

Para entender o quão ambicioso é esse programa, é preciso ter em mente que nos Estados Unidos o Estado de bem-estar social já é condenado como sinônimo de violência intolerável por republicanos e pelos círculos mais conservadores.

---

[78] Em *La Stampa*, 20 jun. 2009.
[79] Alain Caillé, *Per un manifesto del convivialismo*, cit., p. 54.

Como o programa muito mais radical que acabamos de ver seria recebido? E a implementação desse programa não seria ainda mais tempestuosa em uma situação caracterizada pela estagnação e pelo decrescimento? Por fim: temos certeza de que um país convertido ao "convivialismo" e à rejeição da polarização social entre pobres e plutocratas seria tolerado pelo poder econômico, político e militar vigente no plano internacional? Da análise concreta da situação objetiva somos reconduzidos aos problemas que na época estimularam o nascimento do movimento comunista.

2.
LIBERAL-SOCIALISMO OU COMUNISMO?

Marx, Lênin e a causa da liberdade

Somos cada vez mais reconduzidos aos problemas que levaram ao surgimento do movimento comunista no início do século XX, uma vez que é evidente a aceleração que o processo histórico vem tendo nos últimos anos: adensam-se e agravam-se as contradições que, entrelaçadas, podem conduzir a uma nova grande crise histórica. Em qualquer caso, a situação objetiva não cessa de se intensificar, e requer não só uma reflexão aprofundada como também escolhas entre diferentes opções teóricas e práticas. A persistência da crise econômica que eclodiu em 2008, o desmantelamento do *Welfare State* [Estado de bem-estar social] na própria Europa ocidental, a crescente polarização social nos países capitalistas avançados, a ocorrência de uma guerra depois da outra e o surgimento de conflitos em maior escala: tudo isso faz com que se sinta de forma cada vez mais imperiosa a exigência de uma mudança real e, até mesmo, de uma virada. No entanto, depois da trágica experiência do século XX, não seria o momento de abraçar o liberal-socialismo de uma vez por todas e se despedir do comunismo, embora possivelmente rendendo-lhe as honras que são devidas a um falecido a quem se deve reconhecer alguns méritos? Desse modo, os ideais de liberdade e igualdade poderiam finalmente ser consolidados em uma síntese indissolúvel. Em última análise, é assim que argumenta uma corrente filosófica e política que, depois de vir à tona no final do século XIX, viveu seu esplendor no período que se estende do advento do fascismo aos anos imediatamente posteriores à Segunda Guerra Mundial, mas que talvez poderia, agora, experimentar um renascimento em decorrência da crise do capitalismo, por um lado, e do descrédito do "socialismo real", por outro.

Ao promover a síntese do liberalismo e do socialismo, Bobbio[1] repetidamente se referiu a Mill, que, com efeito, em sua *Autobiografia*, assim definiu "o problema social do futuro: como combinar a máxima liberdade de ação individual com a propriedade comum da terra e com a igual participação de todos nos resultados do trabalho coletivo"[2]. No entanto, esses antecedentes são uma pista para entender os limites e os equívocos que depois caracterizariam o liberal-socialismo. O liberal inglês de esquerda é contemporâneo dos dois autores do *Manifesto Comunista*, e a razão principal do contraste entre as duas correntes de pensamento aqui comparadas certamente não diz respeito à "liberdade de ação individual". Na verdade, são Marx e Engels os mais consistentes na abordagem desse tema. Eles chamam a atenção para a destruição da liberdade que acontecia nas "casas de trabalho" da Inglaterra na época em que os vagabundos e os desempregados, os miseráveis e suas famílias eram trancados para serem submetidos a um poder tirânico e arbitrário; essa é uma instituição total, considerada pelos reclusos muito pior do que a prisão normal, mas vista com certa indulgência por Mill. Este, pelo menos em um caso, procede a uma teorização explícita da limitação da liberdade (das classes subalternas): "As leis que, em muitos países do continente, proíbem o casamento se as partes contratantes não puderem demonstrar que dispõem de meios suficientes para sustentar uma família não extrapolam os legítimos poderes do Estado"; estas "não podem ser criticadas como violações da liberdade". Se, aos olhos de Marx, Malthus está errado ao reduzir os "operários" a instrumentos de produção, condenando-os ao "celibato"[3], Mill parece querer impor-lhes a castidade e a renúncia a uma vida familiar mais rica, com uma interferência sem dúvida pesada em uma esfera essencial da vida privada.

Acima de tudo, para além do despotismo do poder político, o *Manifesto Comunista* pretende contestar, como já vimos, o "despotismo" que caracteriza a fábrica capitalista e que pode assumir as formas mais odiosas, uma vez que – observa o jovem Engels – para o patrão "sua fábrica é, ao mesmo tempo, seu harém"[4]. E, portanto, é uma luta pela liberdade, assim [como] por melhores

---

[1] Norberto Bobbio, "Stuart Mill liberale e socialista", *La Lettera del Venerdí*, supl. de *l'Unità*, 31 maio 1991, p. 26-7.

[2] John Stuart Mill, *Autobiografia* (Roma-Bari, Laterza, 1976 [1873]). [ed. bras.: *Autobiografia*, trad. Alexandre Braga Massella, São Paulo, Iluminuras, 2000]

[3] Karl Marx e Friedrich Engels, *Werke* (Berlim, Dietz, 1955-89), v. 26.2, p. 112.

[4] Ibidem, v. 2, p. 373. [Friedrich Engels, *A situação da classe trabalhadora na Inglaterra: segundo a observação do autor e fontes autênticas*, trad. B. A. Schumann, São Paulo, Boitempo, 2010, p. 187]

condições materiais de vida, aquela que começa a empreender o nascente movimento sindical, encorajado pelos dois filósofos e militantes comunistas, mas visto por Mill com desconfiança. Aos olhos do inglês liberal, exercendo um "policiamento moral, que às vezes se torna físico", por ocasião das greves, o movimento sindical poderia violar a liberdade de trabalho do operário individual. É uma postura unilateral principalmente pelo momento em que recai: em 1859 na Europa ainda se sente o peso da legislação que proíbe as coalizões operárias, contra as quais é comum a ação de uma "polícia moral" e uma "polícia física" bem mais temíveis do que aquela contra a qual adverte Mill.

Ainda no que diz respeito à liberdade política, é Marx quem a defende de forma mais coerente, sustentando o princípio "uma cabeça, um voto", rejeitado por Mill, que, pronunciando-se a favor do voto plural a ser concedido aos "mais inteligentes" (em primeiro lugar os que "dão" os empregos), acaba por reintroduzir pela janela a censura discriminatória expulsa pela porta e, portanto, por limitar a liberdade política das classes subalternas.

Contudo, é em outro terreno que surge a verdadeira antítese entre as duas correntes de pensamento de que tratamos aqui. Mill reivindica explicitamente o "despotismo" do Ocidente sobre as "raças" que ainda são "menores de idade", que são empurradas à "obediência absoluta": sim, o "despotismo direto dos povos avançados" sobre os atrasados já é "a condição ordinária", mas deve se tornar "geral", estejam as colônias fora ou dentro da Europa; também a Irlanda precisa de "um bom e sólido despotismo". O despotismo assim tão enfaticamente celebrado não diz respeito apenas aos povos menores de idade como um todo, mas também aos indivíduos que os compõem: devem ser educados no "trabalho diário" (que é o fundamento da civilização); e, para chegar a esse resultado, quando se trata de "raças não civilizadas", não resta outra alternativa a não ser recorrer à instituição da escravidão[5]. A escravidão

---

[5] Sobre Mill, ver Domenico Losurdo, *Controstoria del liberalismo* (Roma-Bari, Laterza, 2005); p. 72-5, para casas de trabalho; p. 196-200, para a proibição do casamento para os pobres; p. 208-12, para a condenação da união; p. 221-4, para "obediência absoluta" dos povos coloniais e escravidão transitória para "as raças incivilizadas"; p. 245-8, para o "despotismo direto" do Ocidente; p. 243-4, para o "bom e sólido despotismo" sobre a Irlanda. [ed. bras.: *Contra-história do liberalismo*, cit., p. 83-6, 212-6, 224-7, 239-41, 262-5, 260-2]. Para o voto plural a favor do "mais inteligente", ver Ibidem, *Democrazia o bonapartismo: trionfo e decadenza del suffragio universale* (Turim, Bollati Boringhieri, 1993), p. 30-2 [ed. bras.: *Democracia ou bonapartismo: triunfo e decadência do sufrágio universal*, trad. Luiz Sérigo Henriques, Rio de Janeiro/São Paulo, Ed. UFRJ/Ed. Unesp, 2004 p. 35-7]

política das colônias é ao mesmo tempo a escravidão propriamente dita dos indivíduos singulares que as habitam.

Em suma, quem, como Bobbio, pensa em dar alicerces mais sólidos à causa da liberdade enxertando o liberalismo de Mill no tronco do socialismo marxista, é vítima de um equívoco: o liberal inglês ou o liberal-socialista não parece capaz de pensar a liberdade em termos verdadeiramente universais, como o evidencia a atitude que assumiu em face das classes subalternas da metrópole capitalista e, sobretudo, dos povos coloniais. Não por acaso a adesão de não poucos operários à atitude de Mill é denunciada por Marx e Engels como capitulação à classe dominante colocada à frente de "uma nação que explora" um enorme Império colonial, não hesitando em exercer sobre ele "um poder de vida e morte"[6]. Os proletários que se deixam seduzir pelo canto da sereia do expansionismo colonial traem a causa da luta pela emancipação não só da exploração, mas também das relações de poder que são a negação total da liberdade.

O resultado do confronto entre as duas correntes de pensamento muda com a passagem do século XIX para o século XX e com o advento do bolchevismo? Os bolcheviques formaram um partido com a publicação de *O que fazer?* em 1902. O texto de Lênin apela à luta contra a autocracia em todas as suas diversas manifestações; os operários devem saber "reagir contra *todo e qualquer* caso de arbitrariedade e opressão, de violências e abusos de toda a espécie, *quaisquer que sejam as classes* afetadas"[7]. Ao fazer um balanço da Revolução de 1905, o revolucionário russo declara solenemente: "Quem quiser caminhar para o socialismo por um caminho que não seja o da democracia política chegará inevitavelmente a conclusões absurdas e reacionárias, tanto do ponto de vista econômico quanto político"[8]. Três anos depois, Lênin censurou a Inglaterra, o país liberal por excelência, por nas colônias ter esquecido completamente seu proclamado apego à causa da liberdade: os "indígenas" são politicamente "escravos" e, para suprimir os protestos dos "escravos indígenas", "os patifes liberais" e "radicais" não hesitam em recorrer às mais duras e humilhantes "medidas 'de pacificação'", "incluindo o espancamento de manifestantes políticos". De modo geral: "Os políticos mais liberais e radicais da livre Grã-Bretanha [...]

---

[6] Karl Marx e Friedrich Engels, *Werke*, cit., v. 29, p. 358; ibidem, v. 12, p. 286.
[7] Vladimir Ilyich Ulianov Lênin, *Opere complete* (Roma, Editori Riuniti, 1955-70), v. 5, p. 381. [ed. bras.: *O que fazer? Questões candentes de nosso movimento*, trad. Edições Avante!, São Paulo, Boitempo, 2020, p. 86]
[8] Ibidem, v. 9, p. 22.

transmutam-se, ao se tornarem governadores da Índia, em verdadeiros Gengis Khan"⁹. Convém refletir sobre a expressão repetidamente usada aqui: a serem duramente criticados estão os "políticos mais liberais e *radicais*", portanto também os expoentes da esquerda liberal. Estes mostram que são herdeiros de Mill: não questionam a "obediência absoluta" que os povos devem ter para com os senhores ocidentais, autorizados a exercer o "despotismo".

Com a eclosão da Primeira Guerra Mundial, foi Lênin quem lançou a acusação contra a legislação de emergência em vigor na própria metrópole capitalista e de fato tolerada pelos liberais de esquerda e até mesmo, como veremos, pelos expoentes do liberal-socialismo que dão apoio ou pelo menos não criam obstáculos para a guerra. Em seguida à Guerra – observa *O Estado e a revolução,* já em seu Prefácio –, a opressão "das massas trabalhadoras pelo Estado [...] torna-se cada vez mais descomunal". Isso não se aplica apenas às trincheiras e à linha de frente: "os países avançados se transformam – falamos de sua 'retaguarda' – em presídios militares para os operários"¹⁰. É o advento – sublinha uma intervenção posterior – de uma "escravidão militar" generalizada¹¹.

Claro, depois disso, as posições se invertem. É uma ampla aliança, com a inclusão também da esquerda não comunista, que denuncia as práticas iliberais e o terror de que Lênin lança mão em um país onde o entrelaçamento da guerra internacional e da guerra civil e o início de um processo de desintegração e balcanização tornam o estado de exceção ainda mais agudo e muito mais prolongado do que no Ocidente. Entretanto, de modo geral, mesmo que se queira abstrair a questão colonial, não se pode dizer que é o maior ou o menor amor pela liberdade que constitui a linha divisória entre Lênin e a esquerda não comunista.

Ao mesmo resultado chegaremos se desviarmos nossa atenção da Rússia para um país como a Itália (onde está se desenvolvendo o partido comunista mais forte do Ocidente). Depois de ter saudado desde o início a Revolução de Outubro, e polemizado significativamente também com o liberal Luigi Einaudi (que, mais tarde, por muito tempo, apoiará o regime fascista), em setembro de 1918

---

⁹ Ibidem, v. 15, p. 178-9.
¹⁰ Ibidem, v. 25, p. 363. [ed. bras.: Vladímir Ilitch Lênin, *O Estado e a revolução: a doutrina do marxismo sobre o Estado e as tarefas do proletariado na revolução,* trad. Edições Avante!, São Paulo, Boitempo, 2017, p. 23]
¹¹ Ibidem, v. 27, p. 393.

Gramsci não teve nenhuma dificuldade em escrever: "A tarefa dos liberais foi assumida pelos socialistas" com posições revolucionárias e pró-bolcheviques[12]. Em 1919, escrevendo no jornal *L'Ordine Nuovo*, dirigido por Gramsci, Palmiro Togliatti censurou Benedetto Croce e os liberais por terem apoiado a carnificina e dado ao Estado o direito de sacrificar milhões de cidadãos no altar de sua vitalidade e desejo de potência. Desse modo, "vem-se separando o Estado da consciência dos indivíduos [...] O Estado volta a ser uma abstração, porque foi privado do apoio concreto da vontade moral dos indivíduos. Um resquício da antiga transcendência, uma sombra do antigo deus parece obscurecer a clareza do entendimento". E assim se impôs uma conclusão: o liberalismo "foi uma grande coisa", mas tinha "mudado de significado"; sim, "já não se fala [...] de direitos dos homens, mas de ordem social"[13], a ordem social necessária para tornar possível primeiro a participação na guerra e depois o controle e a repressão da agitação operária e popular por meio de medidas que acabariam por levar à instauração da ditadura fascista.

O que acabamos de ver não é uma atitude juvenil do futuro secretário do Partido Comunista Italiano. Em 1954, dirigindo-se a Norberto Bobbio, que conclamava os países socialistas a se apropriarem da melhor herança liberal, Togliatti replicou:

> As convulsões liberais e as democráticas puseram em evidência uma tendência progressiva, da qual fazem parte tanto a proclamação dos direitos de liberdade como a dos novos direitos sociais. Direitos de liberdade e direitos sociais foram estabelecidos e são patrimônio do nosso movimento.[14]

Se o liberal-socialismo, como seus expoentes frequentemente afirmam, quer ser a síntese dos ideais de liberdade e justiça social, liberalismo e socialismo, o filósofo de Turim não é mais liberal-socialista do que o líder do mais forte partido comunista ocidental (que goza de enorme prestígio dentro do movimento comunista internacional como um todo). Agora, entretanto, vale a pena ver outro argumento que o segundo [Togliatti] agita contra o primeiro [Bobbio]: "Quando e em que medida foram aplicados aos povos coloniais aqueles princípios liberais sobre os quais se dizia fundado o Estado inglês do século XIX,

---

[12] Antonio Gramsci, *Il nostro Marx, 1918-1919* (Turim, Einaudi, 1984), p. 285-6.
[13] Palmiro Togliatti, *Opere* (Roma, Editori Riuniti, 1973-84), v. I, p. 40 e 65-6.
[14] Ibidem, v. V, p. 869.

um modelo, creio eu, de um regime liberal perfeito para quem pensa como Bobbio?" A verdade é que a "doutrina liberal [...] é fundada sobre uma bárbara discriminação entre as criaturas humanas"[15]. A verdadeira distinção entre liberal-socialismo e comunismo era constituída pela atitude a ser tomada no enfrentamento da questão colonial. Em vez de negar ou desvalorizar as conquistas das quais foram protagonistas "as convulsões liberais e as democráticas", os comunistas se propuseram a universalizá-las (pondo fim às tenazes cláusulas de exclusão da tradição liberal) e a fazer cumprir essas conquistas também na materialidade das relações econômicas e sociais, levando em conta, a cada vez, a situação histórico-política concreta.

Deve-se acrescentar que, ao se colocarem o problema de assimilar criticamente os pontos altos da tradição liberal e da cultura burguesa, as vozes mais maduras do movimento comunista de alguma forma valorizaram a indicação de Engels, que no final do século XIX havia apontado no proletariado o "herdeiro da filosofia clássica alemã" (expressão teórica da Revolução Francesa). E também valorizaram a lição de Lênin, que na véspera da Primeira Guerra Mundial também identificou a "filosofia alemã" como uma das "fontes" e "partes integrantes do marxismo"[16].

"REAÇÃO IMPERIALISTA" E NASCIMENTO DO LIBERAL-SOCIALISMO

Se no movimento comunista atua a questão da "herança", no âmbito do liberalismo entre os séculos XIX e XX é crescente o desconforto devido à fúria do expansionismo colonial e do imperialismo e à evidência de sua brutalidade e barbárie: "Entramos em uma era de canibalismo social, em que as nações mais fortes estão devorando as mais fracas" – escreve no verão de 1898 Herbert Spencer, que em geral não se distingue por seu espírito crítico diante do ordenamento existente. É uma observação que soa como uma profecia: no início de setembro, com a batalha de Omdurman, a Grã-Bretanha consegue subjugar o Sudão, que antes derrotara os britânicos e conquistara a independência. Agora os super-homens brancos sentem a necessidade de redimir a humilhação sofrida: não se limitam a acabar com os inimigos terrivelmente feridos por balas dum-dum. Devastam o túmulo do Mahdi, o inspirador e protagonista da resistência

---

[15] Ibidem, p. 866 e 869.
[16] Karl Marx e Friedrich Engels, *Werke* (Berlim, Dietz, 1962), v. 21, p. 307; Vladimir Ilyich Ulianov Lênin, *Opere complete*, cit., v. 19, p. 9-14.

anticolonial: seu corpo é decapitado; enquanto o resto do corpo é jogado no Nilo, a cabeça é carregada como um troféu[17]. Menos de um ano depois arde a guerra contra os bôeres. Para enfraquecer a resistência desses colonos de origem holandesa, a liberal Grã-Bretanha aprisiona mulheres e crianças em campos de concentração, onde um terço dos detentos encontra a morte[18]. Tanto maior é a indignação pelo fato de que, nesse caso, a ser golpeado está um povo que não é de cor, mas "branco" e "civilizado", isto é, os colonos de origem holandesa: na Inglaterra e na Europa uma ampla opinião pública denuncia o horror do universo dos campos de concentração, a "aniquilação da raça bôer" (*annihilation of the Boer race*) e, acima de tudo, "o infinito precipício da morte para as crianças" (*unending death-roll of children*) e seu "holocausto" (*holocaust*)[19].

A questão colonial irrompe com força, com efeitos que ameaçam ser devastadores na própria Europa. O conflito entre partidários e oponentes do *Home Rule** para a Irlanda leva o Reino Unido ao limiar da guerra civil, com os dois lados opostos se armando e se preparando febrilmente também no plano militar: uma prova de força frustrada pela chegada de uma catástrofe de maiores proporções, isto é, a eclosão da Primeira Guerra Mundial, uma guerra que também é fruto de um antagonismo, o anglo-alemão, que se manifesta e se agudiza já nos anos precedentes.

Por outro lado, com a fundação da Segunda Internacional, faz-se sentir fortemente a influência do socialismo e do marxismo. É nesse contexto que podemos situar Leonard T. Hobhouse, angustiado pelo avanço, na Inglaterra, do "imperialismo plutocrático" e da "reação imperialista", bem como pela corrida pelo rearmamento e pela militarização da vida nacional[20]. É uma "reação geral" que também se faz sentir do outro lado do Atlântico, com a República estadunidense que se converte plenamente ao imperialismo, como o demonstra

---

[17] Ver Domenico Losurdo, *Controstoria del liberalismo*, cit., p. 325-9, sobre Spencer [ed. bras.: *Contra-história do liberalismo*, cit., p. 344-55]; Ibidem, *Il linguaggio dell'Impero: lessico dell'ideologia americana* (Roma-Bari, Laterza, 2007), p. 21-4, sobre o Sudão. [ed. bras.: *A linguagem do império: léxico da ideologia estadunidense*, trad. Jaime A. Clasen, São Paulo, Boitempo, 2010, p. 32-6]

[18] Niall Ferguson, *Ventesimo secolo, l'età della violenza* (Milão, Mondadori, 2008 [2006]), p. 44.

[19] Stephen Koss, *The Pro-Boers: The Anatomy of an Antiwar Movement* (Chicago-Londres, The University of Chicago Press, 1973), p. 229 e 263.

* Em inglês no original. Refere-se ao governo da colônia pelos próprios cidadãos. (N. T.)

[20] Leonard T. Hobhouse, *Liberalism* (Oxford, Oxford University Press, 1977 [1911]), p. 110-2.

a guerra contra a Espanha e a anexação das Filipinas. No mundo capitalista, espalha-se a obsessão pela "expansão imperial" e pela "subjugação de milhões das 'raças de cor'" e "a doutrina segundo a qual o progresso depende da sobrevivência do mais forte na luta pela existência". Não há dúvida: por toda parte se pode constatar "o refluxo das ideias liberais". Difunde-se um clima nebuloso: "o humanitarismo é agora rejeitado como sentimentalismo"[21].

É também por essa razão que, no início do século XX, Hobhouse sente necessidade de disputar pela social-democracia alemã (o partido mais forte e prestigioso da Segunda Internacional): mesmo sem assumir para si e até rejeitando os apelos à "guerra de classes" ou à revolução, ele se declara pronto para aceitar em grande parte seu programa[22]. Daí delineia-se a convergência de "liberalismo e socialismo" na edificação de uma "democracia social". Esclarecendo seu pensamento dois anos depois em um livro repetidamente reimpresso, Hobhouse invoca um "socialismo liberal", que deveria ser "fundado na liberdade" e ao mesmo tempo capaz de "assegurar mais plenamente a justiça social" e satisfazer as necessidades das "grandes massas humanas"[23].

Não se trata apenas de proceder a reformas sociais radicais de modo a melhorar as condições de vida e de trabalho das classes populares. Está em discussão o próprio ordenamento político:

> Os dois partidos [neoliberal e socialista] são chamados a fazer uma aliança contra o crescente poder da riqueza que, em virtude de seu controle da imprensa e dos meios de organização política, torna-se cada vez mais uma ameaça para o correto funcionamento do governo popular.

A democracia tende a se tornar uma ficção: "As eleições gerais são menos determinantes do que parecem. Elas decidem quem deve governar o país, mas não como deve ser governado". Revela-se "o poder efetivo exercido pelos grandes interesses materiais [...] Estes atualmente possuem quase inteiramente a imprensa, que está claramente deixando de ser um órgão representativo da opinião pública"[24].

---

[21] Ibidem, *Democracy and Reaction* (2. ed., Londres, Fisher Unwin, 1909 [1905]), p. IX-XV e 61-2.
[22] Ibidem, p. XXXIV, 211 e 239.
[23] Ibidem, *Liberalism*, cit., p. 90-1.
[24] Ibidem, p. XXVI-XXVII.

Se a democracia vigente na Inglaterra – e de modo mais geral na metrópole capitalista – revela-se cada vez mais privada de significado real, a política que esta conduz no plano internacional é reveladora. Caracteriza o "novo imperialismo" o colapso dos princípios de "autogoverno" e de autodeterminação, o "ressurgimento do trabalho servil", a "rígida reivindicação de supremacia racial e força material"[25], o recurso à guerra e, contra os povos coloniais, a um tipo de guerra que não conhece limites. São os anos em que o horror do expansionismo começa a se tornar evidente e insuportável aos olhos de uma ampla opinião pública. A denúncia de Hobhouse não é menos dura do que a de Lênin: o imperialismo "significa guerra perpétua, batalhas que, quando travadas contra os negros ou os amarelos, tornam-se verdadeiros massacres"[26]. São também os anos em que a catástrofe provocada pela corrida das grandes potências capitalistas pela conquista do planeta se delineia cada vez mais ameaçadora no horizonte. Perdeu credibilidade a ilusão que em 1861 levou Mill a celebrar o Império Inglês como o campeão da causa da "liberdade" e da "moralidade internacional" e como "um passo importante para a paz universal, e para uma cooperação entre as nações"[27].

Indireta e às vezes direta, a polêmica contra essa visão perpassa o livro de Hobhouse sobre a luta entre "democracia e reação" que analiso aqui. Sim, a ideologia dominante afirma que, no curso de sua marcha imperial, "a bandeira britânica" arrasta com ela "a liberdade britânica, a justiça britânica", e introduz um sistema jurídico sob a bandeira da imparcialidade e da incorruptibilidade que estabelece as bases para a propagação de um "genuíno cosmopolitismo", pelo advento do "Estado mundial" e da "paz universal"[28]. Na realidade, o imperialismo é a própria negação da democracia. "O imperialismo democrático é uma contradição em termos [...] Na verdade, a democracia é o autogoverno do povo, enquanto o imperialismo é o governo de um povo por outro"[29].

E quanto à paz: "Sob o reinado do imperialismo, o templo de Jano nunca é fechado. O sangue nunca cessa de fluir". E não se trata apenas das guerras

---

[25] Ibidem, p. 47-9.
[26] Ibidem, p. 47.
[27] John Stuart Mill, *Considerazioni sul governo rappresentativo* (Milão, Bompiani, 1946 [1841]), p. 288. [ed. bras.: *Considerações sobre o governo representativo*, trad. Manoel Innocêncio de Lacerda Santos Jr., Brasília, Ed. UnB, 1980, p. 174]
[28] Leonard T. Hobhouse, *Democracy and Reaction*, cit., p. 14-5.
[29] Ibidem, p. 149.

coloniais. Estão à espreita conflitos em escala muito maior. A essa altura, "o ideal da paz cedeu lugar ao da expansão do domínio". A partir dos "perigosos ciúmes despertados pela marcha do Império Britânico", desenvolve-se a corrida pelo rearmamento: "baseado no imperialismo, o militarismo devorou os recursos nacionais que poderiam ter sido empregados para melhorar as condições do povo"[30].

Criticando de antemão aquela que durante a Primeira Guerra Mundial seria a ideologia da guerra da Entente (e que ainda hoje é a ideologia da guerra dos Estados Unidos e do Ocidente), o teórico do "liberal-socialismo" coloca em discussão a tese segundo a qual por si próprias "as democracias não seriam beligerantes". Por certo, se correm o risco de serem atingidas diretamente pela guerra, as massas populares têm interesse em tentar preservar, com seu voto, a paz. Contudo: "Suponha uma população protegida de qualquer perspectiva de serviço militar obrigatório e de qualquer perigo de invasão", e é aqui que o quadro muda completamente. Esse não é um exemplo imaginário; a referência é à Inglaterra, considerada mesmo a mais belicosa das "democracias continentais"[31].

A conclusão é que a ideologia dominante tenta em vão embelezar o imperialismo: suas palavras de ordem são apenas um "discurso hipócrita"[32]; ao invés da "moralidade internacional" fabulada por Mill!

Também no início do século XX, de forma semelhante a Hobhouse e referindo-se a ele acaloradamente, argumenta outro expoente da esquerda liberal inglesa. Reitera-se o juízo sobre o colonialismo, responsável por desencadear guerras totais que não retrocedem ante à matança de feridos e levam de fato ao genocídio. Conduzido sob a bandeira do "mandato em nome da civilização", o expansionismo das grandes potências ocidentais envolve o extermínio "daquelas 'raças inferiores' que não podem ser exploradas com lucros pelos colonizadores brancos superiores" e a imposição de uma escravidão mais ou menos disfarçada para as outras[33]. Os conquistadores afirmam ser os campeões da difusão da liberdade e da democracia, mas a realidade se apresenta aos olhos de todos:

---

[30] Ibidem, p. 4, 28, 30-1.
[31] Ibidem, p. 144-5.
[32] Ibidem, p. 29.
[33] John Atkinson Hobson, *L'imperialismo* (Milão, Isedi, 1974 [1902; 3. ed. 1938]), p. 145 nota, 175 e 214-5.

O novo imperialismo não estendeu as liberdades políticas e civis da pátria a nenhuma parte dos vastos territórios que depois de 1870 caíram sob o domínio das potências civilizadas do Ocidente: do ponto de vista político, o novo imperialismo foi uma expansão da autocracia [...] A liberdade política, e a liberdade civil que dela depende, simplesmente não existem mais para a esmagadora maioria dos súditos britânicos.[34]

O paradoxo é que a democracia acaba por ser comprometida na própria metrópole capitalista. Se acrescentarmos "inimizade entre impérios rivais" às guerras coloniais, podemos compreender bem a emergência de um clima de "militarismo" e de guerra permanente, e isso implica a "subordinação do legislativo ao executivo". Sim, "as instituições representativas são inadequadas ao império"[35]. Olhando com atenção, a promover e exercer o expansionismo (a exemplo dos Estados Unidos) estão "os grandes capitães da indústria e os grandes financistas". De modo geral, é uma restrita "plutocracia"; e, portanto, a luta pela paz deve apontar "o machado à raiz econômica da árvore" e golpear "as classes que têm interesse no imperialismo" e que de fato exercem o poder[36]. É inevitável agora o confronto com "um partido liberal ligado a uma política de imperialismo militante" e com as "classes proprietárias"[37]. É preciso que se reconheça: estamos diante de "uma séria e evidente traição". Embrenhando-se em uma "luta vergonhosa" em sustentação e a reboque do imperialismo, os líderes liberais britânicos "venderam o partido a uma confederação de apostadores e chauvinistas", praticaram uma "rendição total ao imperialismo [...] e venderam-se", não tiveram qualquer princípio, e entregaram-se alegremente a qualquer suja e ignóbil defesa que um obtuso e superado patriotismo foi capaz de inventar como escusa"[38].

Comunismo, liberal-socialismo, "socialismo para o povo dos senhores"

Para compreender plenamente a novidade e a radicalidade do liberal-socialismo, convém distingui-lo de uma corrente política com a qual, se nos determos nas

---

[34] Ibidem, p. 27 e 102.
[35] Ibidem, p. 114, 122 e 127-8.
[36] Ibidem, p. 69, 83 e 262.
[37] Ibidem, p. 90-1.
[38] Ibidem, p. 126-7.

aparências externas, ele corre o risco de ser equiparado. Para esclarecer o problema, comecemos de uma tendência que já se manifestava nos primórdios do movimento socialista. Precisamente nos anos em que Marx e Engels expressaram com ênfase juvenil suas esperanças no proletariado como protagonista da emancipação universal, os seguidores de Fourier e Saint-Simon começaram a construir comunidades mais ou menos socialistas nas terras tomadas aos árabes na Argélia por meio de uma guerra brutal e em certos episódios genocida[39]. Esses colonos de orientação "socialista" não pretendiam questionar a França burguesa e liberal da época, muito menos se propõem a promover a " derrubada violenta de toda a ordem social existente"*, cuja invocação encerra o *Manifesto Comunista*. Não, eles tinham o objetivo de obter lucros das conquistas coloniais para transformarem-se de proletários em proprietários, mas em proprietários que possuem coletivamente as terras tomadas aos árabes. Como podemos definir esse "socialismo"? Em analogia com a democracia de *Herrenvolk***, poderíamos falar do socialismo de *Herrenvolk*.

Mais do que um articulado programa político, estamos diante de uma tentação que pode se apresentar de formas diversas e ser mais ou menos forte. Saltemos no tempo em mais de meio século. Escrevendo na *Sozialistische Monatshefte*, Eduard Bernstein observa satisfeito:

> Se nos Estados Unidos, Canadá, América do Sul, em certas partes da Austrália etc., hoje encontram do que viver vários milhões de pessoas em contraste com as centenas de milhares de outra época, o crédito vai para o avanço colonizador da civilização europeia; e se hoje na Inglaterra e alhures muitos produtos tropicais, nutritivos e saborosos, tornaram-se parte dos bens de consumo popular, se as pastagens americanas e grandes campos australianos fornecem carne e pão baratos para milhões de trabalhadores europeus, devemos agradecer às empresas coloniais [...] Sem a expansão colonial da nossa economia, a miséria que ainda hoje temos na Europa e que nos esforçamos por erradicar seria muito mais

---

[39] Deduzo essa informação da nota de André Jardin em Alexis de Tocqueville, *Oeuvres complètes* (Paris, Gallimard, 1951), v. III.1, p. 250-1.
* Karl Marx e Friedrich Engels, *Manifesto del Partito Comunista* (Roma-Bari, Laterza, 2003 [1848]), p. 57. [ed. bras.: *Manifesto comunista*, trad. Álvaro Pina e Ivana Jinkings, São Paulo, Boitempo, 2010, p. 69] (N. E. I.)
** "Democracia do povo dos senhores", ver Domenico Losurdo, *Controstoria del liberalismo*, cit., p. 103-8 e 216-37. [ed. bras.: *Contra-história do liberalismo,* cit., p. 115-20, 233-54]. (N. E. I.)

grave e teríamos muito menos esperança de eliminá-la. Mesmo contrabalançando com os delitos do colonialismo, a vantagem obtida pelas colônias ainda pesa muito na balança.[40]

O autor que assim se expressa é um dos grandes teóricos e líderes do movimento socialista entre os séculos XIX e XX. Ele por certo não renunciou ao projeto de transformação socialista mas, de imediato, propõe-se a melhorar as condições de vida das massas populares na metrópole capitalista mediante o saque às colônias. Nesse sentido emerge a tentação do socialismo *Herrenvolk*. É verdade, Bernstein declara que os nativos podem e devem ser tratados "com humanidade", mas os exemplos por ele adotados ("como agora na América do Norte, na Nova Zelândia, na África do Sul") são reveladores[41]. São os anos em que, na África do Sul, "os Bôeres cristãos", nas palavras de Gumplowicz, teórico e apologista da "luta racial", consideravam e tratavam "os homens da selva e os hotentotes" não como "homens", mas como "seres" (*Geschöpfe*) a quem é permitido exterminar como "animais de caça da floresta"[42]. Não é diferente o tratamento reservado aos nativos "na América do Norte, na Nova Zelândia". Por outro lado, Bernstein presta homenagem explícita às "raças fortes", que inevitavelmente "tendem a alargar-se e expandir-se com a sua civilização", enquanto a opor uma inútil e retrógada resistência estão os povos não civilizados, e mesmo "incapazes de se civilizar": estes, quando "se insurgem contra a civilização", devem também ser vigorosamente combatidos pelo movimento dos trabalhadores[43]. Dessa forma, o movimento operário poderá salvaguardar a conspícua "vantagem extraída das colônias".

Vamos dar outro salto de algumas décadas no tempo. Com referência ao sionismo e aos *kibutzim* por ele promovidos, Arendt chamou a atenção para a presença nesse movimento de uma tendência à primeira vista singular: caracteriza-se, por um lado, pelo apoio a objetivos "chauvinistas", e, por outro, pelo compromisso de buscar experiências coletivistas e uma "rigorosa realização da

---

[40] Eduard Bernstein, "Der Sozialismus und die Kolonialfrage", *Sozialistische Monatshefte*, v. 4, p. 549-62, 1900, p. 559.

[41] Ibidem, p. 559-60.

[42] Ludwig Gumplowicz, *Der Rassenkampf: Soziologische Untersuchungen* (Innsbruck, Wagner'sche Universit Tsbuchhandlung, 1883), p. 249.

[43] Eduard Bernstein, "Die deutsche Sozialdemokratie und die türkischen Wirren", *Die Neue Zeit*, v. 4, p. 108-16, 1896-97, p. 109-10.

justiça social" dentro da própria comunidade[44]. Delineia-se, assim, um "conglomerado absolutamente paradoxal de abordagem radical e reformas sociais revolucionárias na política interna e de métodos antiquados e completamente reacionários na política externa" no campo das relações com os povos coloniais. Nesse caso, o socialismo *Herrenvolk* é mais do que uma tentação. Como na Argélia dos tempos dos discípulos de Fourier e Saint-Simon, também agora em uma distinta área do mundo árabe, e de modo mais sistemático, formas de propriedade "socialista" se enraízam em terras expropriadas de um povo colonial condenado à deportação ou à marginalização.

Ao assumir uma atitude muito diferente da do socialismo de *Herrenvolk*, o liberal-socialismo causa uma reorganização das posições sobre a qual é bom deter-se. Hobson aproxima-se muito mais de Lênin do que de Bernstein. Este último, para confirmar o caráter benéfico do expansionismo colonial, chama a atenção para os "muitos produtos tropicais, nutritivos e saborosos" que em um país como a Inglaterra (com um Império colonial na retaguarda) "passaram a fazer parte dos produtos de consumo popular". De modo oposto argumenta Hobson[45]. Claro, agora é generalizado "o gosto por produtos agrícolas tropicais, como arroz, chá, açúcar, café, borracha etc.", mas isso não constitui um título de honra para o Ocidente: "nós, modernos, queremos que as raças inferiores explorem suas terras em nosso benefício". Se o socialista alemão mostra a face fundamentalmente benevolente do colonialismo ao referir-se ao tratamento "humano" reservado aos indígenas "na América do Norte, na Nova Zelândia, na África do Sul", o liberal-socialista inglês, para demonstrar a política de "extermínio das raças inferiores" realizada a partir do colonialismo, cita justamente o "caso dos aborígenes australianos, bosquímanos e hotentotes africanos, índios americanos e maoris" na Nova Zelândia. Se o social-democrata alemão tem apenas palavras de elogio à exportação da "civilização" da qual o Ocidente colonial seria o protagonista, o liberal-socialista inglês aponta que o genocídio dos indígenas pode ser posto em ação tanto "com a guerra e o massacre privado" (perpetrado pela sociedade civil branca), quanto "com a imposição forçada de uma civilização que para eles foi destrutiva"[46]. Se Bernstein tenta de alguma forma reconciliar o socialismo e o expansionismo colonial, Hobson contrasta

---

[44] Hannah Arendt, "Ripensare il sionismo" (1945), em *Ebraismo e modernità* (Milão, Unicopli, 1986), p. 85-8 e 92.
[45] John Atkinson Hobson, *L'imperialismo* (Milão, Isedi, 1974 [1902; 3. ed. 1938]), p. 212.
[46] Ibidem, p. 214.

"Estado plenamente socialista" e "imperialismo" e aponta para o último como uma catástrofe também para a potência conquistadora: "O perigo mais grave do imperialismo reside no estado de espírito de uma nação que se acostumou a esse engano e que se tornou incapaz de autocrítica"[47].

Liberal-socialismo e comunismo: três oportunidades de encontro (perdidas)

Bem se compreende agora a presença de motivos essenciais comuns nas duas correntes de pensamento. Hobhouse faz troça da pretensão "do Ocidente – ou, melhor, de um ou dois povos eleitos do Ocidente" – de governar povos considerados atrasados "para o benefício da civilização" em seu conjunto[48]. Uma das definições mais significativas de imperialismo fornecidas por Lênin é aquela que o caracteriza como a pretensão de "algumas nações escolhidas" de basear seu "bem-estar" e sua primazia na pilhagem e na dominação do resto da humanidade[49], e como a presunção de algumas "nações modelo" de reservar para si "o privilégio exclusivo de formação do Estado"[50].

Não obstante as óbvias diferenças, o revolucionário russo olha com profunda simpatia para Hobson, a quem atribui o mérito de ter feito "uma descrição muito boa e detalhada das particularidades econômicas e políticas fundamentais do imperialismo"[51]. O bolchevique russo aprecia não só a análise científica do imperialismo do liberal-socialista inglês, mas também a denúncia política de suas implicações reacionárias no plano internacional e doméstico. *Imperialismo, estágio superior do capitalismo*, que acabamos de citar, é de 1917. Naquele mesmo ano, Hobson observa de modo pungente: "A adesão precipitada ao patriotismo por parte do socialismo em todos os contextos nacionais no verão de 1914 é o testemunho mais convincente de sua inadequação em lidar com a tarefa de derrubar o capitalismo quando se apresenta a oportunidade"[52]. E de novo emerge a

---

[47] Ibidem, p. 44 e 180-1.
[48] Leonard T. Hobhouse, *Democracy and Reaction*, cit., p. XIX-XX.
[49] Vladimir Ilyich Ulianov Lênin, *Opere complete*, cit., v. 26, p. 403.
[50] Ibidem, v. 20, p. 417.
[51] Ibidem, v. 22, p. 197. [ed. bras.: *Imperialismo, estágio superior do capitalismo*, trad. Edições Avante!, São Paulo, Boitempo, 2021, p. 33]
[52] John Atkinson Hobson, *The Fight for Democracy* (Manchester-Londres, The National Labour Press, 1917), p. 9.

convergência com Lênin, que em seus *Cadernos sobre o imperialismo* reconhece: "O livro de Hobson sobre o imperialismo é útil em geral, mas o é em particular porque ajuda a descobrir a falsidade fundamental do kautskismo nessa questão", a falsidade fundamental da tese que fabula um capitalismo "saudável", "pacífico", fundado sobre "relações pacíficas"[53]. Parece haver todas as condições para um encontro entre o comunismo e o liberal-socialismo, o que, no entanto, não ocorre. É a primeira, mas não a última, das oportunidades perdidas.

Uma segunda ocasião ocorre nos [anos] do advento e da ascensão, aparentemente irresistível, do fascismo. Na Itália, o sucesso do golpe de Estado de 1922 estimulou a reflexão autocrítica em Carlo Rosselli, teórico do liberal-socialismo: "A lição dos fatos e de modo particular as experiências russa e fascista nos mostraram [...] que a história não admite parênteses e lados intransponíveis e que um partido de oposição deve estar pronto, em certos momentos, para chegar ao poder". Em situações de crise aguda e colapso, o teste de força está nos fatos, e os bolcheviques, protagonistas da Revolução de Outubro, mostraram-se não apenas mais decididos como também mais sábios do que os socialistas italianos, que, refugiando-se no Aventino, abriram caminho para os bandos armados de Mussolini. Porém, o uso da violência já existia há algum tempo. Antes mesmo do fascismo, a burguesia e a reação haviam demonstrado sua "belicosa vitalidade" "com a guerra dupla", ou seja, com a invasão da Líbia e a intervenção na Primeira Guerra Mundial[54]. Em síntese, a crise provocada pela guerra e pelas agudas tensões sociais do pós-guerra resultou, na Rússia, na revolução e, na Itália, na contrarrevolução.

Já isso obrigava a prestar atenção a um aspecto da totalidade social (o estado de exceção), em grande parte negligenciado pelos ideólogos liberais. O programa colonialista do fascismo colocou outro aspecto da totalidade social no centro do debate, ele próprio geralmente negligenciado. Por ocasião da agressão contra a Etiópia, Rosselli enfatizava a barbárie da violência fascista. Era uma página da história da qual os italianos só podiam envergonhar-se e que, ainda, poderia ser equiparada às "páginas negras da história inglesa" ou de outros países coloniais. Por outro lado, "não foram todos os impérios feitos da mesma maneira?" Não, nenhuma confiança poderia ser depositada nos "governos capitalistas e imperiais"[55].

---

[53] Vladimir Ilyich Ulianov Lênin, *Opere complete*, cit., v. 39, p. 87-8.
[54] Carlo Rosselli, *Scritti politici* (Nápoles, Guida, 1988), p. 109 e 112.
[55] Ibidem, *Scritti dell'esilio* (Turim, Einaudi, 1989-92), v. II, p. 146, 249 e 337-8.

Uma alternativa a tudo isso era representada pela Rússia Soviética. Nos anos da Nova Política Econômica (NEP), e mais exatamente em 1923, tendo sob sua mira seu partido e companheiros de orientação política, e polemizando contra aqueles que estavam ansiosos para demonstrar, "com uma abundância maravilhosa de citações, que a Revolução Russa está em contradição com as previsões do marxismo", com o "comunismo" e os ideais de Marx, visto que se produz um sistema totalmente impregnado por um "novo espírito capitalista", observava Carlo Rosselli:

> No julgamento e na atitude reformista em relação à Revolução Russa, a adesão muito estrita às fórmulas marxistas fez com que se condenasse aprioristicamente, quase antes de seu nascimento, um fenômeno que continha e ainda contém em si sementes maravilhosas de vida e renovação.[56]

Mais tarde, reiterando com força o valor inalienável da liberdade e da democracia, nos anos da guerra na Espanha, Carlo Rosselli contrastou negativamente os países liberais ("A Inglaterra oficial é franquista, deixa Bilbao faminta") com a União Soviética empenhada em ajudar a República Espanhola agredida pelo nazifascismo[57]. Não se tratava apenas de política internacional. A um mundo caracterizado pela "fase do fascismo, das guerras imperialistas e da decadência capitalista", Rosselli contrapôs o exemplo de um país que, embora ainda longe do objetivo de um socialismo democrático maduro, deixara para trás o capitalismo e representava "um capital de preciosas experiências" para qualquer um que seja comprometido com a construção de uma sociedade melhor: "Hoje, com a gigantesca experiência russa [...], dispomos de um imenso material positivo. Todos sabemos o que significa revolução socialista, organização socialista da produção"[58]. Tomando nota do novo conflito mundial que se perfilava no horizonte, era necessário ter-se clara consciência da necessidade de defender [a causa] "encarna[da] [pela] Revolução Russa" e aplicar, "limitadamente aos países fascistas", a "tese leninista" da transformação da guerra imperialista em uma guerra civil revolucionária[59].

Por fim, a terceira e última ocasião para o encontro entre comunismo e liberal-socialismo: nos anos imediatamente posteriores à Segunda Guerra

---

[56] Carlo Rosselli, *Scritti politici*, cit., p. 67-8.
[57] Ibidem, p. 358, 362 e 367.
[58] Ibidem, p. 301, 304-6 e 381.
[59] Ibidem, *Scritti dell'esilio*, cit., v. II, p. 330-1.

Mundial, o prestígio da União Soviética estava no topo, e o movimento de descolonização que emergiu da Revolução de Outubro se apresentava como uma corrente impetuosa e imparável. Podemos agora compreender a intervenção do estudioso trabalhista britânico Harold J. Lasky. Ele condenava de fato e com veemência a ditadura na União Soviética, mas imediatamente acrescentava que a experiência socialista naquele país tinha ocorrido (e estava ocorrendo) em condições de um "estado de sítio", imposto pelo próprio Ocidente, orgulhoso de suas instituições democráticas, mas inclinado a torná-las impossíveis ou difíceis de implementar em países com um ordenamento social diferente. Era preciso também tomar nota do persistente colonialismo ou neocolonialismo em que o Ocidente continuava envolvido e que reduzia países inteiros à dependência, por exemplo, da "*United Fruit Company* dos Estados Unidos"[60].

Mesmo que se quisesse abstrair tanto o estado de exceção (imposto ao país nascido da Revolução de Outubro) quanto a questão colonial, para se proceder ao usual confronto completamente abstrato (mas por isso mesmo caro à ideologia dominante) entre Ocidente e União Soviética, uma pergunta não poderia ser evitada: em que medida era livre na fábrica o operário britânico e estadunidense? E ele realmente gozava de maior liberdade na fábrica do que o trabalhador russo[61]? Depois de chamar a atenção para o estado de exceção e para o mundo colonial, a análise do deputado trabalhista evidenciou um outro aspecto da totalidade social, a distinção entre a esfera da circulação e a da produção.

Enfim. Não era lícito "manter a economia e a política separadas" e desvincular a dimensão política da liberdade de sua dimensão material: não havia liberdade autêntica sem "liberdade das necessidades", e a libertação da miséria e da fome acarretava transformações político-sociais gigantescas, que exigiam a superação do controle privado dos grandes meios de produção. Nesse sentido, as "relações de produção" vigentes no Ocidente estavam "em contradição com as forças produtivas"[62].

Naqueles anos, de modo não muito diferente do trabalhista inglês se posicionava Norberto Bobbio, que em 1951 assim acusou a filosofia da história do Ocidente liberal:

---

[60] Harold J. Lasky, *Liberty in the Modern State* (Londres, Allen & Unwin, 1948), p. 28 e 40.
[61] Ibidem, p. 42.
[62] Ibidem, p. 22 e 36.

A história tem um só sentido, que é o sentido percorrido pela civilização branca, à margem da qual nada há senão cristalização, atraso, barbárie [...] Que não haja outra civilização digna desse nome, e que só esta seja chamada ao domínio exclusivo, é o pressuposto implícito e a consequência explícita da expansão colonial dos últimos quatro séculos que não conheceu outras formas de contato com as diferentes civilizações senão o extermínio (na América), a escravidão na África, a exploração econômica (na Ásia).[63]

É um balanço que coloca duramente em causa a habitual autoapologia da tradição liberal e dos dois países (Grã-Bretanha e Estados Unidos) que em grande parte a encarnam. O fato é que nesses anos o filósofo de Turim não perde de vista os índios, os negros e os povos coloniais como um todo, tampouco o nexo entre sua tragédia e o desenvolvimento da metrópole capitalista e liberal. Por certo é também severo o julgamento sobre a "concepção escatológica da história" própria do movimento comunista. A esta, todavia, não se contrapõe de fato uma visão mais sóbria, mas sim a pretensão de representar e "defender uma civilização que nada mais tem a aprender porque representa a plenitude dos tempos". Vemos, portanto, duas escatologias opostas frente a frente, das quais a primeira situa o *plenitudo temporum* [plenitude do tempo] no futuro e a segunda, como escatologia realizada, no presente[64].

Essas duas escatologias opostas assumem uma abordagem maniqueísta. Elevando-se a representante exclusivo da civilização como tal, o Ocidente se apresenta como campeão da luta contra a barbárie circundante e considera "o curso da história humana como seu atributo exclusivo". Por sua vez, o campo socialista afirma incorporar a mais nova e autêntica civilidade, que pressiona um mundo injusto, decadente e condenado ao declínio. Temos assim "dois pares antitéticos: civilização/barbárie, civilização/decadência"[65]. Desse confronto entre as duas ideologias opostas da Guerra Fria, sai-se pior, na soma, a ocidental: esta recorre a uma escatologia realizada, que consagra um presente inaceitável; acima de tudo, suscita uma dicotomia propensa ao deslize naturalista (e racista), pois condena o adversário como "um mundo que ainda não é civilizado e talvez nunca o seja"[66].

---

[63] Norberto Bobbio, "Invito al colloquio", em *Politica e cultura* (Turim, Einaudi, 1977), p. 23. [ed. bras.: *Política e cultura*, trad. Jaime Clasen, São Paulo, Ed. Unesp, 2015]
[64] Ibidem, p. 22 e 23.
[65] Ibidem, p. 21 e 24.
[66] Ibidem, p. 21.

Apesar de todas as limitações e perigos inerentes a ela, a filosofia marxista e comunista da história parece ter uma maior amplitude universalista, aparenta ser imune a cláusulas de exclusão insuperáveis. Por vezes o Bobbio desses anos parece sentir seu fascínio, como sobressai desta intervenção de 1954:

> Deixamos para trás o decadentismo, que era a expressão ideológica de uma classe em declínio. Nós o abandonamos porque participamos do trabalho e da esperança de uma nova classe. Estou convicto de que, se não tivéssemos aprendido com o marxismo a ver a história do ponto de vista dos oprimidos, ganhando uma nova e imensa perspectiva do mundo humano, não teríamos sido salvos. Teríamos buscado abrigo na ilha da interioridade ou nos colocado a serviço dos velhos mestres.[67]

Expressão mais elevada e madura da modernidade, o marxismo não é aqui o pensamento de um único autor, mas "o ponto de partida de um movimento de revolução social que ainda está em curso" e que parece imparável: não é possível "fazer retornar a história" para o passado. Quem desejar refutar em bloco o marxismo, saiba que está prestes a lançar-se a um empreendimento quixotesco: "deve refazer a jornada feita até agora em quatro séculos e mergulhar de volta na Idade Média"[68].

Nesse momento é claramente positivo o juízo sobre a Revolução de Outubro, protagonista de uma radical "transformação do mundo feudal, econômica e socialmente atrasado". Dali surgiu "uma onda tumultuosa e subversiva" que mais cedo ou mais tarde conhecerá uma decantação e uma canalização para um curso mais regular[69]. Claro – sublinha uma intervenção de 1952 – estamos na presença de "regimes totalitários", mas isso não pode ser motivo de escândalo, porque se trata de uma "dura necessidade histórica", que pesa muito no presente, mas está destinada a ser superada[70].

Ainda em 1954, no curso da polêmica que teve com Togliatti, o teórico italiano do liberal socialismo, ao mesmo tempo que insistia acertadamente e com clarividência na inalienabilidade da liberdade "formal" e de suas garantias jurídico-institucionais, não procedeu em absoluto a um julgamento de

---

[67] Ibidem, "Libertà e potere", em *Politica e cultura* (Turim, Einaudi, 1977 [1954]), p. 281.
[68] Ibidem, "Invito al colloquio", cit., p. 26-7.
[69] Ibidem, p. 24 e 27.
[70] Ibidem, "Difesa della libertà", em *Politica e cultura* (Turim, Einaudi, 1977 [1952]), p. 48-9.

liquidação sobre o capítulo da história iniciado com a Revolução de Outubro. Pelo contrário, sublinha que a União Soviética e os outros Estados socialistas

> iniciaram efetivamente uma nova fase de progresso civil em países politicamente atrasados, introduzindo instituições tradicionalmente democráticas, de democracia formal, como o sufrágio universal e a eleição para os cargos, e de democracia substancial, como a coletivização dos instrumentos de produção.

Com efeito, pressionado também pelo líder comunista, Bobbio resumiu sua posição da seguinte maneira: "Defendemos um núcleo de instituições [aquelas próprias do garantismo liberal] que deram certo e gostaríamos, isso é tudo, que elas também se transplantassem para o Estado socialista". E ainda: queremos "derramar uma gota de óleo na máquina da revolução já concluída"[71]. Não se tratava de forma alguma de liquidar Outubro, mas de desenvolver e aperfeiçoar um regime social que já havia dado uma grande contribuição para o processo de emancipação da humanidade.

O interesse e a simpatia pelo capítulo da história que começou com a Revolução de Outubro misturam-se ao interesse e à simpatia pelas revoluções anticoloniais. Em 1955, o filósofo integrou a primeira delegação cultural italiana convidada a visitar a República Popular da China, então excluída da ONU, banida e hostilizada de todos os modos pelo Ocidente e alvo de um impiedoso embargo desencadeado pelos Estados Unidos. Mesmo a décadas de distância, emerge uma memória clara e simpática:

> A grande manifestação popular na Praça Tiananmen para o dia nacional de 1º de outubro é o espetáculo mais extraordinário que já testemunhei em minha vida. Após uma breve parada militar, o grande desfile foi povoado por dançarinos, acrobatas, malabaristas. Guirlandas de flores e mulheres que cantavam enchiam a praça de cores e movimentos graciosos. Da arquibancada podíamos ver muito bem Mao Tsé-Tung, lá em cima, no palco, com todo seu estado maior. Posso dizer, com total tranquilidade, que o olhávamos com admiração. A "longa marcha" foi um dos episódios mais surpreendentes e emocionantes da história contemporânea.[72]

---

[71] Ibidem, "Della libertà dei moderni paragonata a quella dei posteri", em *Politica e cultura* (Turim, Einaudi, 1977 [1954]), p. 164; Ibidem, "Libertà e potere", cit., p. 280.
[72] Ibidem, *Autobiografia* (Roma-Bari, Laterza, 1997), p. 111.

Como nos dias de Rosselli (e, ainda antes, de Hobhouse e Hobson), também na época em que Bobbio argumentava dessa forma, havia condições para um encontro fecundo entre o liberal-socialismo e o comunismo. Sim, irrompia a Guerra Fria, mas a memória ainda viva das infâmias do nazifascismo que chegou ao poder em países localizados no coração da Europa e derrotados com a contribuição decisiva dos "bárbaros" orientais não se reconciliava com a ideologia da Guerra Fria típica da OTAN. Em contrapartida, a clara condenação da tradição colonial e sua transfiguração no âmbito da filosofia da história do Ocidente não poderiam deixar de comportar certa atenção solidária para o país surgido da revolução que ergueu a bandeira da emancipação dos povos coloniais, ou para um país como a República Popular da China, nascida na onda da maior revolução anticolonial da história.

Equívoco liberal-socialista e responsabilidade comunista

Por que então não se realiza o encontro entre as duas correntes de pensamento? Isso não se explica pela teoria do social-fascismo, que por algum tempo foi agitada pela Internacional Comunista e que obviamente desempenha um papel funesto. Na aspereza do confronto entre comunistas e esquerda não comunista, estão ambas as partes a se acusar mutuamente de fazer [o] jogo do fascismo e até de serem seus cúmplices. É a esquerda como um todo que luta no processo de elaboração e assimilação da política da frente única. Quando, com seu VII Congresso, em 1935, desembaraçando-se finalmente do absurdo colossal que colocava social-democratas e fascistas em pé de igualdade, a Internacional Comunista clamou justamente por uma frente única contra o perigo de agressão dos países fascistas, foi Rosselli quem expressou fortes reservas em nome da ortodoxia revolucionária: "A tese marxista tradicional foi posta de lado e cada vez mais se resvala para a tese da 'guerra democrática'. O conflito atual não seria mais o resultado de um conflito imperialista, mas de uma luta entre os Estados pacifistas (o Estado proletário) e o fascismo, sobretudo o alemão"[73]. Os partidos comunistas, ao menos "nos países aliados da Rússia, serão reduzidos a uma *union sacrée* [união sagrada]". Ou seja, recolocando a tese da sagrada união patriótica, os comunistas fizeram sua a palavra de ordem condenada por ocasião da Primeira Guerra Mundial. Nesse caso fora o expoente do liberal-socialismo italiano que não compreendera a radical

---

[73] Carlo Rosselli, *Scritti dell'esilio*, cit., v. II, p. 328-9.

novidade que influenciava o quadro internacional: se o primeiro conflito era o resultado do choque entre potências capitalistas empenhadas em, agindo uma contra a outra, alargar a própria esfera de domínio colonial, o segundo conflito mundial surgia da reivindicação do fascismo, especialmente o hitleriano, de retomar e radicalizar a tradição colonial, sujeitando e escravizando até mesmo povos de antigas civilizações, os quais eram, portanto, obrigados a preparar-se para uma luta de resistência anticolonial, precisamente sob a bandeira da unidade nacional.

Para compreender as razões do desencontro entre o comunismo e o liberal-socialismo, não é nos acidentes do percurso que se deve concentrar, mas nas questões teóricas e políticas fundamentais. Poder-se-ia dizer que o liberal-socialismo nasce de um equívoco, mas pelo qual não é o único responsável, quiçá sequer o principal, de um erro que, todavia, está além do campo dos liberal-socialistas e dos comunistas. No início da Guerra Fria, em 1949, Isaiah Berlin, expoente do liberalismo clássico, brandia um hino ao Ocidente nestes termos: ainda que subsistissem áreas de miséria que bloqueavam a "liberdade positiva" (o acesso à instrução, à saúde, ao tempo livre etc.), estava garantida a todos a "liberdade negativa", a liberdade liberal propriamente dita, a esfera da autonomia inviolável do indivíduo. Cinco anos depois, polemizando com Bobbio, que convidava a União Soviética a finalmente chegar a acertar as contas com o liberalismo e suas conquistas, Galvano della Volpe, na época talvez o mais ilustre filósofo comunista italiano, respondeu contrapondo a *libertas minor* com a *libertas major*, que o movimento comunista estava empenhado em reivindicar e realizar. A *libertas minor* correspondia à "liberdade negativa", assim como a *libertas major* à "liberdade positiva". Isto é, embora recorressem a uma linguagem diferente e a juízos de valor opostos, Berlin e della Volpe estavam de acordo em configurar o embate entre o mundo liberal capitalista e o mundo comunista como a disputa entre a liberdade liberal e os direitos econômico-sociais. Apesar de terem por trás uma tradição consolidada, os dois autores aqui comparados estavam errados[74]. Berlin publicou o ensaio aqui citado na revista estadunidense *Foreign Affairs*, em uma época em que dezenas

---

[74] Ver Isaiah Berlin, *Quattro saggi sulla libertà* (Milão, Feltrinelli, 1989 [1969]) [ed. bras.: *Quatro ensaios sobre a liberdade*, trad. Wamberto Hudson Ferreira, Brasília, Ed. UnB, 1981] – o que foi publicado em 1949 na *Foreign Affairs* foi o primeiro ensaio: "As ideias políticas do século XX"; para della Volpe, ver Norberto Bobbio, "Della libertà dei moderni paragonata a quella dei posteri", cit.

de estados da União continuavam proibindo por lei a contaminação sexual e matrimonial da superior raça branca com as outras, atropelando assim a mais elementar das "liberdades negativas", a de escolher livremente o parceiro sexual e matrimonial. A lutar contra tal legislação e contra o regime de segregação racial em seu conjunto estavam, ao contrário, os comunistas, que sobretudo no Sul dos Estados Unidos foram rotulados como "amantes dos negros" (*nigger lovers*), portanto inclinados à mistura racial e à contaminação da superior raça branca, e tratados de acordo com essa condição. Um historiador estadunidense descreveu assim a coragem de que foram forçados a dar prova: "Seu desafio ao racismo e ao *status quo* provoca[va] uma onda de repressão que se imaginaria impensável em um país democrático"; sim, desafiar a *white supremacy* significava "enfrentar a possibilidade do cárcere, do sequestro e até mesmo da morte"[75]. E tudo isso – pode-se acrescentar – apenas para se entender o que, segundo o esquema de della Volpe, deveria ser considerado uma *libertas minor*, isto é, um conjunto de liberdades amplamente "menores"!

Na realidade, é precisamente a causa da liberdade que impulsiona e torna comunistas jovens que depois viraram líderes de primeiríssimo plano do movimento comunista internacional. Ho Chi Minh amadureceu sua escolha política a partir da dolorosa experiência de opressão e da condição de total falta de liberdade a que o colonialismo francês sujeitou o povo vietnamita. Falando em 26 de dezembro de 1920 no Congresso de Tours do Partido Socialista Francês, que mais tarde aderiu à Internacional Comunista, declarou:

> Mais numerosas do que as escolas, as prisões estão sempre abertas e assustadoramente povoadas. Qualquer nativo que se imagine ter visões socialistas é preso e às vezes enviado à morte sem ser julgado.[76]

Talvez por algum tempo o jovem revolucionário deva [ter] nutrido algumas ilusões acerca dos Estados Unidos, que, com Wilson, embora não desistissem de suas colônias (as Filipinas), da doutrina Monroe e do controle, a ela relacionado, da América Latina, haviam tentado dar a si próprios um tom "anticolonialista", agitando a bandeira da autodeterminação. Contudo, tendo desembarcado na república estadunidense em busca de trabalho, Ho Chi Minh testemunhou

---

[75] Robin D. G. Kelley, *Hammer and Hoe: Alabama Communists during the Great Repression* (Chapel Hill-Londres, The University of North Carolina Press, 1990), p. XII e 30.
[76] Jean Lacouture, *Ho Chi Minh* (Milão, Il Saggiatore, 1967), p. 36-7.

horrorizado um linchamento, a lenta e interminável tortura de um negro, a qual era assistida por uma divertida e animada multidão de brancos. Saltemos os detalhes para ver a conclusão: "No chão, rodeada por um fedor de gordura e fumo, uma cabeça negra, mutilada, torrada, deformada, faz uma cara horrível e parece perguntar ao sol que se põe: 'É isso a civilização?'". O sistema capitalista e imperialista privava das liberdades mais elementares e submetia à mais cruel opressão não apenas os povos coloniais, mas também as populações de origem colonial situadas no próprio coração da metrópole capitalista. O jovem revolucionário denunciou a infâmia do regime da supremacia branca e da Ku Klux Klan no *Correspondance Internationale* (a versão francesa do órgão da Internacional Comunista)[77].

Mesmo em uma situação muito dramática, cercado que estava por inimigos determinados a aniquilá-lo, Mao Tsé-Tung reservou tempo e atenção à luta pela liberdade liderada pelos afro-americanos, condenados à escravidão infligida a eles pelo país que amava (e ama) apresentar-se como a democracia mais antiga do mundo: o dirigente comprometido em rejeitar o plano de escravização da nação chinesa cultivado pelo imperialismo japonês, emulado pelo imperialismo de Hitler, "sabia algo sobre o problema dos negros nos Estados Unidos e fez uma comparação nada lisonjeira entre o tratamento reservado aos negros e aos índios da América e a justa política adotada na União Soviética em relação às minorias nacionais"[78]. Mesmo que se queira abstrair a causa da liberdade dos povos coloniais (mas isso seria inadmissível tanto no plano epistemológico quanto no plano moral), não há dúvida de que em países como Itália, Espanha e Portugal os partidos comunistas se desenvolveram colocando-se eles próprios à frente da luta contra a anulação das liberdades democráticas perpetrada pelo fascismo e já largamente levada a cabo pela legislação de emergência promulgada por ocasião da Primeira Guerra Mundial.

Como, então, podemos explicar que, ao mesmo tempo que se empenham em batalhas decisivas pela liberdade, os comunistas muitas vezes rebaixaram a *libertas minor*, a liberdade por eles defendida a ponto de sacrificar suas vidas, a uma liberdade meramente "formal"? A liberdade do Ocidente liberal pode e deve ser criticada sob vários ângulos. Não obstante a apoteose com que é proclamada, ela é caracterizada por assustadoras cláusulas de exclusão,

---

[77] Wyn Craig Wade, *The Fiery Cross: The Ku Klux Klan in America* (Nova York-Oxford, Oxford University Press, 1997), p. 203-4.
[78] Edgar Snow, *Stella rossa sulla Cina* (3. ed., Turim, Einaudi, 1967 [1937]), p. 88-9.

principalmente em detrimento dos povos coloniais (ou de origem colonial), com frequência privados até das mais elementares liberdades civis, e, em geral, sujeitos à dizimação e à aniquilação. Pelo menos no que diz respeito às liberdades políticas, as classes subalternas e as mulheres há muito são afetadas pelas cláusulas de exclusão. Se então, da esfera da circulação voltarmos a atenção para a da produção, vemos que o "despotismo" do patrão na fábrica, denunciado pelo *Manifesto Comunista*, não desapareceu: pelo contrário, agrava-se em tempos de crise, quando o recesso decidido soberanamente pelo proprietário pode significar a condenação à fome. Deve-se acrescentar que em todas as situações de crise, interna ou internacional, a liberdade liberal se transforma facilmente em despotismo. Enfim, está incompleta uma liberdade que exclui os direitos sociais e econômicos, hoje também contestados no plano teórico pela reação neoliberal. Grande é o esforço intelectual necessário para compreender os muitos limites da liberdade liberal: é mais fácil e rápido liquidá-la em bloco como *libertas minor* e liberdade "formal". Dessa forma, no entanto, a teoria comunista entra em contradição aguda com a práxis comunista, mas é sem dúvida esta última que se mostra mais iluminada.

A elaboração da teoria marxista e comunista da liberdade foi dificultada ainda mais pela expectativa da extinção do Estado após um curto período de transição: em comparação com a perspectiva que exalta o desaparecimento do poder enquanto tal, a limitação do poder pelo Estado de direito (*rule of law*), só poderia aparecer como uma *libertas minor*, formal, em todo caso destinada a desaparecer junto com o Estado. É daqui que devemos começar para compreender o equívoco do liberal-socialismo, que acreditava compensar a suposta surdez do comunismo diante do ideal de liberdade sugerindo uma síntese entre liberalismo e socialismo e identificando o primeiro (apologeticamente) com a causa da liberdade e o segundo (de forma reducionista) com a causa da justiça social.

Os limites de fundo do liberal-socialismo

Olhando-se mais de perto, o mal-entendido não demora a se revelar como tal. Convém iniciar por Piero Gobetti. Ele chama a atenção para o "problema operário, o problema por excelência" do "nosso século" (do século XX), homenageia o "movimento grandioso dos conselhos" operários, mas nunca chega a uma crítica ao colonialismo e ao imperialismo: a aventura etíope de Francesco Crispi é criticada, mas apenas porque "o imperialismo é uma ingenuidade quando os problemas elementares da existência permanecem por resolver"[79]. Por vezes, uma abordagem não muito diferente pode ser lida em Rosselli, quando ele resume nestes termos os argumentos para se opor à propaganda imperial do fascismo: a Etiópia não pode ser "uma colônia de povoamento", mas "uma colônia de exploração", porém, "para explorá-la é necessário um grande capital que a Itália não tem hoje, e certamente não terá amanhã depois das despesas de guerra"[80].

As mesmas considerações também se aplicam ao expoente mais proeminente do liberal-socialismo italiano no final da Segunda Guerra Mundial e nos anos imediatamente seguintes. Escrevendo entre 1944-1945, Guido Calogero afirma que o "liberal-socialismo moderno", no qual se reconhece, "já tem um século de vida"[81]. Ele, portanto, parte de Mill, o cantor das guerras do ópio e teórico do "despotismo" benevolente que o Ocidente foi chamado a exercer sobre as "raças" que ainda eram "menores de idade". Está claramente ausente a consciência da questão colonial, o que é confirmado pela homenagem prestada à "comunidade das nações britânicas" no momento em que se intensifica a luta pela independência travada na Índia, duramente reprimida pelas autoridades coloniais que condenam Gandhi à prisão e "recorrem a meios extremos, como o uso da aviação para metralhar a multidão de manifestantes"[82].

Se agora, retrocedendo, voltarmos nossa atenção para a Inglaterra, para o país que primeiro assiste ao surgimento do liberal-socialismo, podemos perceber que autores como Hobhouse e Hobson eram de fato essencialmente imunes ao entusiasmo imperial que também contagiou o Partido Trabalhista e, no entanto, pelo menos no que diz respeito ao primeiro, não faltam oscilações. O liberalismo de que se faz intérprete —escreve Hobhouse três anos antes da eclosão da Primeira Guerra Mundial – não é "indiferente aos interesses do império como um todo, ao sentimento de unidade que permeia sua população branca, às oportunidades inerentes ao fato de que um quarto da humanidade reconhece uma única bandeira e uma só autoridade suprema"[83].

---

[79] Piero Gobetti, *La rivoluzione liberale: saggio sulla lotta politica in Italia* (Turim, Einaudi, 1983 [1924]), p. 29, 105 e 114.
[80] Carlo Rosselli, *Scritti dell'esilio*, cit., v. II, p. 190.
[81] Guido Calogero, *Difesa del liberalsocialismo ed altri saggi* (Milão, Marzorati, 1972), p. 126 e 128.
[82] Michelguglielmo Torri, *Storia dell'India* (Roma-Bari, Laterza, 2000), p. 598.
[83] Leonard T. Hobhouse, *Liberalism*, cit., p. 122.

Embora críticos do expansionismo colonial, ambos os expoentes do liberal-socialismo inglês estavam bem longe de pensar que os povos coloniais poderiam se tornar sujeitos ativos do processo revolucionário. Seu anticolonialismo é um convite às classes dominantes do Ocidente para que se coloquem à altura dos princípios morais que proclamam e, portanto, não cometam crimes contra os supostos "bárbaros", ou é propriamente a reivindicação de uma reforma pelo alto. Em nenhum caso, o anticolonialismo de Hobhouse e de Hobson é um apelo aos povos coloniais para que tomem seu destino nas mãos, como fazem os bolcheviques, que chamam os "escravos coloniais" a quebrar suas correntes e, assim, colocar em movimento uma gigantesca onda de revoluções anticoloniais.

Pode-se agora ensaiar um balanço geral. O liberal-socialismo nasce de uma reflexão autocrítica do liberalismo que, no entanto, se desenvolve mais pela questão social do que pela questão colonial. O nazifascismo quis retomar e radicalizar a tradição colonial, por muito tempo encarnada em primeiro lugar pelos países liberais. E na Itália liberal [essa tradição se manifestou, por exemplo, em locais como] aqueles que, em última instância, segundo um ilustre historiador, funcionaram como "campos de extermínio" para os líbios ali detidos[84]. É o exército enviado à Líbia por um liberal esclarecido e reformador como Antonio Giolitti que se mancha de horrendos crimes contra a humanidade e até cultiva a ideia de uma espécie de "solução final" para a questão líbia[85]. Sem esse precedente, não se pode de forma alguma compreender uma das páginas mais infames do fascismo italiano, aquela relativa à guerra contra a Etiópia, cuja resistência também se deparou com o uso de armas químicas. Em vão se buscaria uma reflexão sobre esse nexo no liberal-socialismo. A situação não é diferente para o liberal-socialismo inglês. Ao levar a cabo seu projeto de construção de um império colonial de estilo continental na Europa oriental, Hitler se refere explícita e repetidamente à política colonial de dois países liberais. São dois os modelos: a expansão dos Estados Unidos e da raça branca no *Far West* e o regime de *white supremacy*, que mesmo depois da abolição formal do instituto da escravidão continua a infligir aos afro-americanos o destino reservado às "raças inferiores"; o Império Britânico, com o olhar voltado em particular à sua joia, as "Índias Britânicas". Essa circunstância poderia ter sido a ocasião para um acerto de contas definitivo com o colonialismo, o que, no

---

[84] Angelo Del Boca, *Italiani, brava gente?* (3. ed., Vicenza, Neri Pozza, 2006 [2005]), p. 121.
[85] Domenico Losurdo, *Il linguaggio dell'Impero*, cit., p. 205-8. [ed. bras.: *A linguagem do império*, cit., p. 207-9]

entanto, não ocorreu de maneira alguma. Para demonstrar o fato de que se pode nutrir dúvidas sobre a capacidade de autogoverno de "negros" e "cafres", Hobhouse cita "a experiência estadunidense dos negros"[86]. São os anos em que se aprofunda o terror difundido pelo racismo branco: restritos aos segmentos inferiores do mercado de trabalho e sujeitos à servidão, os afro-americanos tornam-se alvo de linchamentos, que são uma tortura interminável e que, por isso mesmo, também constituem um horrendo espetáculo de massas; estes são os anos em que está em pleno vigor o Estado racial que acende o entusiasmo de Hitler. Como exemplo de um "Estado mundial de um futuro não impossível", Hobhouse cita o "autogoverno nacional livre, completo e satisfatório" desfrutado pelo Canadá e pela Austrália[87]. É um autogoverno que, sobretudo no segundo caso, permite aos colonos, já eliminados todos os obstáculos vindos do poder central, proceder rapidamente à dizimação ou extermínio dos nativos. É uma dialética que o autor põe em evidência em relação à África do Sul, mas que ignora quando se trata de outras colônias. Em todo caso, se tivermos em mente o destino reservado aos nativos, podemos entender melhor as razões do fascínio que o Império Britânico exerce sobre Hitler.

À luz do ausente acerto de contas com a questão colonial, não surpreendem as incertezas e as oscilações do liberal-socialismo em relação à Primeira Guerra Mundial, uma atitude que é muito diferente da de Lênin. Hobhouse abraça plenamente a ideologia da guerra da Entente, interpretando o gigantesco conflito como uma cruzada que os herdeiros do "humanitarismo racional dos séculos XVIII e XIX" conduzem contra um país envenenado pela "teoria metafísica do Estado" e pela "teoria hegeliana do Estado-Deus"[88]. Uma observação semelhante pode ser feita a respeito de Gobetti: "O espírito de guerra era de fato popular e severo, marcou para os camponeses do Mezzogiorno a primeira prova de vida unitária"[89]. Ainda que com uma linguagem mais sóbria, a ideologia difundida no curso da guerra ressurge, celebrando a imensa prova de força, o sacrifício e a disponibilidade ao sacrifício da vida humana como uma "fornalha de fusão", como um instrumento de superação das lacerações da luta de classes e, portanto, de "regeneração da vida social

---

[86] Leonard T. Hobhouse, *Liberalism*, cit., p. 26-7.
[87] Ibidem, p. 121.
[88] Ibidem, *The Metaphysical Theory of the State: A Criticism* (2. ed., Londres, Allen & Unwin, 1921 [1918]), p. 6-7.
[89] Piero Gobetti, *La rivoluzione liberale*, cit., p. 30.

atual" e de "purificação dos homens": é a visão contra a qual, com palavras incendiárias, polemiza o Gramsci que aderira ao comunismo[90]. Comparado com os demais expoentes do liberal-socialismo, Hobson, que vimos em 1917 criticando o chauvinismo dos partidos da Segunda Internacional, revela-se muito mais destacado. Expressa reservas e críticas já no momento da eclosão da guerra, sem, no entanto, ir além de uma tautologia suspirante: ah, se houvesse um "governo internacional" (este é o tema que dá título ao livro aqui citado), não teria havido o terrível conflito entre os Estados nacionais que eclodiu no verão de 1914! Não se faz qualquer menção à disputa colonial, pelo contrário, aborda-se o projeto de uma exploração conjunta pelas grandes potências, em "benefício da humanidade", dos recursos não explorados pelos países e povos atrasados[91]. Não há lugar nesse quadro para o protagonismo revolucionário dos povos coloniais, nem para o apelo às vítimas sacrificadas na carnificina para desobedecerem e se insurgirem: esta é a diferença real no que diz respeito ao bolchevismo e ao comunismo.

BOBBIO CONTRA HOBHOUSE: O LIBERAL-SOCIALISMO COMO FUGA DO CONFLITO

Antes de prosseguir na análise das duas correntes de pensamento aqui comparadas, é necessário chamar a atenção para outra diferença fundamental: a partir da Revolução de Outubro (ou, caso se prefira, a partir da formação do bolchevismo com a publicação por Lênin de *O que fazer?*), embora entre altos e baixos e oscilações muito fortes, o movimento comunista fez sentir a sua presença ininterruptamente a nível mundial. O liberal-socialismo, por outro lado, manifesta-se de forma intermitente, sobretudo em momentos de crise política e social mais aguda (a fúria do expansionismo colonial e do imperialismo; o perfilar-se da Primeira Guerra Mundial; a marcha do nazi-fascismo; após a catástrofe, a urgência da construção de uma ordem capaz de arrancar as raízes do imperialismo, da guerra e do fascismo), e muitas vezes pressionado pelo movimento socialista e comunista. O âmbito geográfico da difusão também é muito mais limitado: trata-se principalmente de dois países, Grã-Bretanha e Itália.

---

[90] Ver neste volume, p. 38-9.
[91] John Atkinson Hobson, *Towards International Government* (Londres, Allen & Unwin, 1915), p. 139-40.

É no primeiro dos dois países que o liberal-socialismo assume sua forma teoricamente mais madura. Em Hobhouse, salta aos olhos em primeiro lugar o vínculo estabelecido entre política e economia: "o homem que morre de fome" está sujeito a uma "restrição" que mutila ou anula sua liberdade; é, portanto, necessário distinguir entre "liberdade aparente" e "liberdade real"[92]. E, portanto: "as massas populares não são plenamente livres para exercer seus direitos políticos se estiverem sujeitas a condições de trabalho que as obriguem a cuspir sangue [...] A questão social deve ser considerada em seu conjunto"[93]. Ainda mais relevante é a tendencial consciência da possível emergência do conflito entre liberdades.

No entanto, o que acabamos de ver é um pressuposto difundido no liberal-socialismo como tal. A atenção deve se concentrar, portanto, em um aspecto diferente, que me parece muito mais significativo. Eis como Hobhouse rejeita as críticas liberais tradicionais à atividade dos sindicatos operários mais combativos: é verdade, "o sindicalismo implica coerção e, nessa medida, viola a liberdade do indivíduo" (pense nos piquetes dos operários). E ainda, "a liberdade que o sindicalismo sacrifica é menos importante do que a liberdade que ele assegura": serve efetivamente para contrastar a "desigualdade" das relações de poder entre empregadores e operários, estando estes últimos claramente em desvantagem e, desse modo, condenados a uma condição de "iliberdade" substancial[94]. E, assim, não são necessariamente a liberdade e o despotismo que se chocam, como acontece no contexto da teoria liberal clássica; podem chocar-se também duas liberdades que não são equivalentes.

O conflito de liberdades tem um papel ainda mais importante quando analisamos as relações entre metrópoles capitalistas, por um lado, e povos coloniais ou de origem colonial, por outro, bem como as relações internacionais em seu conjunto. Aqui está o que aconteceu na África do Sul nos anos imediatamente após a Guerra Anglo-Bôer: "No emaranhado dos assuntos humanos (*in the tangle of human affairs*), o princípio da autonomia é invocado em defesa do direito ilimitado de uma pequena oligarquia de fazendeiros de tratar os negros, em suas casas, como quiserem"[95]. O autogoverno da comunidade branca andava de mãos dadas com a imposição de um regime muito opressor de *white supremacy*. Foi a dialética que presidiu a guerra de independência dos colonos

---

[92] Leonard T. Hobhouse, *Democracy and Reaction*, cit., p. 216-7.
[93] Ibidem, *Liberalism*, cit., p. 126.
[94] Ibidem, *Democracy and Reaction*, cit., p. 219-20.
[95] Ibidem, p. XXIII-XXIV.

estadunidenses contra o governo de Londres. A liberdade da sociedade civil, hegemonizada pelos brancos e que conquistou o autogoverno, pode andar lado a lado com a opressão das minorias étnicas e até mesmo com sua dizimação e aniquilação (como no caso dos peles vermelhas).

Ao conflito entre liberdades não oferece remédio nem mesmo a concessão de direitos políticos aos negros:

> Quando uma oligarquia de fazendeiros brancos se estabelece entre uma população de cor, é lícito questionar-se se estender o direito de voto à população de cor é o melhor método de garantir a justiça. Pode acontecer que, devido às condições econômicas e sociais em que vive, o homem "de cor" seja obrigado a seguir as orientações de seu patrão e, se quisermos garantir a todos os direitos fundamentais, pode muito bem ser que um sistema semidespótico, como o que vigorava em algumas colônias da Coroa, seja o melhor.[96]

Para se opor ao autogoverno "livre" de uma comunidade branca, determinada a impor um regime de *white supremacy*, o liberal-socialista inglês não hesita em invocar um "sistema semidespótico". Em todo caso, para definir um país como democrático, é necessário levar em conta não só as instituições que nele vigoram, mas também as relações que mantém com outros países:

> Até ontem, parecia impossível se opor ao "destino" supremo que deu à raça branca a tarefa de dominar o resto do mundo. O resultado teria sido que, por mais desenvolvida que fosse a democracia dentro de um Estado ocidental, suas relações com as colônias teriam sido caracterizadas por um princípio oposto. Essa contradição, como pode facilmente notar um estudante que observa cuidadosamente nossa constituição política, é uma ameaça permanente à liberdade nacional.[97]

Independentemente da relação com o mundo colonial propriamente dito, um princípio de caráter geral se aplica: "Não se pode dizer que uma nação é totalmente livre se teme outra nação ou se se faz temer por ela". Em todo caso, não se pode separar o ideal de liberdade do princípio da "igualdade internacional" e da crítica à "ideia imperial" ou imperialista[98]. Tal como

---

[96] Ibidem, *Liberalism*, cit., p. 120.
[97] Idem.
[98] Ibidem, p. 122 e 126.

ao nível de um mesmo país é necessário ter em conta não só o constrangimento sancionado pela lei como ainda aquele exercido pela fome, também no plano internacional, junto com o domínio colonial propriamente dito, é necessário ter em mente a dominação imposta pela exibição de força e a ameaça do recurso à força. À luz dessas considerações, a Grã-Bretanha, o país livre por excelência na Europa, na realidade não era "totalmente livre", visto que era temida, por exemplo, por um país como a China e sistematicamente desprezava o princípio da "igualdade internacional". Mesmo que Hobhouse não tenha extraído todas as consequências de suas premissas teóricas, é evidente que elas colocavam radicalmente em discussão a estrutura tradicional da teoria liberal.

Mesmo em seus melhores momentos, o liberal-socialismo italiano não conseguiu elevar-se à visão dos aspectos múltiplos e contraditórios do problema da liberdade e do possível conflito de liberdades. O que explica esse fato não são, em primeiro lugar, os limites subjetivos deste ou daquele autor. Uma outra circunstância é mais relevante. Posicionado como estava no centro do Império Britânico, Hobhouse não tinha dificuldade em compreender que o *rule of law* na metrópole capitalista não excluía de modo algum o despotismo exercido sobre os povos coloniais; ainda que com oscilações e contradições, ele pôde observar também que o autogoverno concedido às colônias brancas caminhava lado a lado com a intensificação da opressão em detrimento dos indígenas. O liberal-socialismo italiano foi relegado a uma posição mais "provinciana", o que o inclinou a transfigurar a Grã-Bretanha como a personificação da liberdade e a recorrer a uma lógica binária, incapaz de compreender o "emaranhado" (*tangle*) de relações e contradições que caracteriza a realidade social, ao qual vimos referir-se Hobhouse.

Reveladora é uma passagem de 1994, a qual o filósofo de Turim [Bobbio] retoma alguns anos depois em sua *Autobiografia,* e que assim resume a posição a assumir em relação ao liberalismo e ao socialismo:

> Parece-me que andamos um pouco mais com os pés no chão se, ao invés dos dois ismos, falamos de liberdade e igualdade [...] Se quisermos dizer que os dois problemas referem-se o primeiro à doutrina liberal e o segundo à doutrina socialista, façamos isso. Contudo, me reconheço melhor, até emocionalmente, no lema: "Justiça e Liberdade".[99]

---

[99] Norberto Bobbio, *Autobiografia*, cit., p. 47.

A lógica binária celebra aqui seus triunfos: o liberalismo corresponde à liberdade e o socialismo à igualdade; aqui estão os dois ideais e as duas tradições de pensamento que agora se trata de combinar. Desaparece a história com seu entrelaçamento de contradições. O liberalismo é sinônimo de liberdade ou de apego ao ideal de liberdade? Desaparece desse quadro a escravidão dos negros (e o subsequente recurso aos *coolies* indianos e chineses), a expropriação, a deportação e a dizimação dos nativos, a subjugação dos povos coloniais e o trabalho forçado, e as práticas genocidas colocadas em prática contra eles. Também há pouco espaço para as múltiplas dimensões de liberdade a que Hobhouse se refere. Se a liberdade da "restrição" material em relação à fome e a miséria é de alguma forma evocada pela referência ao ideal de "justiça", não há menção à liberdade em relação à ameaça de agressão, considerada essencial pelo liberal-socialista inglês. E, em qualquer caso, a liberdade entendida acima de tudo como um gozo do *rule of law* é chamada a incorporar em certa medida o ideal de igualdade. No entanto, mesmo esse segundo ideal sofre um cerceamento em Bobbio: faz-se referência ao compromisso de evitar a polarização social dentro de um único país, mas não ao compromisso de realizar a "igualdade internacional" de que fala ainda mais uma vez Hobhouse.

Ambas amputadas e reduzidas, em Bobbio liberdade e igualdade não podem mais entrar em contradição uma com a outra. E mais uma vez saltam aos olhos a pobreza teórica e o provincianismo desse modelo em comparação com aquele esboçado pelo liberal-socialista inglês. Sobretudo é ignorada a grande lição de Adam Smith. Este, referindo-se à situação das colônias inglesas às vésperas de sua revolta contra o governo de Londres, observa: a escravidão pode ser mais facilmente suprimida sob um "governo despótico" do que sob um "governo livre", com seus órgãos representativos reservados exclusivamente, no entanto, aos proprietários brancos. Desesperadora é, nesse caso, a condição dos escravos negros: "Toda lei é feita por seus senhores, que jamais deixarão passar uma medida prejudicial a si próprios". Por isso: "A liberdade do homem livre é a causa da grande opressão dos escravos [...] Dado que eles constituem a parcela mais numerosa da população, nenhuma pessoa dotada de humanidade desejará a liberdade em um país onde esteve estabelecida essa instituição"[100]. Portanto, em certas situações históricas se manifesta o que poderíamos definir como um

---

[100] Adam Smith, *Indagine sulla natura e le cause della ricchezza delle nazioni* (Milão, Mondadori, 1977 [1775-6; 3. ed. 1783]), p. 182 e 452-3. [ed. bras.: *A riqueza das nações: investigação sobre sua natureza e suas causas*, v. 1, trad. Luiz João Baraúna, São Paulo, Nova Cultural, 1996]

conflito de liberdades. É-se constrangido a escolher entre as duas liberdades essenciais: a emancipação dos escravos negros não poderia ser alcançada sem o cancelamento, ainda que provisório, do autogoverno dos estados do Sul, que escravizavam os negros. Com efeito, muitas décadas depois, a escravidão só foi abolida após uma guerra muito sangrenta e a subsequente ditadura militar imposta pelo governo federal aos estados separatistas e escravistas. Quando depois a União renunciou ao punho de ferro, os brancos foram mais uma vez reconhecidos como autogoverno local e o instituto do *habeas corpus* voltou ao ordenamento jurídico. Os negros, no entanto, não foram apenas privados de direitos políticos novamente, mas submetidos a um regime que envolvia o *apartheid*, relações de trabalho semisservis e linchamentos, e que na prática também os privava da liberdade negativa.

Ignorando o possível conflito de liberdades, o liberal-socialismo de Bobbio configura-se como uma fuga do conflito e, em última análise, da história. A esse respeito, pode ser interessante comparar o filósofo de Turim não mais com o liberal-socialista Hobhouse, mas com um autor *liberal* estadunidense. Este exige, sim, a primazia da liberdade sobre a igualdade, ou seja, em uma linguagem diferente, da liberdade negativa sobre a positiva, mas acrescenta que essa primazia é válida apenas "uma vez satisfeito certo mínimo"[101]. Isto é, no Terceiro Mundo, a necessidade de garantir a sobrevivência dos estratos sociais mais pobres (o que constitui um aspecto essencial e "positivo" da liberdade) continua a ser o objetivo principal, mesmo quando contradiz outros aspectos "negativos", todavia essenciais, de liberdade. Infelizmente, mesmo nesse caso, não há menção à liberdade como ausência de medo ou risco de agressão ou de "igualdade internacional", ou seja, não é citada a dimensão internacional do problema. E, no entanto, o conflito de liberdades termina, de todo modo, no momento em que emerge. Na promoção da fuga do conflito e da história, Bobbio é, sem dúvida, mais consequente.

Da fuga do conflito à deslegitimação das revoluções anticoloniais

A fuga do conflito é a remoção, em primeiro lugar, da tradição colonial e a leitura da história dos séculos XIX e XX como se escravidão, sujeição e guerras

---

[101] John Rawls, *Una teoria della giustizia* (Milão, Feltrinelli, 1982 [1971]), p. 441. [ed. bras.: *Uma teoria da justiça*, trad. Almiro Pisetta e Lenita M. R. Esteves, São Paulo, Martins Fontes, 2000, p. 562]

coloniais não existissem. Revelador é um texto sobre o qual convém debruçar-se longamente. Estamos em 1986: Bobbio não considera suficiente a autocrítica dos comunistas italianos pelo apoio dado, trinta anos antes, à invasão soviética da Hungria. Não, esses não são simples "erros", como querem astutamente fazer crer os dirigentes do Partido Comunista Italiano (PCI). É um capítulo da história que começou em outubro de 1917 e é toda uma visão de mundo que deve ser denunciada e liquidada:

> Já não havia dito Maquiavel que, quando está em jogo a salvação da pátria (uma meta menos sublime que a libertação de toda a humanidade), "não se deve ter nenhuma consideração por justos ou injustos, ou piedosos ou cruéis, ou louváveis ou ignominiosos"? E já não havia Hegel sustentado que o fundador do Estado, o "herói", que a doutrina marxista-leninista-stalinista, e mesmo gramsciana, torna um herói coletivo, o partido, não é obrigado a cumprir as leis que vinculam os comuns mortais, e que "impelido irresistivelmente a cumprir a sua obra" (seja-me concedido sublinhar a palavra "irresistivelmente"), tudo aquilo que faz está correto, e os outros, os homens comuns, curvam-se, mesmo sem ter plena consciência, à sua vontade?[102]

Os crimes do comunismo já estão inscritos em sua filosofia da história, denunciada pelo filósofo de Turim como sinônimo de perversão e liquidação da moral: quanto mais sublime e radiante for o quadro traçado do futuro inescapável, tanto mais facilmente funcionará como instrumento de legitimação de "meios não nobres ou mesmo ignóbeis"; a conclamada necessidade histórica deslegitima e ridiculariza qualquer escrúpulo moral que pretenda impedir a obtenção do "fim último preestabelecido" (o comunismo). É o triunfo da "máxima de que os fins justificam os meios". E, portanto, para se redimirem, os comunistas ou ex-comunistas devem finalmente "reconhecer como mentirosa aquela concepção do partido, da política, da história que os fez ser o que foram e que hoje já não podem mais ser"[103].

No artigo aqui citado, ensurdecedor é o silêncio sobre a guerra anglo-franco-israelense contra o Egito de Nasser. No entanto, esta é contemporânea da invasão soviética da Hungria. De fato, esses são dois eventos que se condicionam e que, em seu entrelaçamento, enquanto se alastra a Guerra Fria, causam "o mais sério

---

[102] Norberto Bobbio, *L'utopia capovolta* (Turim, La Stampa, 1990), p. 144-5.
[103] Ibidem, p. 114 e 116.

alarme que o mundo já conheceu desde o fim da Segunda Guerra Mundial"[104]. A guerra colonial no Oriente Médio é menos séria do que a invasão com qual a União Soviética busca reafirmar sua doutrina Monroe no Leste Europeu? O primeiro evento é menos imoral e "maquiavélico" do que o segundo? A França (que controla o Magrebe e está empenhada em liquidar por qualquer meio a Revolução Argelina) e a Grã-Bretanha (que tem forte presença no Golfo Pérsico e está determinada a manter o controle do Canal de Suez) empurram Israel (cuja vitalidade expansionista já é evidente) a agredir o Egito. Depois disso, as duas velhas potências coloniais europeias, fazendo-se passar por intermediárias, bombardeiam o país atacado. É uma "dolorosa encenação", "uma comédia encenada com tal má-fé que beira a ingenuidade"[105]. Não poupam esforços para liquidar o Egito de Nasser, que se tornou a referência no Oriente Médio para os movimentos anticoloniais e independentistas. É verdade que, nessa ocasião, Washington toma partido contra os protagonistas da "dolorosa encenação". No entanto, a demora em sua intervenção levou alguns a formular a tese de que os Estados Unidos "criaram uma armadilha contra seus aliados, permitindo-lhes agir, se não os encorajando secretamente, a fim de substituir seu imperialismo". É bem possível que essa suspeita seja fruto da "imaginação"[106]. Contudo, dois fatos permanecem. O primeiro: a contenda termina com o lançamento, em nove de março de 1957, da doutrina Eisenhower – "a área geral do Oriente Médio" agora se torna "vital" para os "interesses nacionais" estadunidenses; é a passagem da Grã-Bretanha para os Estados Unidos do controle de uma área de decisiva importância estratégica. O segundo fato: o comportamento do Ocidente como um todo, as suspeitas em relação aos Estados Unidos e os resultados objetivamente alcançados por este país, tudo isso faz parecer um tanto ingênuo, senão ridículo, o esquema que é caro a Bobbio e que contrapõe os maquiavélicos comunistas aos ocidentais, guardiões da moral. Até mesmo um historiador que está empenhado em teorizar explicitamente o caráter benéfico e necessário do "Império" liderado pela Casa Branca, fala discretamente do "maquiavelismo estadunidense"[107]. O silêncio sobre a aventura de Suez não é

---

[104] Andre Fontaine, *Storia della guerra fredda*: *dalla guerra di Corea alla crisi delle alleanze* (Milão, Il Saggiatore 1968 [1967]), v. II, p. 295.

[105] Ibidem, p. 180.

[106] Ibidem, p. 281.

[107] Niall Ferguson, *Colossus*: *The Rise and Fall of the American Empire* (Londres, Penguin Books, 2005 [2004]), p. 119.

a única manifestação da tendência a remover a tradição colonial que perpassa em profundidade o texto supracitado de Bobbio. Ao reprovar os comunistas, e exclusivamente eles, pelo sacrifício da moral sobre o altar da filosofia da história e da inevitabilidade do processo histórico, o filósofo não se dá conta de que está retomando a crítica dirigida pelos liberais-socialistas ingleses não ao movimento comunista ou socialista, mas precisamente à tradição e à ideologia colonial. Já vimos Hobhouse criticar a visão que conclamava à reverência "ao 'destino' supremo que conferia às raças brancas a tarefa de dominar o resto do mundo". Por sua vez, ao polemizar contra os profetas estadunidenses e europeus do imperialismo, Hobson ironicamente os caracterizava como o "partido do destino" e da "missão civilizadora"[108].

Bem se compreende essa caracterização. Desde meados do século XIX, o tema do *manifest destiny* [destino manifesto] é amplamente conhecido nos Estados Unidos, ou seja, a missão providencial com que se sentem investidos, que os leva a anexar extensos territórios e ainda os empurra a colocar sob seu controle e civilizar o continente inteiro. É a razão ideológica subjacente que acompanha a expansão colonial do Ocidente em seu conjunto. Por vezes, com uma linguagem ainda mais enfática, fala-se, ao invés de "destino", de "Providência". Aos olhos de Tocqueville o domínio planetário dos ocidentais e dos brancos é "claramente preordenado na visão da Providência [...] Ninguém resistirá a eles na superfície da Terra". As implicações devastadoras dessa filosofia da história revelam-se com particular clareza quando o liberal francês fala das terras habitadas pelos ameríndios como um "berço vazio" à espera da chegada dos colonos europeus destinados, em virtude de um decreto irresistível da "Providência" a ocupá-las (e a submetê-las à limpeza étnica). De outro lado, ao menos do caso de Benjamin Franklin, o caráter tendencialmente genocida dessa filosofia da história é inequívoco: "Se está dentro dos desígnios da Providência extirpar esses selvagens a fim de abrir espaço para os cultivadores da terra, parece-me provável que o rum seja a ferramenta apropriada. Já aniquilou todas as tribos que antes habitavam a costa"[109].

Ao criticar o tema da irresistibilidade de um futuro já inelutavelmente preordenado pela Providência, do destino no lugar da objetividade do processo

---

[108] John Atkinson Hobson, *L'imperialismo*, cit., p. 69.
[109] Ver Domenico Losurdo, *Controstoria del liberalismo*, cit., p. 311-4, sobre a "visão da Providência"; p. 226-9, para o "berço vazio"; e p. 19-22, sobre Franklin. [ed. bras.: *Contra-história do liberalismo*, cit., p. 329-33, 243-7, 29-33]

histórico, Bobbio ignora por completo a tradição colonial e visa exclusivamente o movimento comunista, o grande antagonista do colonialismo, que também aos olhos do liberal-socialismo inglês é a principal encarnação de uma violenta e devastadora filosofia da história. Desse ponto de vista o liberal-socialismo inglês está mais próximo de Lênin do que de Bobbio. Para Hobhouse, o "despertar político a Leste" que se manifestou "nos últimos anos", é o despertar dos povos coloniais que refuta a tese colonialista e racista do "destino" que preside ao domínio planetário das "raças brancas"[110]. É uma afirmação que aparece em 1911: a intolerância ao jugo ou à hegemonia do Ocidente está crescendo na China, na Índia, na Pérsia, na Turquia. Essa agitação e esse movimento são vistos de maneira decididamente simpática:

> O despertar do Oriente, de Pequim a Constantinopla, é o evento mais importante e mais promissor de nosso tempo, e é com a mais profunda vergonha que os liberais ingleses foram forçados a assistir enquanto o nosso ministro das Relações Exteriores se tornava cúmplice da tentativa de impedir o nascimento da liberdade na Pérsia, e isso no interesse da tirania mais cruel que já esmagou a liberdade de um povo branco.[111]

A causa da liberdade não é representada pelo Ocidente liberal, mas pelos povos em condições coloniais ou semicoloniais que são forçados a bater-se contra ele. Se o liberal-socialista inglês dá o exemplo em primeiro lugar da Pérsia, Lênin, para além da Pérsia (onde, para dividir o país, a Inglaterra liberal se alia à Rússia czarista no apoio "aos reacionários" e "defensores do absolutismo" bem como "aos policiais do Xá"), se concentra na China:

> Na Ásia se desenvolve, se estende e se fortalece por toda parte um poderoso movimento democrático [...] Centenas de milhões de pessoas estão despertando para a vida, para a luz, para a liberdade [...] E a Europa "avançada"? Esta saqueia a China e na China ajuda os inimigos da democracia, os inimigos da liberdade!

Abstraindo-se das colônias e das semicolônias, onde "a profunda hipocrisia e a intrínseca barbárie da civilização burguesa se apresentam sem véus" (segundo o juízo de Marx), ou onde também "os homens políticos mais libe-

---

[110] Leonard T. Hobhouse, *Liberalism*, cit., p. 120.
[111] Ibidem, p. 120-1.

rais e radicais da livre Grã-Bretanha [...] se transformam, quando se tornam governadores da Índia, em verdadeiros Gengis Khan" (segundo o juízo de Lênin)[112], Bobbio não tem dificuldade em concluir que "aquele não muito de democracia que existe no mundo [...] existe de fato somente nas sociedades capitalistas", enquanto os regimes que pretenderam construir ordenamentos sociais diferentes foram marcados "ao fim do primeiro momento [pela] instauração de um poder monocrático"[113]. Pareceria um raciocínio claro e sensato. Na verdade, estamos na presença de uma mutilação e de uma distorção do quadro histórico. O filósofo liberal evita colocar-se algumas perguntas elementares e essenciais: por que no século XIX "aquele não muito de democracia que exist[ia] no mundo", a Grã-Bretanha, impunha à Irlanda uma "opressão religiosa que ultrapassa qualquer imaginação"? O testemunho é do companheiro de Tocqueville em sua viagem à América, Gustave de Beaumont, que prosseguia: a opressão, a humilhação, o sofrimento infligido pelo "tirano" inglês ao povo irlandês, tornado um "povo escravo", mostrou que "nas instituições humanas existe um grau de egoísmo e loucura cuja fronteira é impossível definir"[114]. E como explicar o "reino de terror" imposto à Índia nos momentos de crise da Inglaterra, diante do qual "todas as injustiças dos opressores anteriores, asiáticos e europeus, pareciam uma benção"[115]? E por quem eram inspirados os movimentos que promoveram a luta contra essa infâmia? Perguntas e observações análogas poderiam ser formuladas para toda a história do século XX: o país-guia daquele "não muito de democracia que existia no mundo" era o protagonista de golpes de Estado (a exemplo da Guatemala em 1954 e do Chile em 1973) que derrocavam governos democraticamente eleitos e apoiados pelos comunistas e impunham ferozes ditaduras militares. O filósofo liberal não se pergunta se o "poder monocrático" que ele tão eloquentemente condenou nos países de orientação socialista não é, pelo

---

[112] Vladímir Ilitch Lênin, *Opere complete*, cit., v. 15, p. 177-9; e v. 19, p. 81-2. Para a referência a Marx, ver Karl Marx e Friedrich Engels, *Werke*, cit., v. 9, p. 225; ibidem (1975 ss./1990 ss.), *Gesamtausgabe* (Berlim-Amesterdã, Dietz-IMES, 1975 ss./1990 ss.), parte I, v. 12, p. 252.

[113] Norberto Bobbio, "Caro Badaloni, solo due domande...", *L'Unit*, 28 jan. 1990.

[114] Gustave de Beaumont, *L'Irlande sociale, politique et religieuse* (Villeneuve-d'Ascq, Université Charles De Gaulle-Lille III, 1989 [1830]), v. I, p. 331, e v. II, p. 201 e 306.

[115] Thomas Macaulay, *Critical and Historical Essays*: Contributed to *The Edinburgh Review* (Leipzig, Tauchnitz, 1850), v. IV, p. 273-4.

menos em parte, a resposta ao "poder monocrático" exercido pelo Ocidente a nível mundial, completamente ignorado por ele.

Para ser exato, além do tratamento reservado aos povos em condições coloniais ou semicoloniais e aos países que de tempos em tempos são agredidos soberana e arbitrariamente, Bobbio também apaga de seu quadro o tratamento infligido aos povos de origem colonial e residentes na própria metrópole capitalista e "democrática". Enquanto recorre a práticas genocidas na tentativa de liquidar a Revolução Argelina, como a França se posiciona em relação aos árabes e magrebinos que trabalham e vivem na França? Eis o que nos contam duas fontes jornalísticas insuspeitas: em 17 de outubro de 1961, a polícia francesa desencadeia uma violência selvagem contra árabes e magrebinos em Paris. É uma espécie de dia de "São Bartolomeu": "dezenas de cadáveres atirados ao Sena". E não é tudo: "Espancados, mortos a tiros, afogados na indiferença de uma "cidade branca" que durante horas deixou os *flic* [policiais] protagonizarem a caça ao homem e o assassinato pelas grandes avenidas"[116]. E, no entanto, "havia parisienses, no 'Flore', que se divertiam com o espetáculo, exultando com as cenas aterradoras"[117].

E nos anos 1960, enquanto estão empenhados em reprimir, por todos os meios, a revolução anticolonial na Indochina, na América Latina e no Terceiro Mundo, como se posicionaram os Estados Unidos diante dos afro-americanos? Sim, é universalmente conhecida a tenaz resistência do regime de segregação racial. Mas há mais: "Na década de 1960, mais de quatrocentos homens negros do Alabama foram usados como cobaias humanas pelo governo. Doentes de sífilis, não foram tratados porque as autoridades queriam estudar os efeitos da doença em uma 'amostra da população'"[118].

E uma vez que apaga a questão da liberdade dos povos coloniais ou de origem colonial, Bobbio não se preocupa em indagar sobre as consequências nefastas que a ocultação de tal tema teve sobre a tradição do pensamento liberal-socialista em sentido lato. Podemos partir de Mill, que é celebrado pelo filósofo turinense como o campeão da causa da liberdade e do socialismo ao mesmo tempo em que, no entanto, como sabemos, teorizou de modo explícito o "despotismo" do Ocidente sobre o resto do mundo, legitimou as guerras do ópio e, no curso

---

[116] E. Benedetto, "L'anniversario dimenticato", *La Stampa*, 19 out. 1995.

[117] Ulderico Munzi, "Vendetta 34 anni dopo?", *Corriere della Sera*, 19 out. 1995.

[118] R. E., "Clinton: 'Usammo i neri come cavie umane. Una vergogna americana", *Corriere della Sera*, 10 abr. 1997.

da luta contra os "canalhas" (*ruffians*), em uma carta de 13 de março de 1857, chegou a fazer um apelo para que não se deixassem desviar "pelos apelos humanitários e pelo espírito cristão"[119].

Façamos um salto de algumas décadas. Dando a palavra a um historiador britânico, vemos o que ocorre no Iraque, que depois da Primeira Guerra Mundial passou a fazer parte do Império Britânico e justamente revolta-se para conseguir sua independência: contra os rebelados, as tropas enviadas pelo governo de Londres desencadearam "cruéis represálias", "abriram fogo contra vilarejos e cometeram outras ações que hoje julgaríamos excessivamente repressivas, se não mesmo bárbaras". E certamente não foi Churchill quem os conteve, pelo contrário, ele convidou a aviação a dar uma dura lição aos "nativos recalcitrantes", atingindo-os com um "trabalho experimental" baseado em "projéteis de gás e sobretudo gás mostarda"[120]. Quatro anos depois, o primeiro governo trabalhista da história da Inglaterra também se gaba de seu suposto espírito humanitário, por ter recorrido, na repressão do levante no Iraque, não a tropas terrestres, mas a bombardeios aéreos, que no entanto foram preanunciados, não se sabe bem se para alertar uma população amplamente analfabeta ou para melhor aterrorizá-la. O ministro das colônias, J. H. Thomas, declara que o governo trabalhista é "o guardião orgulhoso e zeloso do Império, e [...] está determinado a mantê-lo"[121].

Não é diferente a atitude assumida na metade do século XX pelo socialista François Mitterand, que em 1954, logo após o início da sublevação do povo argelino em luta pela independência, declara: "A Argélia é a França; de Flandres ao Congo, uma lei, uma nação, um Parlamento. Esta é a Constituição, esta é a nossa vontade. Apenas uma negociação: a guerra"[122]. Uma guerra – é preciso acrescentar – que faz da tortura um recurso sistemático e não refuta as práticas genocidas. Faltam apenas dois anos para a "encenação dolorosa" de Suez, da qual, no que diz respeito à França, outro socialista, nomeadamente Guy Mollet, é o protagonista.

---

[119] John Stuart Mill, *Collected Works* (Toronto-Londres, University of Toronto Press-Routledge-Kegan Paul, 1963), v. XV, p. 528.

[120] Christopher Catherwood, *Churchill's Folly*: *How Winston Churchill Created Modern Iraq* (Nova York, Carrol & Graf, 2004, p. 85 e 89.

[121] Em Ralph Miliband, *Il laburismo*: *storia di una politica* (2. ed., Roma, Editori Riuniti, 1968 [1964]), p. 126-7 e nota 81.

[122] Janine Cahen e Micheline Pouteau, *Una resistenza incompiuta*: *la guerra d'Algeria e gli anticolonialisti francesi*, 1954-1962 (Milão, Il Saggiatore, 1964), v. I, p. 47.

A análise do fascismo: Bobbio e a ruptura com o liberal-socialismo

Segundo o último Bobbio, o fascismo é simplesmente a reação ao comunismo e, portanto, a melhor contribuição que os comunistas poderiam dar à luta contra o flagelo que tão veementemente denunciavam seria se apressar em desaparecer para possibilitar também o desaparecimento do fascismo. O filósofo de Turim está convicto de que essa sua tomada de posição é expressão de bom senso. Mas agora, olhando para trás, deveria acrescentar que, sem a abolição da escravidão nos Estados Unidos e a pretensão dos ex-escravos de gozar também de direitos políticos, não teria surgido a Ku Klux Kan para reafirmar o regime de supremacia branca e o Estado racial; sem a Revolução de 1848 em Paris, e, sobretudo, sem a desesperada revolta dos operários de junho, não teria se erguido e não se teria imposto o bonapartismo; sem a grande revolução dos escravos de Santo Domingo dirigida por Toussaint L'Ouverture, não teria ocorrido a feroz tentativa de reconquista branca colocada em ação pelo poderoso exército enviado por Napoleão; sem a Revolução Francesa e sua influência exercida do lado de lá do Canal da Mancha, não teria havido a suspensão do *habeas corpus* na Inglaterra. Isto é, sob um olhar mais atento, o presumido bom senso revela-se ser o tradicional suspiro de todos os conservadores: ah, se os escravos negros não tivessem desejado livrar-se de suas correntes, se as classes populares francesas não se tivessem rebelado contra sua condição de dureza e servidão, se os trabalhadores, camponeses e soldados russos continuassem a sofrer, como um destino inelutável, sua antiga miséria e a morte aos milhões nos campos de batalha! Se todos tivessem se resignado a seu destino, os movimentos subsequentes de reação não teriam ocorrido. No início – declaravam os teóricos da Restauração – estava o pecado original, ou melhor, estava a pretensão louca e sacrílega de escapar do vale das lágrimas, justa e inelutável consequência do pecado original. É uma maneira singular de argumentar (ou de suspirar); seria preciso ao menos livrá-lo de sua mais evidente unilateralidade: sem a Revolução Bolchevique não seria imaginável a revolução que anos depois estoura na Alemanha e na Áustria e que não apenas contribui para pôr fim ao interminável massacre, mas que, derrocando as dinastias dos Hohenzollern e dos Habsburgo, dá um golpe decisivo ao Antigo Regime ainda vivo e vital; em contrapartida, uma linha de continuidade conduz ao chamado lançado por Lênin à revolta dos "escravos" das colônias para o gigantesco processo de emancipação dos povos coloniais e à colocação sob acusação do racismo em suas diversas formas.

A questão principal é outra. Devemos realmente considerar o fascismo e o nazismo como um simples movimento de reação ao comunismo? Um historiador competente fala, já no título de seu livro, das "origens francesas do fascismo" e parte da segunda metade do século XIX: somos, assim, enviados de volta a um país que não corre perigo de subversão comunista e a uma data bem anterior à própria formação do partido bolchevique[123]. Ao investigar as origens do nazismo em particular, outros historiadores se afastam menos do teatro em que ocorreu a Revolução de Outubro, mas não é a ela que se referem e sim aos círculos que se levantam contra ela agitando a bandeira da luta contra a "conspiração judaico-bolchevique" e pelo renascimento do mundo branco. Por outro lado, basta ler Hitler e Rosenberg para perceber seu apelo insistente ao regime de supremacia branca terrorista vigente naqueles anos no Sul dos Estados Unidos. Ao explicar o fascismo como um simples movimento de reação à ameaça da revolução social, Bobbio[124] rompe com a tradição de pensamento a que afirma se referir. A guerra está claramente presente na análise de Carlo Rosselli, que vimos acusar a burguesia italiana pela "vitalidade belicosa" e pela carga de violência que demonstra, antes mesmo de recorrer aos esquadrões fascistas, com a invasão da Líbia e a posterior participação (embora sempre estimulada por ambições coloniais) na carnificina da Primeira Guerra Mundial.

Deixando de lado o colonialismo, o militarismo e o envenenamento ideológico por eles estimulados, a guerra e o golpe de Estado da Líbia, com os quais se impõe em 1915 o envolvimento em um conflito mundial cujo horror é agora evidente, deixando de fora os tiros de canhão de Bava Beccaris e os vários atentados para a instauração de um regime autoritário já no final do século XIX, operando essa temível abstração, Bobbio pode absolver a sociedade burguesa liberal de qualquer responsabilidade em relação ao fascismo, colocado, ao contrário, na conta do comunismo. Mas de modo análogo seria preciso explicar o bonapartismo na França e a Ku Klux Klan nos Estados Unidos: ambos devem ser colocados na conta dos movimentos que pretendem combater. A sociedade burguesa e liberal pode, assim, recuperar aquela pureza que até mesmo Gobetti e Rosselli pretendiam questionar.

---

[123] Zeev Sternhell, *La droite révolutionnaire: les origines françaises du fascisme*, 1885-1914 (Paris, Seuil, 1978).

[124] Norberto Bobbio, "L'eterno duello: democrazia senza fascisti né comunisti", *La Stampa*, 11 dez. 1994.

Togliatti está mais perto da leitura que o liberal-socialismo faz das origens do fascismo do que o último Bobbio. Aos olhos do dirigente comunista, o golpe de Estado que resultou na instauração da ditadura de Mussolini começa a tomar forma já em 1915 com a intervenção no conflito e a participação na carnificina imposta, contra a vontade do Parlamento e do país, pela Coroa e pela praça*. Esses são os dias em que D'Annunzio "invoca, contra aqueles que se opõem a entrar na guerra, o cassetete, a bofetada, o pontapé, o punho (expressões autênticas) e – finalmente – 'o apedrejamento e o incêndio [o acendimento de uma pira] imediatamente executado'"[125]. O esquadrismo** de fato começou; tornado supérfluo pela mobilização e arregimentação total da guerra e substituído pela violência vinda do alto do aparato estatal e militar, volta ao auge com a conclusão do conflito e é desencadeado em um crescendo de violência até a marcha sobre Roma e a imposição da ditadura.

É conhecida a polêmica nos anos imediatamente posteriores à Segunda Guerra Mundial que se desenvolveu entre os liberal-socialistas e Croce[126], relutante em aprofundar a investigação no terreno em que o fascismo afundou suas raízes e, portanto, inclinado a explicar o fascismo como "uma doença intelectual e moral" que de maneira imprevisível atacou um organismo fundamentalmente saudável. O último Bobbio alinha-se com as posições de Croce (antagonista do liberal-socialismo) e as radicaliza ainda mais. Com efeito, o filósofo napolitano conhecia Gentile muito bem para ignorar que, segundo este último, o fascismo era "o filho da guerra"[127], da guerra, no que diz respeito à Itália, decidida por um regime liberal e contestada e denunciada pelo movimento socialista e comunista. Cumpre acrescentar que nos anos da ditadura de Mussolini, Croce fez uma observação importante: os nacionalistas italianos (posteriormente fundidos no fascismo) reivindicaram "reformar a educação e a escola de baixo para cima, jogando fora os velhos

---

* O termo "praça" refere-se ao palácio Chigi, que abrigava a sede do Ministério dos Assuntos Coloniais e ficava entre a Piazza del Popolo e a Piazza Venezia. Atualmente é a sede do governo italiano. (N. T.)

[125] Palmiro Togliatti, *Opere*, cit., v. VI, p. 525.

** Esquadrismo: ação de milícias formadas por populares organizadas pelo fascismo para usar de violência contra os opositores. (N. T.)

[126] Benedetto Croce, *Scritti e discorsi politici (1943-1947)* (Nápoles, Bibliopolis, 1993), v. II, p. 51 e 101.

[127] Giovanni Gentile, "Il fascismo e la Sicilia", em *Politica e cultura* (Florença, Le Lettere, 1991 [1924]), p. 50.

livros de tímida moral e substituindo-os pelos Kiplings e Roosevelts"[128]. Inesperadamente, a pesquisa sobre as origens do fascismo dirigiu-se não apenas para o colonialismo, mas também para os dois países clássicos da tradição liberal. O quadro histórico traçado pelo último Bobbio assemelha-se mais ao de Nolte, que para explicar o horror do século XX parte da Revolução de Outubro e não do colonialismo contra o qual os bolcheviques chamam a lutar e que Hitler em particular pretende ressuscitar, radicalizar e fazer valer na própria Europa.

1848 E 1989: TOCQUEVILLE E BOBBIO

Poucas semanas depois da feroz repressão à revolta operária de junho de 1848, para a qual ele também deu sua boa contribuição, em uma carta de 21 de julho Tocqueville expressou seu desânimo: o estado de espírito dos derrotados estava "longe de anunciar uma revolução que está terminando"; muitos insurgentes "acreditavam sinceramente que a sociedade se baseava na injustiça e queriam dar-lhe uma base diferente"; bem, "é esse tipo de religião que nossas baionetas e canhões não destruirão"[129]. No balanço aqui traçado, estavam ausentes as ilusões de quem, depois da derrota sangrenta infligida aos "bárbaros", esperava que se resignassem à sua sorte. Não, a reconfortar os perdedores estava a expectativa de uma ordem social mais justa, a visão cética segundo a qual a ordem social existente, longe de ser desejada e sancionada pela Providência, como afirmava o liberal francês[130], poderia e deveria ter sido modificada pela ação política. Em virtude dessa crença generalizada e resistente, o banho de sangue recém-consumado, embora inevitável e salutar, não seria capaz de interromper as revoltas em andamento. Após cerca de dois anos, em carta datada de 28 de abril de 1850, Tocqueville aumentou a dose:

> A maré está subindo. Não apenas não vimos o fim da imensa revolução que começou antes de nós, mas presumivelmente tampouco a verá a criança que nasceu hoje. Não se trata de uma modificação, mas uma transformação [radical] do corpo social [...] Sente-se que o mundo antigo está acabando, mas como será o novo? Os grandes espíritos de nosso tempo não estão em condições de dizê-lo,

---

[128] Benedetto Croce, *Storia d'Italia dal 1871 al 1915* (Bari, Laterza, 1967 [1928]), p. 251.
[129] Alexis de Tocqueville, *Correspondance et oeuvres posthumes* (Paris, Lévy, 1866), p. 458-9.
[130] Ver neste volume, p. 48.

assim como os da Antiguidade não puderam prever a abolição da escravidão, a sociedade cristã, a invasão dos bárbaros, todas as grandes coisas que renovaram a face da Terra.[131]

A onda revolucionária tornou-se cada vez mais ameaçadora, e o próprio liberal francês começou a dar sinais de incerteza: a ordem política e social da França e do Ocidente liberal foi realmente consagrada pela Providência? No entanto, sobre as relações vigentes no plano internacional, Tocqueville não tinha nenhuma dúvida, a julgar pelo menos por uma carta por ele enviada a Gobineau em 13 de novembro de 1855:

> Estás no coração do mundo asiático e muçulmano: eu ficaria curioso para saber a que atribuis a rápida, e aparentemente imparável, decadência de todas as raças que viste passar [...] Alguns milhões de homens que, há poucos séculos, viviam quase sem abrigo, nas florestas e pântanos, serão antes de cem anos os transformadores do globo que habitam e os governantes de toda a sua espécie. Nada é mais claramente predeterminado nas visões da Providência. Se são frequentemente, eu concordo, grandes patifes, são pelo menos patifes a quem Deus deu a força e o poder e a quem Ele manifestamente colocou, por um certo tempo, à frente da humanidade. Nada resistirá frente a eles na superfície da Terra. Eu não tenho dúvidas. Temo que tudo isso possa soar como uma heresia filosófica. Mas se você tem a teoria d seu lado, estou confiante de que tenho os fatos do meu lado, bagatela que não é sem importância.[132]

A onda revolucionária estava destinada a questionar tudo, exceto o "fat[o]" intransponível da dominação exercida pelo Ocidente sobre o resto do mundo.

Vamos agora dar um salto de quase um século e meio. Em 9 de junho de 1989, enquanto o "socialismo real" perdia um pedaço após o outro da Europa oriental e a República Popular da China era abalada pela tragédia na Praça Tiananmen, Norberto Bobbio escrevia:

> Em um mundo de terríveis injustiças, como é aquela em que são condenados a viver os pobres, os abandonados, os esmagados por grandes potências econômicas inalcançáveis e aparentemente imutáveis, das quais quase sempre dependem

---

[131] Alexis de Tocqueville, *Correspondance et oeuvres posthumes*, cit., p. 461.
[132] Ibidem, *Oeuvres complètes*, cit., v. IX, p. 243-4.

os poderes políticos, mesmo aqueles formalmente democráticos, o pensar que a esperança da revolução se extinguiu, e que só acabou porque a utopia comunista falhou, é fechar os olhos para não ver.[133]

Parecia uma tomada de posição corajosa e contracorrente, e o foi mesmo, quando confrontada com as ilusões e as reivindicações daqueles que anunciavam triunfantemente o "fim da história". Só que, como Tocqueville, nem mesmo Bobbio teve dúvidas quanto ao domínio que o Ocidente afirmava (e reivindicava) exercer sobre o resto do planeta. O filósofo de Turim mencionou o Terceiro Mundo apenas em razão de seus "camponeses pobres"[134], isto é, em relação ao problema da miséria, mas sem fazer qualquer referência à reivindicação por ele apresentada de uma verdadeira independência política e econômica com o cancelamento definitivo das relações de dominação colonial ou neocolonial.

Ainda assim, naqueles anos não faltaram estudiosos e personalidades políticas que deste modo esclareceram as razões de sua exultação pela virada de 1989-1991: o Ocidente triunfou não apenas sobre o comunismo, mas também sobre o terceiro mundismo; entre o centro e a periferia, felizmente, foram estabelecidas relações de poder semelhantes às que vigoravam antes da descolonização; houve até quem elogiasse explicitamente o retorno do colonialismo. Longe de questionar a desigualdade que se restabelecia entre o centro e a periferia, Bobbio apoiou com regularidade as guerras que o Ocidente e em primeiro lugar os Estados Unidos travavam, dando-se o direito exclusivo de intervir em todos os cantos do mundo, mesmo sem a autorização do Conselho de Segurança da ONU, e portanto pretendendo sancionar o princípio da desigualdade entre as nações: aquelas destinadas a governar toda a humanidade e aquelas destinadas a serem governadas, se necessário, também com o uso da força nua e crua.

Remover esse problema acabou distorcendo a leitura da Guerra Fria. Leiamos: "A democracia venceu o desafio do comunismo histórico, devemos admitir. Mas com que meios e com que ideais preparamo-nos para enfrentar os mesmos problemas que deram origem ao desafio comunista?"[135]. A desafiar-se estavam o comunismo e a democracia? Como explicar então as ditaduras militares impostas pelo Ocidente à América Latina (e em outras partes do mundo), derrubando governos democraticamente eleitos e apoiados e

---

[133] Norberto Bobbio, *L'utopia capovolta*, cit., p. 129-30.
[134] Ibidem, p. 129.
[135] Ibidem, p. 130.

defendidos pelos comunistas? Na Argélia submetida pela França e na África do Sul da *white supremacy* quem representava a causa da democracia eram os países ocidentais, que apoiavam ou toleravam tal estado de coisas, ou os partidos e países comunistas, que sustentavam a revolução anticolonial e antirracista? É inútil continuar com essas perguntas: ao menos naqueles anos, a questão colonial fora literalmente apagada do horizonte político e filosófico de Bobbio. Permaneceu inalterada a limitação histórica básica do pensamento de Tocqueville e do liberalismo enquanto tal.

À "democracia" que triunfou na Europa do Leste ele [Bobbio] confiou a tarefa de superar as "terríveis injustiças" existentes. Na realidade, chegados ao poder na Rússia, os democratas pró-Ocidente se apropriaram da riqueza social com tal voracidade que provocaram uma catástrofe social e o "genocídio dos idosos", e fizeram isso com tanto desprezo e cinismo que suscitou escândalo até mesmo para os [órgãos] de imprensa mais devotadamente ligados ao neoliberalismo[136]. À remoção da questão colonial e neocolonial entrelaçou-se a desorientação sobre como enfrentar a questão social. Não há dúvida: o liberal--socialismo declinava!

Renascimento ecológico do liberal-socialismo?

Apagado em sua forma tradicional, o liberal-socialismo parece conhecer, em nossos dias, um renascimento em vestes ecológicas. Eis um dos autores mais empenhados na denúncia do "crescimento ilimitado" (ou mesmo do próprio crescimento em si) a pronunciar-se a favor de um "equilíbrio mútuo do liberalismo e do socialismo" e por um "socialismo liberal radicalizado e universalizado"[137]. No entanto, essa versão do socialismo liberal vem da corrente de pensamento que, com Latouche, condena os "Trinta Anos Gloriosos" e o Estado de bem-estar com palavras de fogo[138]. Em todo caso, na nova doutrina reemergem com clareza os limites de fundo da velha doutrina. Tudo continua a girar em torno do problema da conciliação da "liberdade individual" privilegiada pelo liberalismo e da "igualdade" privilegiada pelo

---

[136] Ver neste volume, p. 44-5.
[137] Alain Caillé, *Per un manifesto del convivialismo* (Lecce-Brescia, Pensa Multimedia, 2013 [2011]), p. 49-50.
[138] Domenico Losurdo, *La sinistra assente: crisi, società dello spettacolo e guerra* (Roma, Carocci, 2014), p. 261-7. [ed. bras.: *A esquerda ausente*, cit. p. 215-22]

"socialismo e pelo comunismo"[139], como se o expansionismo colonial promovido pelo mundo capitalista e liberal não tivesse comportado a perda da liberdade para a maioria da humanidade e como se não tivesse sido uma luta pela liberdade a revolução anticolonialista mundial da qual os comunistas foram os principais protagonistas. Na mesma direção vai a tranquila sobreposição dos diversos "totalitarismos", isto é: "o nazismo, o comunismo ou o fascismo"[140]. Retomando e radicalizando a tradição colonial, o Terceiro Reich propunha-se explicitamente sujeitar e escravizar os *Untermenschen* [sub-humanos] eslavos; frustrando a tentativa da Alemanha hitleriana de edificar na Europa oriental o seu Império colonial de tipo continental, a União Soviética dava impulso em todo o mundo à revolução anticolonial. Essa diferença, ou melhor, essa antítese, é ignorada pela teoria tradicional do totalitarismo assim como pelo liberal-socialismo em sua versão ecológica; mas em seus melhores momentos, antes da involução de Bobbio, o liberal-socialismo (pense-se particularmente em Carlo Rosselli) não colocava no mesmo plano o Terceiro Reich e a União Soviética.

É a filosofia da história do liberal-socialismo ecológico em seu conjunto que se caracteriza pelo afastamento da questão colonial: embora criticados por terem cultivado a "esperança do crescimento indefinido e ininterrupto", os "Trinta Anos Gloriosos", isto é, as três décadas que se seguiram ao fim da Segunda Guerra Mundial e que viram o desenvolvimento do Estado de bem-estar social, reconhece-se neles o mérito de ter "contribuído consideravelmente", graças ao desenvolvimento econômico, "para uma certa pacificação do mundo"[141]. O juízo aqui formulado é bem mais equilibrado do que o de Latouche, para quem os "Trinta Anos Gloriosos" são unicamente sinônimo de absoluta catástrofe ecológica. E, no entanto, se analisarmos corretamente as três décadas que vão desde o fim da Segunda Guerra Mundial até a metade da década de 1970, vemos o movimento anticolonial na Indochina chocar-se primeiro com a França e depois com os Estados Unidos e sofrer violentos bombardeios, dos quais milhões e milhões de pessoas sofrem as consequências devastadoras em seus corpos; na América Latina, a revolta contra a doutrina Monroe e as ditaduras militares impostas por Washington provocaram uma repressão de caráter às vezes genocida. A práticas genocidas recorria a França, país de que

---

[139] Alain Caillé, *Per un manifesto del convivialismo*, cit, p. 47.
[140] Ibidem, p. 78.
[141] Alain Caillé, *Per un manifesto del convivialismo*, cit, p. 16-7 e 29.

Caillé é cidadão, na tentativa de liquidar a revolução anticolonial. E, como sabemos, isso também teve consequências em Paris, onde a caça aos argelinos e seu linchamento ou afogamento tornaram-se um divertido espetáculo de massa. Seria essa "uma certa pacificação do mundo"? Não poderia ser mais radical a remoção da questão colonial.

Dadas essas premissas, não se pode esperar nenhuma atenção para a questão *neocolonial*. É o que demonstra o silêncio reservado ao papel essencial da França nas guerras travadas para impor no Oriente Médio o que foi definido pela imprensa internacional como um "novo Sykes-Picot", ou seja, um novo acordo de partilha do Oriente Médio, semelhante ao da Primeira Guerra Mundial assinado secretamente pelos dois diplomatas, respectivamente britânico e francês, que deram seu nome ao pacto de 1916[142]. Demonstra-o também o juízo liquidatório sobre os países emergentes e em particular sobre a China: é ignorado seu compromisso de completar a revolução anticolonial libertando centenas de milhões de pessoas da fome e alcançando certa independência também a nível industrial e tecnológico. Enfim, Caillé rende repetidas homenagens à democracia, mas declina essa categoria de forma totalmente parcial, ignorando o problema da democratização das relações internacionais; sobre isso insistem, por sua vez, os países que escaparam da dominação colonial ou neocolonial e que não podem alcançar uma real independência se nas relações internacionais continua a vigorar a lei do mais forte.

Contudo, façamos uma abstração de tudo isso para enfocar a questão social dentro de cada país, dando atenção principal à metrópole capitalista. Clara é a tese sugerida, senão abertamente afirmada por Caillé[143]: passados agora os "Trinta Anos Gloriosos" sob o signo do crescimento, é necessário despedir-se do Estado de bem-estar que dele resultou. Por outro lado, pode-se ser feliz também com a nova situação. Historicamente, referindo-se à alegada felicidade dos escravos, dos servos da gleba, dos pobres, a classe dominante tem tentado justificar até mesmo as relações sociais mais opressivas. Se, em vez disso, usarmos critérios um pouco menos subjetivos, podemos partir de dois dados estatísticos: "No Reino Unido, a expectativa de vida em 1990 era de 76 anos, em comparação com 48 em 1900"[144]. Se era breve a existência na

---

[142] Domenico Losurdo, *La sinistra assente*, cit., p. 42-8. [ed. bras.: *A esquerda ausente*, cit., p. 72-80]

[143] Alain Caillé, *Per un manifesto del convivialismo*, cit, p. 16, 29 e 33.

[144] Niall Ferguson, *Ventesimo secolo, l'età della violenza*, cit., p. 7.

metrópole capitalista, principalmente entre as classes populares, como definir isso nas colônias? Em 1913, "a expectativa de vida na Inglaterra era quase o dobro da Índia"[145]. Estão todos sob a insígnia da infelicidade os decênios de vida que se somaram na Inglaterra e, em menor medida, nas ex-colônias? É claro que essas mudanças radicais são o resultado não apenas do crescimento e do desenvolvimento da ciência e da tecnologia, mas também de amargas lutas políticas e sociais. E é precisamente a luta de classes o grande ausente no quadro traçado pelo liberal-socialismo em versão ecológica. Demonstram ter melhor compreendido a eficácia histórica do socialismo, na realização dos direitos sociais e econômicos e na construção do Estado social, aqueles autores que, ainda que sem render homenagens ao socialismo em nenhuma de suas versões, reconhecem o forte impulso que o neoliberalismo e a forte e crescente polarização obtiveram da vitória obtida pelo Ocidente na Guerra Fria.

Se o liberal-socialismo clássico revelou-se historicamente incerto ou incapaz na promoção da revolução anticolonial, o novo liberal-socialismo mostra todos os seus limites também no que se refere à luta em defesa do Estado social.

MOVIMENTO COMUNISTA E HEREDITARIEDADE DO LIBERAL-SOCIALISMO

Quando, em 1997, propõe substituir pelo binômio liberdade e justiça o de liberalismo e socialismo, de fato Bobbio toma distância do liberal-socialismo, surgido na onda da luta contra a "reação imperialista" do final do século XIX, que desaguou na Primeira Guerra Mundial e contra a qual levantou-se a Revolução de Outubro e o movimento comunista internacional. É a total remoção da questão colonial e neocolonial que caracteriza, ao contrário, o binômio sugerido pelo filósofo turinense. Não é por acaso que ele, na última fase de sua evolução, legitima, uma após a outra, as guerras desencadeadas pelo Ocidente, mesmo sem a aprovação do Conselho de Segurança da ONU, contra países fracos e substancialmente indefesos. E o faz em nome de um intervencionismo democrático e humanitário, duramente criticado no início do século XX por um dos autores de referência, ou melhor, por um dos fundadores do liberal--socialismo britânico.

Trata-se de Hobson. Os argumentos por ele utilizados revelam-se extraordinariamente atuais: ao intervir militarmente neste ou naquele canto do mundo, o Império Britânico afirma promover a causa da civilização e da humanidade,

---

[145] Ibidem, *Civilization: The West and the Rest* (Londres, Penguin Books, 2011), p. 5.

afirma ser "verdadeiramente internacional [*really international*], na medida em que ajuda a realizar uma política mundial autenticamente iluminada, a vontade 'real' ou racional da comunidade das nações". Bem longe de ser sinônimo de internacionalismo e universalismo, essa atitude é apenas uma expressão do egoísmo nacional, de "individualismo nacional", de chauvinismo[146].

A intervenção da Grã-Bretanha democrática em países e regiões frequentemente dominados por um regime autocrático ainda contribui para a expansão da democracia no mundo? Na realidade, "todo império é autocrático enquanto tal" e, claro, não contribui para a concretização da democracia nas relações internacionais "uma nação que age ao mesmo tempo como juiz e como algoz", que julga e condena outra nação como autocrática e autoritária, para então investir contra ela com poder de fogo devastador[147]. A realidade política e histórica é muito diferente da ideologia do intervencionismo democrático:

> Quanto mais a Grã-Bretanha se esforça para difundir a democracia no Império, para implantar, irrigar e fazer crescer instituições "livres" nos Estados que conquistou, mais clamorosamente evidentes se tornam as contradições entre o Império e a Democracia. Uma forte centralização baseada no militarismo e defendida por ele pode, de fato, preparar uma máquina poderosa e suficientemente funcional para operações de baixo escalão que podem ser realizadas por uma máquina, mas se tentarmos "impor pela força" instituições livres e noções britânicas de autogoverno em Estados cujo espírito nativo esmagamos, o fracasso se tornará evidente.[148]

Mesmo que fosse sincero e desinteressado, o apelo a impor, eventualmente com a força, valores universais, ou mesmo "certos parâmetros comuns de 'justiça', 'liberdade', 'cidadania'", sem se ter em conta as peculiaridades e o direito nacional, bem como o problema da democracia nas relações internacionais, assenta-se em um "sofisma", na verdade em um "sofisma perigoso". Devemos ter cuidado com aqueles para quem "a nacionalidade não é mais do que um sentimento tolo"[149].

---

[146] John Atkinson Hobson, "Socialistic Imperialism", *International Journal of Ethics*, v. 12, n. 1, 1901, p. 45-6.
[147] Ibidem, p. 47 e 55.
[148] Ibidem, p. 54.
[149] Ibidem, p. 52 e 54.

Entretanto, insistir sobre a questão nacional não significa trair a causa do internacionalismo e do universalismo? Clara e direta é a réplica do expoente do liberal-socialismo britânico a tal objeção: desconsiderar os direitos nacionais dos mais fracos significa "destruir os meios mais essenciais para alcançar no futuro aquela sólida federação de todos os povos civilizados que constitui a única esperança ou garantia contra o ressurgimento da barbárie em forma de guerra"; sim, "o internacionalismo não é a negação, mas a expansão do espírito nacional"[150]. A ignorar ou remover tudo isso não estão apenas os campeões liberais do Império:

> Nossos socialistas, que pensam ser vantajoso varrer as fronteiras das nações para forçar todos os homens a se tornarem irmãos, não são realmente os cavalheiros científicos que fingem ser. Eles desejam substituir o crescimento natural por uma catástrofe artificial.[151]

Imaginemos, hipoteticamente, que a intervenção democrática e humanitária termine da melhor maneira possível e que ajude o país atacado a atingir um grau mais elevado de civilização. Mesmo nesse caso, o balanço geral ainda seria negativo: é preciso não perder de vista "a utilidade da relação de confiança entre as nações e os danos que a violação de direitos nacionais específicos inflige nas relações morais entre as nações"[152]. Ou seja, é preciso ter em mente o envenenamento ocorrido nas relações internacionais e que é um prenúncio de graves consequências.

Ao submeter o internacionalismo agressivo e o universalismo imperial a uma dura crítica, Hobson se encontra com o movimento que se iniciou com Marx e Engels. O segundo, em particular, destaca que "a união internacional do proletariado" pressupõe a "autonomia" das nações particulares[153], que não é válido "impor nenhuma felicidade a qualquer povo estrangeiro"[154] e que as nações oprimidas "têm não somente o direito mas antes o dever de serem nacionais antes de serem internacionais"[155]. Assim, justamente na promoção e no apoio à luta das nações oprimidas reside o autêntico internacionalismo.

---

[150] Ibidem, p. 55-6.
[151] Ibidem, p. 54.
[152] Ibidem, p. 48.
[153] Karl Marx e Friedrich Engels, *Werke*, cit., v. 4, p. 590.
[154] Ibidem, v. 35, p. 357-8.
[155] Ibidem, v. 35, p. 271.

Lênin pensou esse problema em termos mais gerais quando sublinhou a "fórmula excelente" da *Lógica* hegeliana segundo a qual o universal deve sê-lo de modo a acolher em si a "riqueza do particular"[156]. Mas não é diferente a posição de Hobson, que, não por acaso, já no título do ensaio aqui citado, define como *Socialistic Imperialism* [imperialismo socialista] o internacionalismo agressivo e imperial assumido por certos "socialistas" inclinados a celebrar como avanço da civilização universal a marcha expansionista do Império Britânico. É o caso de recordar: a polêmica contra o "social-imperialismo" ("isto é, socialistas nas palavras, imperialistas nas ações") é um tema recorrente em Lênin, que faz sua denúncia referindo-se por vezes explicitamente ao ensaio de Hobson de 1901[157]. A crítica do *Socialistic Imperialism*, um aspecto importante e corajoso do liberal-socialismo, foi apropriada pelo movimento comunista, mas não pelos "socialistas" e "trabalhistas" do nosso tempo e tampouco por Bobbio, que se tornaram atores ou cúmplices do "social-imperialismo" aos olhos de Hobson e de Lênin.

---

[156] Vladímir Ilitch Lênin, *Opere complete*, cit., v. 38, p. 98.
[157] Ibidem, v. 22, p. 285 e 357.

3.
AMADURECIMENTO DO PROJETO COMUNISTA E HERANÇA LIBERAL

HERANÇA LIBERAL E CRÍTICA DO POPULISMO

Constatar o crepúsculo do liberal-socialismo e chamar a atenção para seus resultados por vezes inglórios não significa afirmar que o movimento comunista não tenha nada a aprender com a tradição liberal. Esta, que teve o enorme mérito histórico de ter interpretado as necessidades e as aspirações das classes subalternas e dos povos oprimidos, nem sempre conseguiu livrar-se plenamente das angústias e dos limites inerentes a uma condição de penúria, fadiga e desesperada miséria; angústias e limites fundamentalmente estranhos aos movimentos políticos que são a expressão das classes privilegiadas. Para esclarecer esse ponto de chegada, remeto a Adam Smith, mais exatamente para uma página esclarecedora de *A riqueza das nações*:

> Em toda sociedade civilizada, em toda sociedade em que se tenha estabelecido plenamente a distinção de classes, sempre houve simultaneamente dois esquemas ou sistemas diferentes de moralidade; um deles pode ser denominado rigoroso ou austero e o outro, liberal ou, se preferirmos, frouxo. O primeiro costuma ser admirado e reverenciado pelas pessoas comuns e o segundo geralmente é mais estimado e adotado pelas chamadas pessoas de destaque. [...] No sistema liberal ou frouxo, o luxo, a devassidão e até mesmo a alegria desordenada, a busca de prazer até certo grau de intemperança, a violação da castidade, ao menos em um dos dois sexos etc., desde que não venham acompanhados de indecência grosseira e não levem à falsidade ou à injustiça, são geralmente tratados com bastante indulgência, sendo facilmente desculpados, ou até totalmente perdoados. Ao contrário, no sistema austero, esses excessos são vistos com o máximo de repugnância e ódio. As

depravações da leviandade são sempre maléficas para as pessoas comuns, bastando muitas vezes um descuido e a dissipação de uma semana para arruinar para sempre um trabalhador pobre e levá-lo, pelo desespero, a cometer os maiores crimes.[1]

Nas classes subalternas, a moralidade austera tende a transformar-se de meio de sobrevivência em ideal em si: o sacrifício e a renúncia aos bens de consumo e à satisfação sexual acabam se transfigurando em valores irrenunciáveis, a penúria e a fadiga se configuram como o lugar da excelência moral, da qual são por definição excluídos os privilegiados, aqueles que podem desfrutar de abundância e facilidades. Tinha razão Nietzsche, embora partindo de seu radicalismo aristocrático, ao ler nessa atitude (que poderíamos definir como populista) uma espécie de retaliação moral e uma vingança plebeia ideal.

Tradicionalmente, a condenação da polarização social e a tomada de posição a favor dos pobres suscitaram razões derivadas do populismo, entendido como sinônimo de transfiguração de moralidade austera. Para não partir de muito longe, da pregação evangélica ou mesmo, antes, do profetismo hebraico, concentremo-nos em dois autores quase contemporâneos do grande economista inglês. Refiro-me a Rousseau e a Fichte: ao contrário de Smith, que assume uma posição indiferente, estes miram com força a questão social e condenam como um escândalo intolerável a polarização entre riqueza e pobreza; porém em ambos o radicalismo plebeu assume um tom que dá o que pensar. Ao afirmar com vigor que é preciso proteger "os cidadãos contra o perigo de cair na miséria", junto à "extrema disparidade das fortunas", Rousseau denuncia o fato de que "as indústrias e as habilidades para a produção de bens de luxo [são] favorecidas às custas dos trabalhos úteis e extenuantes; a agricultura é sacrificada ao comércio". Não muito diferente é a posição de Fichte; depois de declarar-se de acordo com a tese que identifica a causa do "colapso", ou seja, da revolução na França, na posição de forte privilégio concedido às "fábricas em detrimento da agricultura", ele acrescentava: "Entre todos os meios de manutenção e crescimento físico da humanidade (que por sua vez está em função da cultura espiritual), a agricultura é o primeiro, e a *ela* devem ser *subordinados* todos os outros ramos". A denúncia da "tirania" das castas superiores caminhava

---

[1] Adam Smith, *Indagine sulla natura e le cause della ricchezza delle nazioni* (Milão, Mondadori, 1977 [1775-6, 3. ed. 1783]), p. 782, livro V, cap. I, parte III, art. III. [ed. bras.: *A riqueza das nações: investigação sobre sua natureza e suas causas*, v. 2, trad. Luiz João Baraúna, São Paulo, Nova Cultural, 1996, p. 254]

lado a lado com a condenação do "luxo" enquanto tal, do "desregramento" e da "dissipação" generalizados, da "ostentação de dinheiro dos comerciantes" e mesmo da "arte da sedução" e da "voracidade". Em resumo, o que está sendo colocado sob acusação é "nossa época corrompida"*. Nesse caso, ainda mais nitidamente aparece a nostalgia dos bons e velhos tempos da sociedade pré--industrial e a conexa transfiguração da moralidade austera.

Tendo aprendido a lição de Hegel, que é plenamente consciente do potencial de emancipação contido no desenvolvimento industrial e que, não por acaso, identifica na cidade o lugar privilegiado da luta pela liberdade (enquanto tradicionalmente o mundo rural "é mais propenso à submissão"**), Marx e Engels representam um ponto de inflexão. Como mostra o *Manifesto Comunista*, o desenvolvimento das forças produtivas e da riqueza social constitui um claro avanço, e não apenas em termos da satisfação das necessidades materiais. Ele torna possível a superação do "embrutecimento da vida rural" e promove também, no plano intelectual, "um comércio universal, uma interdependência universal entre as nações"*** que é repleta de promessas para o amadurecimento e o desenvolvimento da personalidade individual e para a realização de relações mais próximas e menos belicosas entre as diversas culturas e povos.

O grande pensador e revolucionário está muito distante da tendência a celebrar a moral "austera" e a transfiguração da penúria em lugar de plenitude espiritual e excelência moral. *Miséria da filosofia*, que Marx contrapõe à *Filosofia da miséria*, de Proudhon, é antes um acerto de contas com o populismo. O populismo do autor francês também se manifestava na condenação do ainda incipiente movimento feminista como sinônimo de "pornocracia": um movimento que não era apanágio exclusivo dos humildes e dos miseráveis e que contava com a participação de mulheres pertencentes às classes superiores não poderia senão parecer suspeito a seus olhos. E, por razões análogas, também a luta de uma nação oprimida como a Polônia – para dar um exemplo –, conduzida por uma frente ampla o suficiente para incluir a nobreza (e, portanto,

---

* Ver Domenico Losurdo, *Hegel e la libertà dei moderni* (Nápoles, La Scuola di Pitagora, 2011 [1992], 2 v.), p. 346-51. [ed. bras.: *Hegel e a liberdade dos modernos*, trad. Ana Maria Chiarini e Diego Silveira, São Paulo, Boitempo, 2019, p. 221-4] (N. E. I.).

** Ibidem, p. 350. [ed. bras.: ibidem, p. 224] (N. E. I.).

*** Karl Marx e Friedrich Engels, *Manifesto del Partito Comunista* (Roma-Bari, Laterza, 2003 [1848]), p. 11. [ed. bras.: *Manifesto comunista*, trad. Álvaro Pina e Ivana Jinkings, São Paulo, Boitempo, 2010, p. 44] (N. E. I.).

uma classe acostumada ao luxo), não poderia senão ser vista com desdém por um cantor da "moralidade austera" como Proudhon*.

Naqueles anos e ainda em nossa época o populismo se manifestava e se manifesta de múltiplas formas. A ele se referia, em última análise, também o ludismo que, ainda que partindo da necessidade concreta de prevenir as demissões e o desemprego induzidos pelo desenvolvimento tecnológico e pelo uso capitalista desse desenvolvimento, desaguava de fato em uma transfiguração da sociedade pré-industrial, que esse movimento esperava salvaguardar e custodiar promovendo a destruição das máquinas modernas.

O movimento que partiu de Marx e Engels assumiu um caráter de massas e um papel histórico mundial enfrentando e derrotando o populismo em suas diversas configurações. Refutando claramente as posições *à la* Proudhon, soube coligar a luta pela emancipação da classe operária e das mulheres às lutas de libertação nacional dos povos oprimidos; valorizando as lições de seu grande mestre, compreendeu que "na sociedade esta[va] se realizando uma revolução silenciosa, à qual não [era] possível escapar"[2] e que, portanto, o ludismo, além de ignorar o potencial de emancipação implícito na Revolução Industrial, era também quixotesco.

Para além da metrópole capitalista, o distanciamento do ludismo e do populismo teve um papel essencial também nas colônias, onde em geral a modernização irrompeu no rastro dos *colonizadores*. É uma circunstância que obviamente favoreceu reações de tipo populista. Na China de 1900, os Boxer miravam as invenções técnicas do Ocidente. A sua fúria não escaparam nem o telégrafo nem a ferrovia: a penetração dessas inovações coincidiu com o desdobramento do poder tecnológico e militar dos invasores e com a consequente humilhação nacional. Refletindo algumas décadas depois sobre a derrota dos Boxer, Mao Tsé-Tung parece compará-los aos seguidores do ludismo: ao procederem à "destruição das máquinas", revelaram que haviam permanecido estacionários no estágio da percepção, não avançaram no processo de conhecer o sistema social que causou seus sofrimentos; ao contrário dos marxistas, eles não entendiam a diferença entre a máquina e o uso capitalista da máquina[3].

---

* Ver Domenico Losurdo, *La lotta di classe: una storia politica e filosofica* (Roma-Bari, Laterza, 2013), p. 108-11 e 348-9. [ed. bras.: *A luta de classes: uma história política e filosófica*, trad. Silvia de Bernardinis, São Paulo, Boitempo, 2015, p. 121-4 e 363-5] (N. E. I.)
[2] Karl Marx e Friedrich Engels, *Werke* (Berlim, Dietz, 1955-89), v. 8, p. 544.
[3] Mao Zedong, *Opere scelte* (Pequim, Casa Editrice in Lingue Estere, 1969-75), v. I, p. 319.

E desse "empirismo" também deram prova as "lutas indiscriminadas contra os estrangeiros" e suas invenções, ao invés da luta contra o imperialismo.

No entanto, o desenvolvimento do movimento comunista é a história de um confronto recorrente, mas nunca realmente decisivo, com o populismo. Os comunistas tiveram que competir com movimentos e partidos que também se empenharam em lutas de emancipação, mas a partir de uma plataforma ideológica e política diferente e de cunho claramente populista. Pensemos no papel essencial desempenhado por Gandhi na luta anticolonial do povo indiano. Na sociedade por ele esperada e apontada como modelo era preciso "levantar-se da cama antes do amanhecer" para correr para um trabalho cansativo que duraria o dia todo e que, contudo, em nada eliminaria a "miséria". Não havia espaço para o "tempo livre", visto com suspeita como ocasião para tentações pecaminosas. Por tudo disso, tratava-se de uma sociedade na qual estariam banidos o álcool, o chá e principalmente as relações sexuais não voltadas para a procriação e, portanto, aos olhos de Gandhi, caracterizadas pela "luxúria" e pela "paixão animal"[4]. Não há dúvida: estamos diante de um ideal de sociedade segundo o qual a excelência moral é indissociável da escassez de recursos materiais e da moral "austera".

Ainda que assumindo uma configuração menos explícita, o populismo ou mesmo a tentação populista fizeram-se sentir com frequência no interior do movimento comunista. É um fenômeno que se torna evidente já logo depois da Revolução de Outubro. O chamado "comunismo de guerra", aquele que Gramsci chama de "coletivismo da miséria e do sofrimento" e Trotsky de "miséria socializada"*, a repartição mais ou menos igualitária da penúria e até mesmo da fome, ao invés de ser considerada uma medida extraordinária ditada por uma situação desesperada e sem saída, acaba por ser transfigurada em sinônimo de resistência às seduções burguesas do luxo e do supérfluo, bem como do apego aos valores autênticos em nome da moderação e da austeridade, em última instância como sinônimo de excelência moral e plenitude espiritual. Quem operou explicitamente essa transfiguração foram, em primeiro lugar, os companheiros de viagem do bolchevismo: partindo de seu fervor cristão, eles saudaram e interpretaram a Revolução de Outubro não tanto como uma

---

[4] Domenico Losurdo, *La non-violenza: una storia fuori dal mito* (Roma-Bari, Laterza, 2010), p. 106-8. [ed. bras.: *A não violência: uma história fora do mito*, trad. Carlos Alberto Dastoli, Rio de Janeiro, Revan, 2012]

* Ver ibidem, *La lotta di classe*, cit., p. 190-6. [ed. bras.: *A luta de classes*, cit., p. 204-9]

derrubada do sistema capitalista-imperialista, mas sim como uma revolta contra a perseguição do lucro, da riqueza como tal, como uma revolta contra a *auri sacra fames* [ganância], identificada e estigmatizada como a causa da guerra e da catástrofe e, de modo mais geral, do mal que sempre afligiu a humanidade. Todavia, mesmo setores não desprezíveis do movimento comunista na Rússia e no exterior estavam fascinados pelo "bruto igualitarismo" e pelo "ascetismo universal" criticado pelo *Manifesto Comunista*. É um texto que de modo quase profético sublinha: "nada é mais fácil que recobrir o ascetismo cristão com um verniz socialista"[5].

No âmbito do movimento comunista, a tentação populista continua presente muito além da breve fase do "comunismo de guerra". Isso é demonstrado pela polêmica recorrente que se desenvolve contra essa tentação e na qual se veem empenhadas duas personalidades alinhadas em duas frentes opostas. Vamos dar a palavra a Stálin: "Seria estúpido pensar que o socialismo pode ser construído na base da miséria e da privação, na base da redução das necessidades pessoais e do rebaixamento do padrão de vida dos homens ao nível dos pobres"; pelo contrário, "o socialismo só pode ser construído com base em um desenvolvimento impetuoso das forças produtivas da sociedade" e "em uma vida confortável para os trabalhadores", na verdade, de "uma vida confortável e civil para todos os membros da sociedade". Agora vamos passar a palavra a Trotsky: "No terreno da 'miséria socializada', a luta pelo necessário ameaça ressuscitar 'todo o lixo antigo' e o ressuscita parcialmente a cada passo". Algumas décadas depois, na China, Deng Xiaoping sente-se compelido a reiterar "que a pobreza não é socialismo e que socialismo significa a eliminação da miséria; não se pode dizer que o socialismo se constrói se as forças produtivas não se desenvolvem e se não se eleva o nível de vida do povo". Portanto, entendendo-se que a meta a perseguir é a da "prosperidade comum", sair da miséria e "enriquecer é glorioso!". Provavelmente sem saber, Deng Xiaoping retomou a palavra de ordem com que Bukhárin, mais de meio século antes, tentara superar o atraso da agricultura soviética, estimulando o compromisso dos camponeses e também se distanciando da persistente nostalgia do "coletivismo da miséria, do sofrimento", ou melhor, da "miséria socializada" típica do "comunismo de guerra"[6].

---

[5] Karl Marx e Friedrich Engels, *Werke*, cit., v. 4, p. 484 e 489. [ed. bras.: *Manifesto comunista*, cit., p. 60]

[6] Domenico Losurdo, *La lotta di classe*, cit., p. 190-6 e 206-9. [ed. bras.: *A luta de classes*, cit., p. 204-9 e 220-4]

O POPULISMO COMO CULTO DO "DECRESCIMENTO" E DA "NATUREZA"

Justamente porque o movimento comunista não mais procedeu a um acerto de contas definitivo com o populismo, este último conhece, nos dias atuais, um renascimento, apresentando-se em novas vestes, fazendo apelo à ecologia e ao culto do "decrescimento" e da "natureza". A partir daí é colocado sob acusação o marxismo, considerado culpado de ter ignorado ou subestimado a questão ambiental. Na realidade, destacar o potencial de emancipação implícito na Revolução Industrial e no desenvolvimento das forças produtivas não significa em absoluto fechar os olhos diante de seus perigos e armadilhas. Tudo se pode dizer de Karl e Jenny Marx – neste contexto faz sentido mencioná-la – exceto que idolatravam a riqueza material: poderiam ter levado uma vida brilhante e confortável, mas, ao contrário, aceitaram sofrer a escassez e até a miséria por não renunciarem às suas ideias.

No plano mais propriamente teórico, analisando a condição das colônias invadidas pelas manufaturas, além dos soldados provenientes da Grã-Bretanha, e com seu artesanato tradicional tornado obsoleto e destruído, Marx observa: "os efeitos destrutivos da indústria britânica, vistos em relação à Índia, um país do tamanho de toda a Europa, podem ser tocados com as mãos e são tremendos"[7]. E, contrariamente aos mitos dominantes da atualidade, é Engels, um dos dois autores do *Manifesto Comunista*, o primeiro ou um dos primeiros a denunciar, já em 1843, os efeitos catastróficos que uma industrialização capitalista orientada apenas pela lógica do máximo lucro pode ter sobre o meio natural e urbano e sobre a saúde, principalmente dos operários e das classes populares aglomeradas em bairros insalubres. Por sua vez, Marx esclareceu que é míope e enganosa uma visão de riqueza social que não leve em conta a natureza e o meio ambiente. A *Crítica do Programa de Gotha* abre com uma advertência que hoje soa profética: por maior e crescente que seja a produtividade do trabalho, ele "não é a fonte de toda riqueza". Nunca se deve perder de vista um ponto central: "A natureza é a fonte dos valores de uso (e é em tais valores que consiste propriamente a riqueza material!), tanto quanto o é o trabalho, que é apenas a exteriorização de uma força natural, da força de trabalho humana."[8].

---

[7] Karl Marx e Friedrich Engels, *Gesamtausgabe* (Berlim-Amsterdã, Dietz-IMES, 1975/1990), parte I, v. 12, p. 252.
[8] Karl Marx e Friedrich Engels, *Werke*, cit., v. 19, p. 15. [ed. bras.: Karl Marx, *Crítica do Programa de Gotha*, trad. Rubens Enderle, São Paulo, Boitempo, 2012, p. 23]

Essa análise é tudo, menos envelhecida. Marx questiona o capitalismo não apenas pela distribuição injusta da riqueza social, mas também pela incapacidade de desenvolvê-la de fato: "Basta mencionar as crises comerciais que, repetindo-se periodicamente, ameaçam cada vez mais a existência da sociedade burguesa. Cada crise destrói regularmente não só uma grande massa de produtos fabricados, mas também uma grande parte das próprias forças produtivas já criadas."[9] Essa destruição da riqueza social, própria do capitalismo, também se manifesta em sua incapacidade de tratar adequadamente a relação entre o homem e a natureza.

Portanto, quando observo que hoje o populismo busca seu resgate apresentando-se sob um aspecto ecológico, não pretendo questionar a gravidade e a urgência da questão ambiental, mas sim a nostalgia do mundo pré-industrial que emerge da pregação do "decrescimento": fabula-se uma sociedade caracterizada por costumes simples e o repúdio ao luxo e ao supérfluo, caracterizada pela sobriedade e pela satisfação apenas das necessidades essenciais; só assim – assegura-se – será possível salvar o planeta, se ele ainda não estiver comprometido de forma definitiva e irremediável.

O desenvolvimento da sociedade industrial sempre foi acompanhado por sombrias profecias sobre o destino da sociedade e do mundo. Pouco antes de meados do século XIX, Ernst Moritz Arndt, uma figura importante no mundo político da Alemanha da época, trovejou contra "a maldita mania das fábricas". Claro, elas multiplicavam a força produtiva, mas à custa da devastação dos mundos material e espiritual do homem. Desse modo:

> Renunciemos a toda máquina, em vez de correr o risco de que tal maquinismo (*Maschinenwesen*) destrua toda a visão saudável do Estado e as classes e profissões simples e naturais das quais depende a preservação de toda virtude, força e honestidade. Se todos os artesãos se tornam fabricantes, se finalmente até a agricultura é considerada e administrada como uma fábrica, em suma, se o que é simples, estável e sólido desaparece das instituições humanas, isso é ruim para a felicidade e o esplendor de nossa espécie. Se chegarmos ao ponto de aceitar que a serra e o encanamento cortem e construam as casas por si próprios, que o arado e a foice por si mesmos arem e ceifem, que, enfim, viajemos em máquinas a vapor sobre montanhas e vales e que corramos nas batalhas de balões, em suma, que só precisamos ficar vagando ao redor de nossas máquinas artificiais, que fariam todo o

---

[9] Ibidem, v. 4, p. 468. [ed. bras.: *Manifesto comunista*, cit., p. 45]

trabalho por nós, então nos tornaríamos uma espécie tão degenerada, inútil e miserável que a história manteria para sempre seus livros fechados diante de nós.[10]

Estamos, para ser exatos, em 1840: a Alemanha era ainda um país agrícola; paradoxalmente, a nostalgia do mundo pré-industrial emergia antes mesmo do advento da sociedade industrial. O quadro sombrio traçado acerca desta era ao mesmo tempo a transfiguração do bom tempo antigo que, aos olhos de Arndt, assegurava "a felicidade e o esplendor da nossa espécie". Na realidade, alguns anos depois, uma tragédia de proporções assustadoras atingiu a Irlanda, que também estava claramente deste lado do processo de industrialização, e reduziu sua população[11].

Claro, a Irlanda era uma colônia. Portanto, vejamos o que a ausência de desenvolvimento industrial implicava em um país como a França. Em 1689, um grande escritor e moralista, Jean de La Bruyère, traçou um quadro desconsolado da situação vigente em grande parte de seu país:

> Vê-se, espalhados pelo campo, certos animais selvagens, machos e fêmeas, escuros, feridos e queimados pelo sol, curvados sobre a terra que remexem e reviram com uma obstinação invencível. Eles emitem sons articulados e, quando se levantam, mostram um rosto humano: na verdade, são homens. À noite, eles se retiram para suas tocas, onde vivem de pão preto, água e raízes.

Esse depoimento é relatado por um grande historiador que, embora de orientação conservadora ou reacionária, acrescenta outros detalhes sobre o destino que aguarda esses "animais selvagens". Eles "morrerão aos rebanhos" nos anos seguintes; "quando chegarmos a 1715, cerca de um terço, seis milhões, terão morrido de miséria e de fome"[12]. Algumas décadas depois, a situação não mudou. Em 1740, Jean Baptiste Massillon, bispo de Clermont-Ferrand, relatava:

> As pessoas de nosso campo vivem em uma miséria terrível, sem camas, sem móveis; de fato, a maioria delas, durante metade do ano, carece do pão de cevada e

---

[10] Domenico Losurdo, *Hegel e la Germania: filosofia e questione nazionale tra rivoluzione e reazione* (Milão, Guerini-Istituto Italiano per gli Studi Filosofici, 1997), p. 422-30.

[11] Ver neste volume, p. 66-7.

[12] Hippolyte Taine, *Le origini della Francia contemporanea: l'antico regime* (Milão, Adelphi, 1986 [1876]), p. 569-70.

aveia, que é seu único alimento e que são forçadas a tirar da boca para pagar impostos. Tenho a dor de ver com meus próprios olhos esse triste espetáculo todos os anos durante minhas visitas. Chegamos ao ponto de os negros [escravos] de nossas ilhas serem infinitamente mais afortunados.[13]

A tragédia cotidiana de que se trata aqui é certamente o resultado de uma distribuição injusta da riqueza social, mas também da limitação dessa riqueza: dado o fraco desenvolvimento das forças produtivas, a apropriação do trabalho excedente e do mais-valor pela restrita elite privilegiada acarreta a condenação à miséria mais desesperada da grande massa da população, muitas vezes forçada a sofrer até a morte por inanição. Foi a Revolução Industrial que ajudou a colocar essas relações sociais em discussão. Claro, elas desapareceram ou passaram por transformações profundas apenas como resultado de grandes e épicas lutas de classes, que, no entanto, só puderam se desdobrar plenamente depois que o desenvolvimento das forças produtivas ridicularizou a ideologia tradicional com base na qual a miséria deveria ser colocada exclusivamente na conta da madrasta natureza.

O populismo do decrescimento cultiva a ilusão de que bastaria evitar o supérfluo e o consumismo para salvar o meio ambiente. Na realidade, se olharmos para a China, veremos que a principal causa da poluição é a necessidade de satisfazer as demandas mais elementares. É um país que "acolhe cerca de 22% da população mundial, mas tem apenas 7% das terras aráveis do planeta. A área cultivada por habitante é, portanto, igual a 0,09 hectares, quatro vezes menor que a média mundial"[14]. É essa desproporção que por séculos levou a uma extensão da área cerealífera a ser obtida por meio de um desastroso desmatamento. Agora, porém, a tendência se inverteu; na China, ao contrário do resto do mundo, a área arborizada e florestal expande-se fortemente, graças também ao regresso de uma parte não desprezível da área cerealífera à sua anterior função florestal. Contudo, essa economia parcial da natureza foi possível não pelo decrescimento, mas pelo desenvolvimento: "Hoje a produtividade por hectare é mais que o dobro da Índia".

Pode-se dar outro exemplo, ainda com referência à China: "O processamento do cimento é um dos que mais contribuem para a emissão de dióxido de carbono

---

[13] Ibidem, p. 571.
[14] Vincenzo Comito, *La Cina è vicina?* (Roma, Ediesse, 2014), p. 65-6.

na atmosfera"[15]. O cimento é necessário para a construção de casas, escolas, hospitais. Para serem verdadeiramente habitáveis, esses edifícios devem ser equipados com sistemas de aquecimento, bem como, em regiões mais quentes, com sistemas de ar-condicionado. O consumo de energia resultante é outra fonte de poluição muito significativa: "A cada dois anos, a China aumenta a produção de energia numa quantidade correspondente a toda a eletricidade produzida na Grã-Bretanha"[16]. Não faltam os autoproclamados apóstolos da ecologia que pretendem "salvar" o meio ambiente com o sacrifício em massa de povos inteiros: além de ser moralmente inadmissível, tal abordagem seria logicamente contraditória, visto que o homem é parte integrante da natureza. Na realidade, a solução para os problemas gigantescos que acabamos de mencionar não está em um processo quixotesco que retrocede em direção a um mítico ponto zero de crescimento. Pelo contrário, trata-se de ir mais longe: produzidas a partir do desenvolvimento qualitativo e da economia do conhecimento, as energias renováveis – setor em que a China já ocupa uma posição de liderança – são chamadas a salvar a natureza em sua totalidade. Ou seja, incluindo a espécie humana.

Evitando a indústria moderna e aterrissando (pelo menos idealmente) no campo e na agricultura, os seguidores do "decrescimento" acreditam que estão retornando à "natureza". Todavia, esse é o mais extravagante dos mitos; a agricultura e a produção de alimentos são o resultado do que um distinto etnólogo e filósofo considerou a maior revolução da história, ocorrida há alguns milhares de anos:

> Ainda dependemos das imensas descobertas que marcaram o que se denomina, sem nenhum exagero, a revolução neolítica: a agricultura, a criação de animais, a cerâmica, a tecelagem [...] A todas estas "artes da civilização" só trouxemos, há oito ou dez mil anos, aperfeiçoamentos.[17]

A negação da civilização industrial não é sinônimo de recuperação da "natureza". Assim, não apenas ainda estamos no terreno da história, mas somos

---

[15] Ted C. Fishman, *China SPA: la superpotenza che sta sfidando il mondo* (Bolonha, Nuovi Mondi Media, 2005), p. 127.

[16] Ibidem, p. 128.

[17] Claude Lévi-Strauss, *Razza e storia: razza e cultura* (Turim, Einaudi, 2002 [2001]), p. 32. [ed. bras.: "Raça e história", trad. Chaim Samuel Katz, em *Antropologia estrutural dois*, Rio de Janeiro, Tempo Brasileiro, 1979, p. 352]

reconduzidos a um período histórico particularmente conturbado. Como todas as revoluções, até mesmo a neolítica resultou de uma crise do [arranjo precedente], em que caçadores-coletores buscavam alimentos. O período mais feliz ou mais cômodo desse tipo de sociedade havia acabado: os caçadores haviam se tornado "cada vez mais numerosos e habilidosos", enquanto as espécies animais com as quais se podia contar eram "cada vez menos numerosas" ou "desapareceram por completo". A "redução da disponibilidade de alimentos não cultivados" foi fortemente sentida[18]. Estava acontecendo o que, na linguagem de hoje, poderíamos chamar de uma grave crise ecológica. Era imperativo abandonar o sistema antigo, mas a chegada do novo foi tudo menos fácil e indolor:

> A agricultura e a sedentarização aumentaram prodigiosamente os recursos alimentares, o que permitiu o crescimento da população humana. Daí resultou a expansão das doenças infecciosas, que tendem a desaparecer quando a população é muito pequena para manter os patógenos. Portanto, pode-se dizer que, naturalmente sem saber, os povos que se tornaram agrícolas optaram por certas vantagens, pagando pelos inconvenientes contra os quais os povos que permaneceram caçadores e coletores estavam mais protegidos: seu modo de vida impedia que as doenças infecciosas passassem de um homem a outro, e dos animais domésticos novamente ao homem; mas, é claro, à custa de outras desvantagens.[19]

A seu tempo, Marx zombava dos economistas burgueses que, deixando para trás as convulsões que haviam derrubado o Antigo Regime, apontavam e celebravam o capitalismo como o resultado final do processo histórico. E, portanto – ironizava a *Miséria da filosofia* –, para eles "houve história, mas não há mais"[20]; a história se referia ao passado, não ao presente. Os seguidores do decrescimento procedem exatamente ao contrário: transfigurando a sociedade pré-industrial e agrícola como sinônimo de natureza, enxergam a história apenas no infeliz presente, mas a ignoram ou a removem totalmente quando olham

---

[18] Jared Diamond, *Armi, acciaio e malattie: breve storia del mondo negli ultimi tredicimila anni* (Turim, Einaudi, 1998 [1997]), p. 82. [ed. bras.: *Armas, germes e aço: os destinos das sociedades humanas*, trad. Sylvia de Souza Costa, Cynthia Cortes e Paulo Soares, São Paulo, Record, 2002, p. 112]

[19] Claude Lèvi-Strauss, *Razza e storia*, cit., p. 60.

[20] Karl Marx e Friedrich Engels, *Werke*, cit., v. 4, p. 139. [ed. bras.: *Miséria da filosofia: resposta à Filosofia da miséria, do Sr. Proudhon*, trad. José Paulo Netto, São Paulo, Boitempo, 2017, p. 110]

para o passado. Acabam, assim, impossibilitando a leitura das sementes do futuro que estão implícitas no presente. Vimos que, por mais grave que seja, a crise ecológica do presente não é a primeira a ocorrer na história e tudo indica que não será a última. A transição da sociedade nômade de caçadores-coletores para uma baseada na agricultura, na criação e na sedentarização estende-se por séculos e séculos, caracterizada por experimentos, dúvidas e conflitos de todos os gêneros. "Pode acontecer também que a agricultura seja abandonada em favor de um retorno ao antigo estilo de vida", que, no entanto, após um interlúdio (de algumas centenas de anos), dará lugar de novo, e dessa vez definitivamente, ao novo estilo de vida[21]. Situadas nessa perspectiva milenar, as odes ao decrescimento e à nostalgia do mundo anterior ao advento da indústria e do consumo de massa parecem ser um fenômeno muito limitado e inteiramente previsível. A gravidade da crise ecológica do presente não é um motivo para se olhar para o passado com os olhos marejados ou com lágrimas de arrependimento sem sentido e, em qualquer caso, impotente, mas para acelerar o planejamento e a realização do futuro. O prodigioso desenvolvimento contínuo de energias renováveis que não necessitem de combustíveis fósseis (limitados e altamente poluentes) demonstra mais uma vez que os avanços da tecnologia, essa "força do saber objetivada" humana, identificada e celebrada por Marx[22], contêm um potencial efeito prodigioso de libertação, tanto no que diz respeito às relações sociais como no tocante às relações entre o homem e a natureza. Só que esse resultado está longe de ser óbvio. Na verdade, será inatingível enquanto a "ciência" continuar a ser obrigada "a servir ao capital"[23].

Populismo e messianismo

O populismo é frequentemente articulado ao messianismo. As classes subalternas, que desde tempos imemoriais sofreram a exploração e a opressão e

---

[21] Jared Diamond, *Armi, acciaio e malattie*, cit., p. 81. [ed. bras.: *Armas, germes e aço*, cit., p. 111]

[22] Karl Marx, *Grundrisse der Kritik der politischen Ökonomie (Rohentwurf) 1857-1858* (Berlim, Dietz, 1953), p. 594. [ed. bras.: Karl Marx, *Grundrisse: manuscritos econômicos de 1857-58. Esboços da crítica da economia política*, trad. Mario Duayer e Nélio Schneider, São Paulo, Boitempo, 2011, p. 589]

[23] Karl Marx e Friedrich Engels, *Werke*, cit., v. 23, p. 382. [ed. bras.: Karl Marx, *O capital: crítica da economia política*, Livro I: *O processo de produção do capital*, trad. Rubens Enderle, São Paulo, Boitempo, 2013, p. 435]

que viram alternarem-se no poder classes sociais e estratos políticos diversos entre si, mas aproximados pela vontade de manter as relações de domínio, têm a tendência de conceber a emancipação como uma negação total que, junto com a exploração e a opressão, ponha fim de uma vez por todas a todos os instrumentos possíveis de exploração e opressão. Daí suprimir-se, na esperança e na imaginação, o aparelho do Estado em suas várias articulações, o exército, a polícia, até a norma jurídica enquanto tal, tudo o que possibilita e consagra o exercício da força e o desdobramento da lei do mais forte. Na nova sociedade não há sequer lugar para a propriedade privada, por limitada que possa ser, nem para o dinheiro, enquanto tal: ambos arriscam eternizar ou fazer reemergir a polarização social e a opressão do pobre pelo rico. Também a família deve ser vista com suspeita: ela é o veículo da transmissão hereditária da propriedade, da riqueza, da depravação e da violência a ela relacionadas. Para serem sustentáveis e duradouras, essas transformações radicais não podem ficar confinadas a apenas um país, e eis que as fronteiras estatais e nacionais também estão, na imaginação, desaparecendo. Dado que faltam todos os pressupostos materiais e objetivos para a realização do mundo totalmente novo aqui evocado e invocado, o sujeito chamado a fazer o milagre se identifica nos espíritos superiores, alheios à vulgaridade e às tentações do homem comum, que justamente por isso age com virtude de forma espontânea, sem a necessidade de regras impostas de cima e de fora. Não é por acaso que o antinomianismo, isto é, a rejeição da lei e da norma legal, já caracterizava, na Idade Média, em graus mais ou menos acentuados, os recorrentes movimentos populares de protesto e revolta. Consideração análoga pode ser feita a propósito da Primeira Revolução Inglesa e sobretudo dos seguidores da "quinta monarquia", inspirados na fé messiânica no advento de uma sociedade privada de normas jurídicas e sem necessidade delas, pelo fato de que, na construção de uma sociedade justa e igualitária, os indivíduos se deixariam iluminar e guiar pela graça divina.

Não é surpreendente que essa tradição, expressão algo espontânea ou pouco elaborada das aspirações profundas das classes subalternas, se faça sentir, ainda que de forma secularizada, no movimento socialista e comunista. Em 1879, August Bebel, expoente de primeiríssimo plano do Partido Socialista Alemão e assíduo interlocutor de Engels, escrevia que na sociedade pós-capitalista, junto com o Estado, estavam destinados a desaparecer os "parlamentos", as alfândegas, o fisco, os "tribunais", os "advogados e os ministérios públicos", as "prisões", a própria norma jurídica, os delitos. Como resultado, "dezenas de milhares de leis, decretos e portarias vão para o lixo". Junto com tudo isso, os sentimentos de "ódio" e "vingança" também estavam destinados a desaparecer[24].

Não se trata de uma tomada de posição filosoficamente ingênua de um autodidata. Imediatamente após a Revolução de Outubro, um eminente filósofo, ao publicar a primeira edição de seu *Espírito da utopia*, pediu aos soviéticos que acabassem não apenas com "toda economia privada", mas também com toda "economia do dinheiro". E, com ela, acabassem com a "moral mercantil que consagra tudo o que há de mais perverso no homem"; além disso, esperava-se que "transformassem o poder em amor"[25]. Ao menos nesse caso, é explícita a referência à tradição do messianismo judaico e à "tensão [...] em direção a uma meta messiânica que ainda não existe e está localizada além do mundo"[26].

E agora vejamos como termina um livro que por vezes foi saudado como uma espécie de novo *Manifesto Comunista* e que também conheceu um sucesso extraordinário no início do nosso século:

> Francisco [de Assis] em oposição ao capitalismo nascente, recusou todos os instrumentos de disciplina, e em oposição à mortificação da carne (na pobreza e na ordem constituída) propôs uma vida de alegrias, incluindo todos os seres e a natureza, os animais, a irmã lua, o irmão sol, as aves do campo, os humanos pobres e explorados, juntos contra a vontade de poder e corrupção. Mais uma vez na pós-modernidade, encontramo-nos na situação de Francisco, propondo contra a miséria do poder a alegria do ser. Esta e a revolução que nenhum poder controlara - porque o biopoder e o comunismo, a cooperação e a revolução continuam juntos, em amor, simplicidade e também inocência. Esta é a irreprimível leveza e alegria de ser comunista.[27]

Embora os dois autores citados aqui estejam situados no terreno da cultura secularizada e laica, somos novamente levados a pensar na tradição messiânica, por duas razões. A sociedade comunista aqui evocada é caracterizada pela ausência de qualquer conflito e tensão ou fonte destes. Todas as contradições desapareceram também na relação entre o mundo humano

---

[24] August Bebel, *Die Frau und der Sozialismus* (60. ed., Berlim, Dietz, 1964 [1879]), p. 482-3.
[25] Ernst Simon Bloch, *Geist der Utopie* (Frankfurt, Suhrkamp, 1971), p. 298.
[26] Ibidem, p. 321-2.
[27] Michael Hardt e Antonio Negri, *Impero* (Milão, Rizzoli, 2002 [2000]), p. 382. [ed. bras.: *Império*, trad. Berilo Vargas, Rio de Janeiro, Record, 2001, p. 417]

e o mundo animal, e mesmo neste último não há mais lugar para os mais fortes esmagarem os mais fracos. É a apocatástase*, a *restitutio omnium* [restauração completa], a regeneração e a conciliação de toda a criação, de que falam, por exemplo, os *Atos dos apóstolos* (3:21), e que então se torna o tema central do misticismo caro a autores como Orígenes, Escoto Erígena etc. Somos reconduzidos a essa cultura e a essas expectativas religiosas também por um outro motivo. Mais do que uma transformação política e social, o milagre de que estamos falando aqui parece ser o resultado da total convulsão interna, da *metanoia*** que é pressuposta para a realização das expectativas messiânicas: se em Bebel homens e mulheres seriam libertados de uma vez por todas dos sentimentos de "ódio" e "vingança", em Bloch seriam liberados da "moralidade mercantil" e de "tudo o que há de mais perverso no homem", agora [em Hardt e Negri] não apenas homens e mulheres, mas toda a criação, "os animais, a irmã lua, o irmão sol, as aves do campo, os humanos pobres e explorados, juntos" livram-se da "vontade de poder", da "corrupção", da "miséria do poder", para viver "em amor" e "inocência": a apocatástase se manifesta em todo seu esplendor!

O COMUNISMO COMO CAPÍTULO DA HISTÓRIA DAS RELIGIÕES?

Bebel na segunda metade do século XIX, Bloch no início do século XX, Hardt e Negri nos primeiros anos do século XXI: a recorrência dos tons messiânicos em autores e movimentos de inspiração marxista e comunista deve nos induzir a entendê-los como um capítulo da história das religiões? É muito ampla a literatura que se move nessa direção. Basta pensar particularmente em Karl Löwith[28], segundo quem a obra de Marx seria "animada por uma fé escatológica da primeira à última proposição", de modo que resultaria desprovida de qualquer valor científico. Essa maneira de argumentar parte do pressuposto de que colocar em evidência a gênese religiosa de uma tese significa liquidá-la no plano epistemológico. Contudo, é esse pressuposto que não tem qualquer fundamento. Um grande filósofo, Friedrich Nietzsche, esclareceu inequivocamente a ligação que existe entre o advento da visão unilinear do tempo e a expectativa

---

* Apocatástase: restauração final de todas as coisas em sua unidade absoluta com Deus. (N. T.)
** Metanoia: mudança de pensamento. (N. T.)
[28] Karl Löwith, *Weltgeschichte und Heilsgeschehen: Die theologischen Voraussetzungen der Geschichtsphilosophie* (4. ed., Stuttgart, Kohlhammer, 1961 [1953]), p. 48.

judaico-cristã de salvação; mas nem por isso a visão cíclica do tempo está hoje recebendo mais crédito nos ambientes científicos. Se da ciência passarmos à política propriamente dita, parece difícil negar a contribuição do cristianismo (e já dos profetas judeus) para a elaboração dos conceitos de homem e direitos humanos como tais: o fato é que esses conceitos são considerados mais do que nunca indispensáveis por um mundo tão profundamente secularizado como o que vivemos.

Por vezes, os intérpretes aqui mencionados acreditam estar seguindo os passos de Nietzsche, que nunca se cansou de insistir nos laços que unem o socialismo ao cristianismo (e ao profetismo judaico). No entanto, as coisas são exatamente o oposto. Se aos olhos de Löwith[29] a teoria de Marx, "o materialismo histórico, é uma história de salvação expressa na linguagem da economia política", para Nietzsche a pregação evangélica ou a tradição judaico-cristã, animadas como são de alto a baixo pelo forte protesto social e mesmo pelo implacável ódio de classe, constituem um capítulo essencial na história da revolta servil expressa na linguagem da religião. Longe de resolver sem deixar resíduos o projeto revolucionário na literatura apocalíptica (seja judaica, cristã ou gnóstica), o teórico do radicalismo aristocrático acredita que "o 'Juízo Final' é [...] a revolução, tal como a espera também o trabalhador socialista, só que pensada um pouco mais longe"[30]. Jesus "foi um delinquente político, na medida em que de fato eram possíveis os delinquentes políticos em uma sociedade *absurdamente apolítica*"[31]. Aqui testemunhamos não a transcrição da história dos movimentos socialistas em termos de história sacra, mas, ao contrário, a leitura dos próprios movimentos religiosos em chave político-social. De modo análogo a Nietzsche argumenta Engels, embora assuma uma clara posição a favor das classes subalternas e, portanto, diferencie-se claramente nesse ponto do teórico do radicalismo aristocrático. Falando da guerra camponesa, Engels escreve: "Por Reino de Deus, Müntzer não entendia outra coisa senão uma condição da sociedade em que não há mais diferenças de classe e não há mais

---

[29] Idem.

[30] Friedrich Nietzsche, *Crepuscolo degli idoli ovvero come si filosofa col martello* (8. ed., Milão, Adelphi, 2002 [1888]), p. 106. [ed. bras.: "Crepúsculo dos ídolos ou como filosofar com o martelo", em *Obras incompletas*, trad. Rubens Rodrigues Torres Filho, São Paulo, Nova Cultural, 1999, p. 384]

[31] Ibidem, *L'anticristo: maledizione del cristianesimo* (22. ed., Milão, Adelphi, 2006 [1895]), p. 36. [ed. bras.: *O anticristo*, trad. Paulo César de Sousa, São Paulo, Companhia das Letras, 2007]

propriedade privada e um poder estatal autônomo e estranho em relação aos membros da sociedade"[32]. Se para Engels a aspiração ao Reino de Deus nada mais fazia do que expressar em vestes teológicas as reivindicações vagamente comunistas de certos estratos sociais, para os intérpretes de que estamos falando as palavras de ordem socialistas e comunistas nada mais fazem do que expressar, de uma forma superficialmente laica, a aspiração religiosa tradicional ao Reino de Deus.

O paralelo do movimento que partiu de Marx com o cristianismo é tema recorrente em Engels, e está presente em Gramsci[33], que compara o papel de Paulo de Tarso ao de Lênin e, portanto, compara o "cristianismo-paulismo" ao marxismo-leninismo. A equiparação, que em muitos intérpretes contemporâneos deseja-se que seja sinônimo de liquidação epistemológica do marxismo, refere-se à amplitude do movimento de massas inspirado nas duas *Weltanschauungen* [visões de mundo] e nos dois "partidos", à intensidade emocional da adesão e à tenacidade no empenho manifestado pelos militantes, bem como ao longo ciclo histórico das aspirações e agitações das massas populares em luta pela emancipação. Com isso, nada se diz da verdade ou não verdade das visões de mundo comparadas: a segunda, em ordem cronológica, pode ter dado uma forma mais madura, a nível filosófico e político, às necessidades de redenção social que a primeira expressa de maneira mais primitiva.

O verdadeiro problema é ver em que medida, na passagem da profecia mais ou menos religiosa ao projeto político, a visão do processo histórico de realização e das características da nova ordem tornou-se mais madura. Ou seja, com uma linguagem um pouco diferente e com referência à construção da sociedade pós-capitalista: em que medida chegou ao fim "a evolução do socialismo da utopia à ciência" de que falava Engels no final do século XIX?

Todas as grandes revoluções, mais precisamente todos os grandes ciclos revolucionários, passaram por uma fase mais ou menos religiosa. Pensemos em particular na Primeira Revolução Inglesa e nos seguidores da "quinta monarquia", uma sociedade que teria sido desprovida e não teria necessidade de normas jurídicas, devido ao fato de que os indivíduos teriam sido esclarecidos e se permitiriam ser guiados pela graça divina. Ou pense-se na ambição da Revolução Francesa de lançar um novo calendário, datando eventos a partir do ano da salvação, identificado, porém, não mais no nascimento de Cristo,

---

[32] Karl Marx e Friedrich Engels, *Werke*, cit., v. 7, p. 354.
[33] Antonio Gramsci, *Quaderni del carcere* (Turim, Einaudi, 1975), p. 882.

mas no advento da República Francesa, com a qual finalmente terminou – segundo as palavras que acompanharam o projeto de reforma do calendário – "a era vulgar, era da crueldade, da mentira, da perfídia, da escravidão". Ou mesmo, para olhar para fora da Europa e do Ocidente, tenhamos em mente a revolução que abalou a China em meados do século XIX, inspirando-se no cristianismo e agitando o motivo messiânico do advento do "Reino da Paz Celestial" perpétua.

Para compreender as expectativas enfáticas e mais ou menos messiânicas suscitadas pelos grandes movimentos revolucionários, vale a pena relembrar uma lição de método de Engels, que, ao fazer um balanço das revoluções na Inglaterra e na França, observou:

> Para que pudessem ser asseguradas ao menos aquelas conquistas da burguesia que estavam maduras e prontas para serem colhidas, era necessário que a revolução ultrapassasse seu propósito [...] Parece que essa é uma das leis da evolução da sociedade burguesa.[34]

Não há razão para não se aplicar essa lição de método às revoluções a que Marx e Engels se referiram e ao movimento revolucionário do qual foram intérpretes e inspiradores. Pode-se mesmo dizer que quanto mais um movimento revolucionário tem suas raízes nas camadas mais profundas das massas populares, mais ele se inclina a expressar esperanças de redenção que, desapontadas e frustradas ao longo dos séculos, tendem a assumir tonalidades particularmente enfáticas e de alguma forma messiânicas. Precisamente por isso, depois de derrubar o antigo regime, para construir uma nova ordem relativamente estável, todo grande movimento revolucionário deve atravessar um processo de aprendizagem fastidioso e cheio de contradições. Nesse sentido, Hegel[35] podia escrever que, pondo fim a um período de inconclusiva exaltação religiosa e pseudorrevolucionária e oferecendo uma saída política a uma obra de longos anos, Cromwell demonstrava que bem "sabia o que era governar": saber governar significava estar em condições de conferir conteúdo concreto a ideais que, por grandes e nobres que fossem, todavia não se tinham concretizado. Ou, para usar uma linguagem diferente, mas ainda derivada de

---

[34] Karl Marx e Friedrich Engels, *Werke*, cit., v. 22, p. 301.
[35] Georg Wilhelm Friedrich Hegel, *Vorlesungen über die Philosophie der Weltgeschichte* (Leipzig, Meiner, 1919-20), p. 896-7.

Hegel[36], o processo de aprendizagem e o ser capaz de governar são a passagem da negação indeterminada, que imagina a nova ordem a ser construída como o totalmente Outro – uma representação própria das religiões de salvação – à "negação determinada" que recoloca a transformação revolucionária no terreno da história e da ação política concreta.

O MESSIANISMO DO TOTALMENTE OUTRO

O movimento comunista procurou escapar do messianismo do totalmente Outro, sem conseguir, no entanto, completar a operação. Não houve um acerto de contas definitivo nem com o populismo nem com o messianismo. Já chamei a atenção para o nexo existente entre os dois fenômenos, ambos expressões imaturas da exigência de redenção das classes e povos oprimidos, inclinados, pelas condições objetivas em que vivem ou que são obrigados a sofrer, a imaginar a nova ordem como a negação abstrata e não dialética do ordenamento existente: o tradicional desprezo das classes dominantes pelos humildes e pelos pobres é revertido na transfiguração dos humildes e dos pobres e no desprezo reservado à comodidade, ao bem-estar, à riqueza como tal; enquanto tudo que de uma forma ou de outra pode perpetuar a dominação, a opressão, o poder, a hierarquia em todas as suas formas parece destinado a ser engolido pelo nada. Ambos os aspectos da nova ordem imaginada e desejada são o resultado de uma negação abstrata e não dialética. Quanto ao primeiro aspecto, o novo se reduz a muito pouco: a condição de escassez se generaliza e é (ou deveria ser) bem aceita por todos; estamos às voltas com o populismo. No tocante ao segundo aspecto, pelo menos na aparência a mudança é radical, mas é tão radical que o ordenamento jurídico-político, ao invés de conhecer uma mudança e uma transformação, limita-se a desaparecer de uma vez por todas; estamos diante do messianismo.

Vimos Bloch abandonar-se, na primeira edição de *Espírito da utopia*, à expectativa messiânica da "transformação do poder em amor", que era, na realidade, um desaparecimento de "tudo aquilo há de perverso no homem", um desaparecimento do poder, do interesse privado e das normas e instituições destinadas a conter e regular um e outro. Na segunda edição de seu livro, Bloch exclui essas passagens exaltadas, mas isso não significa que ele proceda a um acerto de contas com o messianismo.

---

[36] Ibidem, *Werke in zwanzig Bänden* (Frankfurt, Suhrkamp, 1969-79), v. V, p. 49.

E tampouco o faz o movimento comunista em seu conjunto. Na União Soviética, até a véspera de seu colapso, o partido governante continuou a pregar à exaustão e com credibilidade reduzida a zero o catecismo da extinção do Estado, da nação, da religião etc. Ao fazer isso, referia-se a Marx e Engels; com efeito, neles não está ausente a tendência messiânica que, no entanto, acentuou-se fortemente no movimento comunista a partir da experiência apocalíptica da Primeira Guerra Mundial. Ao zombar dos anarquistas e dos "antiautoritários" e para refutar sua "cruzada" contra o "princípio da autoridade" enquanto tal, Engels recorre a argumentos que, de fato, minam a tese da extinção do Estado. Ele dá o exemplo de um navio em perigo de naufrágio e cuja salvação depende da "obediência instantânea e absoluta de todos à vontade de um". O artigo "Sobre a autoridade" que aqui cito prossegue desta maneira: "Quando apresentei argumentos semelhantes aos mais furiosos antiautoritários, eles não souberam responder mais do que isso: 'Ah! Isso é verdade, mas aqui não se trata de uma autoridade que damos aos delegados, mas de *uma atribuição!*' Esses senhores acreditam que mudam as coisas quando lhes mudam os nomes". Contudo, em uma mera mudança de nome também faz pensar a transição (na qual consiste a esperada extinção do Estado) do poder político para funções puramente administrativas; tanto mais que é o próprio Engels quem observa que existe uma autoridade e mesmo um "despotismo independente de qualquer organização social", como o demonstra, além do exemplo do navio, a realidade concreta do funcionamento da grande indústria e dos serviços públicos do Estado moderno[37].

A propósito do problema que estou analisando, pode-se surpreender em Engels um sintoma de perplexidade ainda mais significativo. Em 1884, ao alertar para os graves perigos inerentes ao processo de militarização em curso, observa: "basta considerar nossa Europa atual, na qual a luta de classes e a concorrência conquistadora elevaram o poder público [*die öffentliche Macht*] a um nível que ameaça engolir [*verschlingen*] toda a sociedade e até mesmo o Estado"[38]. Aqui, o desaparecimento do Estado, o seu engolfamento por um poder monstruoso que não é propriamente o Estado e que parece exprimir-se diretamente pela sociedade civil, longe de ser visto como uma promessa, assoma

---

[37] Karl Marx e Friedrich Engels, *Werke*, cit., v. 18, p. 305-7.
[38] Ibidem, v. 21, p. 166. [ed. bras.: Friedrich Engels, *A origem da família, da propriedade privada e do Estado*: em conexão com as pesquisas de Lewis H. Morgan, trad. Nélio Schneider, São Paulo, Boitempo, 2019, p. 158]

como um pesadelo. Essas nuances e oscilações desaparecem no período em que o comunismo está sob os efeitos mais ou menos imediatos da tragédia da Primeira Guerra Mundial. Em *O Estado e a revolução*, depois de ter reproduzido na íntegra a passagem que acabamos de citar, Lênin a resume e de fato a emenda da seguinte maneira: "um poder estatal voraz 'ameaça engolir' todas as forças da sociedade"[39]. Com efeito, aqui Engels se expressa de forma obscura. No entanto, se devidamente investigada, essa passagem pode lançar luz sobre um fenômeno muito interessante. Existem situações em que o Estado pode atuar como freio, ainda que parcial, à violência ilimitada desencadeada pela sociedade civil: para dar apenas um exemplo, nos Estados Unidos da *white supremacy* foi a sociedade civil hegemonizada por racistas brancos que desencadeou a caça aos negros, não raro retirados da prisão por uma multidão enfurecida e, portanto, privados da justiça estatal e submetidos a torturas e linchamentos encenados como justiça popular e extralegal. No entanto, no clima de (justa) indignação com a carnificina da Primeira Guerra Mundial e com aqueles Molochs sanguinários em que se converteram os Estados envolvidos no conflito, não havia espaço para distinções e argumentos muito sutis.

Pode-se fazer uma consideração geral: Marx e Engels por vezes falam de "extinção do Estado no atual sentido político", outras vezes de "extinção do Estado" enquanto tal; durante muito tempo, o movimento comunista do século XX adotou exclusivamente a segunda fórmula, que é a claramente messiânica[40]. Trata-se de uma utopia que, sob certas condições objetivas, pode se transformar em seu contrário, como ocorre no transcurso do século XX, a partir de uma dialética brilhantemente prevista e descrita por Marx e Engels no decorrer de sua polêmica contra o anarquismo: levado ao extremo, o antiautoritarismo, que inviabiliza qualquer decisão segundo regras gerais e baseadas no consenso e no controle democrático, acaba por favorecer o exercício do poder arbitrário por uma pequena minoria; o autodenominado "antiautoritarismo" é, assim, transformado em "comunismo de caserna"[41].

Uma dialética análoga pode se desenvolver também para a questão nacional: Marx advertiu contra o universalismo ou internacionalismo abstrato, que pode muito bem se transformar em um exaltado chauvinis-

---

[39] Vladimir Ilyich Lênin, *Opere complete* (Roma, Editori Riuniti, 1955-70), v. 25, p. 370.
[40] Domenico Losurdo, *Antonio Gramsci dal liberalismo al "comunismo critico"* (Roma, Gamberetti, 1997), p. 185-7.
[41] Karl Marx e Friedrich Engels, *Werke*, cit., v. 18, p. 425.

mo; sim, a "negação das nacionalidades" e sua assimilação a "preconceitos ultrapassados" pode significar, na verdade, a pretensão de "sua absorção" por uma presumida "nação-modelo"[42]. Partindo dessas considerações e preocupações, Engels destacou: há nações (aquelas oprimidas) que "não apenas têm o direito, mas também o dever de serem nacionais antes mesmo de internacionais"[43]; mais precisamente, seu internacionalismo se expressa na promoção das lutas pela libertação nacional.

No entanto, durante anos a Internacional Comunista se apresentou como um "partido bolchevique mundial" que talvez tivesse até mesmo à sua disposição um "Exército Vermelho proletário", ele próprio mundial[44]: não se questionava sobre o perigo de que esse exaltado internacionalismo, que olhava com desdém para as fronteiras e identidades nacionais como "preconceitos ultrapassados", pudesse levar à celebração e à consagração de uma "nação-modelo" (para usar sempre a linguagem de Marx).

O MESSIANISMO DA EXPECTATIVA

Às vezes, em vez de prefigurar um futuro de conteúdos mais ou menos determinados, o messianismo se manifesta como uma expectativa indeterminada do totalmente Outro. A figura emblemática dessa segunda forma de messianismo é representada por Walter Benjamin. Para entendê-lo, é necessário fazer uma introdução. No "socialismo científico", a passagem da utopia à ciência é garantida por duas reviravoltas históricas ou por duas revoluções de naturezas diversas. A revolução política e em particular o ciclo revolucionário francês de 1789 a 1871, da derrubada do Antigo Regime à Comuna de Paris, mostraram que as novas ideias de emancipação podiam avançar concretamente graças à ação política de forças sociais reais. Por sua vez, a Revolução Industrial e o consequente desenvolvimento das forças produtivas deram ímpeto e plausibilidade ao projeto de realização de uma nova ordem político-social baseada em uma distribuição mais equitativa, mas também e em primeiro lugar em um rápido e incessante aumento da riqueza social: tornava-se possível acabar de uma vez por todas com a miséria e a escassez, bem como com a exploração e a opressão. Contudo, que sentido poderia ter pensar em emancipação referindo-se

---

[42] Ibidem, v. 31, p. 228-9.
[43] Ibidem, v. 35, p. 271.
[44] Domenico Losurdo, *La lotta di classe*, cit., p. 158-62. [ed. bras.: *A luta de classes*, cit., p. 171-5]

à "ciência" em uma época em que as vitórias militares do Terceiro Reich e a escravidão de povos inteiros se sucediam e em que cada vez mais ameaçadora se perfilava ao horizonte a sombra da "solução final"? Em 1940, e antes de encontrar voluntariamente a morte para escapar de seus perseguidores, Walter Benjamin alertava com suas *Teses sobre o conceito da história*: a Revolução Industrial e a Revolução Política não convergiam para a realização de um projeto global de emancipação[45]. Os "progressos na dominação da natureza" e na "exploração da natureza" (dos quais se beneficiavam também, e talvez em primeiro lugar, a Alemanha hitleriana e sua formidável máquina de guerra) podem andar de mãos dadas com assustadores "retrocessos na organização da sociedade". Em todo caso, fazia-se necessário romper com o "historicismo" e libertar-se da ilusão, que tivera consequências desastrosas, de "nadar a favor da corrente" da história (Teses 11 e 16). Não, recuperando a dimensão do "tempo messiânico" e de alguma forma valorizando o messianismo judaico, era necessário perceber que "cada segundo" é "a pequena porta pela qual o Messias poderia entrar" (Tese 18).

A crítica do evolucionismo positivista foi a razão condutora do pensamento e da ação de Lênin, que denunciava a impotência ou, pior, a acomodação da Segunda Internacional ao chauvinismo imperante na ocasião da Primeira Guerra Mundial. E, precisamente ao denunciar essa catástrofe, Bukhárin, também expressando a orientação do grupo dirigente bolchevique como um todo, havia chamado a atenção para o fato de que, no contexto do capitalismo, o progresso tecnológico alimentava uma "horrível fábrica de cadáveres"[46]. Por sua vez, Benjamin endereçava explicitamente a sua polêmica contra a "social--democracia" e o "marxismo vulgar" (Tese 11); quando denunciou a "escola" evolucionista, tão intoxicada pela beleza do futuro inevitável que perdeu de vista os terríveis desafios do presente, a escola na qual a classe trabalhadora havia desaprendido "tanto o ódio quanto a vontade de sacrifício" (Tese 12) certamente não pensava sobre o movimento comunista.

No entanto, a contraposição positiva do messianismo ao evolucionismo é tudo menos convincente, também porque surgiu de um equilíbrio histó-

---

[45] Walter Benjamin, "Tesi di filosofia della storia", em *"Angelus Novus": saggi e frammenti* (Turim, Einaudi, 1982 [1940]). [ed. bras.: "Sobre o conceito da história", em *Obras escolhidas*, v. 1: *Magia e técnica, arte e política: ensaios sobre literatura e história da cultura*, trad. Sergio Paulo Rouanet, São Paulo, Brasiliense, 1987]

[46] Ver neste volume, p. 36-7.

rico incompleto em termos de espaço e tempo. Se não no Ocidente, pelo menos fora dele, movimentos gigantescos de inspiração abertamente messiânica desenvolveram-se nas décadas anteriores. Já sabemos da revolução Taiping que eclodiu na China em meados do século XIX inspirada pelo cristianismo, que clamava pelo advento de um reino eterno de paz e justiça. E bem, naquela ocasião o messianismo (de origem cristã) desempenhou um papel positivo ou negativo? O movimento de que estamos falando foi animado pela "consciência de fazer saltar o *continuum* da história" que, segundo Benjamin (Tese 13), caracteriza as autênticas "classes revolucionárias no momento de sua ação" e que não por acaso impulsiona a Revolução Francesa a introduzir "um novo calendário". Também os Taiping introduziram um novo calendário. Hong Xiuquan proclama o ano de 1851 como Ano I do Reino da Paz Celestial. Infelizmente, a expectativa messiânica de um mundo completamente novo, sem relação com o velho mundo de injustiça, privilégio, libertinagem e pecado, resultou em uma das maiores tragédias da história universal[47]. Considerações similares podem ser feitas sobre a grande revolução anticolonial que cerca de duas décadas depois eclodiu no Sudão de hoje e que foi liderada por Mahdi, o Messias da tradição islâmica chamado a fazer reinar até o fim dos tempos o bem e a paz. Na China, a redenção aconteceu graças a um partido comunista que soube evitar o evolucionismo e o messianismo; no Oriente Médio, o martírio do povo palestino e a tragédia geral do mundo islâmico são caracterizados pela oscilação entre confiar (evolucionismo) na benevolência do Ocidente e seu país líder e o abandono à persistente visão messiânica do retorno do Profeta ou pelo menos do Califado em última análise por ele fundado.

Olhando bem, o messianismo desempenhou um papel importante também na Europa, mais exatamente na Revolução Russa. Estimulado pela opressão czarista e sobretudo pelo horror do primeiro conflito mundial, manifestou-se com força já na ocasião da Revolução de Fevereiro: saudando-a como uma Páscoa de ressurreição, os círculos cristãos e setores importantes da sociedade russa dela esperavam uma completa regeneração, com o surgimento de uma comunidade intimamente unida e com a dissolução da divisão entre ricos e pobres, e até mesmo do roubo, da mentira, do jogo, da blasfêmia, da embriaguez[48]. Como sabemos, o messianismo não desapareceu com o advento dos bolcheviques no

---

[47] Ver neste volume, p. 162-4.
[48] Orlando Figes, *La tragedia di un popolo: la Rivoluzione Russa 1891-1924* (Milão, Tea, 2000 [1996]), p. 434.

poder. Posteriormente, foi pelo menos em certa medida ultrapassado; os sonhos de regeneração universal, total e indeterminada foram substituídos, em meio a erros de todos os tipos e conflitos trágicos, pela obra de construção da sociedade pós-capitalista, e foi essa construção que então permitiu bloquear de uma vez por todas o avanço triunfal do nazismo desesperadamente denunciado por Benjamin pouco antes de sua morte: "E esse inimigo não tem cessado de vencer" (Tese 6).

Todavia, em nossos dias, o eco duradouro do horror do nazifascismo, a tortuosa e trágica história do "socialismo real" e sua subsequente derrota na Europa oriental parecem restaurar a relevância da visão de Benjamin. Faz-nos pensar nela a expectativa do "evento" (*événement*) revolucionário e de algum modo salvador que está no centro do pensamento de um corajoso filósofo comunista francês. O "evento" é pensado em contraposição à objetividade histórica e ao processo histórico: "evento contra o estado de coisas" significa também "eternidade contra a História"[49]. Também nesse caso, como no de Benjamin, não faltam os ecos religiosos. O advento e a difusão do cristianismo têm de alguma forma um valor paradigmático: "No cerne do cristianismo, há esse evento, situado [*situé*, inserido em um contexto espaço-temporal bem determinado] e exemplar, que é a morte do filho de Deus na cruz"[50]. O evento que prenuncia o comunismo – Žižek acrescenta – é como o *Deus absconditus* [Deus oculto] de Pascal, que só se revela a quem o procura e já está amparado pela fé.

Infelizmente, como a expectativa do Messias, a expectativa do Evento (comunista) tem também um caráter formal, pode ser preenchida com os mais diversos conteúdos. O Evento pode ser apontado na "insurreição na Praça Tahir", lida por Žižek "como um sinal do futuro comunista"[51]. No entanto, a insurreição que em 2011 derrubou a autocracia de décadas de Hosni Mubarak no Egito tem a tendência profana, ou seja, complexa e contraditória, das outras revoluções: ao momento da unidade espontânea, que caracteriza a derrubada do antigo regime, segue-se primeiro o aprofundamento e depois a explosão das contradições internas do bloco revolucionário. É um confronto que por

---

[49] Alain Badiou, *Il secolo* (Milão, Feltrinelli, 2006 [2005]), p. 182. [ed. bras.: *O século,* trad. Carlos Felício da Silveira, Aparecida, Ideias & Letras, 2007, p. 246-7]
[50] Ibidem, *L'être et l'événement* (Paris, Seuil, 1988), p. 235. [ed. bras.: *O ser e o evento*, trad. Maria Luiza X. de A. Borges, Rio de Janeiro, Zahar/Ed. UFRJ, 1996, p. 173]
[51] Slavoj Žižek, *Un anno sognato pericolosamente* (Milão, Ponte alle Grazie, 2013 [2012]), p. 166-8. [ed. bras.: *O ano em que sonhamos perigosamente*, trad. Rogério Bettoni, São Paulo, Boitempo, 2012, p. 130]

enquanto resultou no estabelecimento de uma ditadura militar. Por que razões a "insurreição na Praça Tahir" deve ser interpretada como uma espécie de data sagrada no calendário comunista?

Falando em uma conferência presidida por Badiou e Žižek, um grupo de participantes evocou um "evento no sentido mais forte e filosófico do termo" que iluminou a segunda metade do século XX: o surgimento e a afirmação do *Solidarność* [Solidariedade] na Polônia que – temos a certeza – no início foi um movimento autenticamente comunista, precisamente por isso oposto ao prevalecente "comunismo de Estado"[52]. Não são explicadas as razões da evolução subsequente que levou o *Solidarność* a apoiar o neoliberalismo internamente e as intervenções soberanas do Ocidente e da OTAN no plano internacional, mas esse não é o ponto mais importante. Naquela conferência, outros poderiam ter apontado o Evento por excelência nesse ou naquele acontecimento em um canto ou outro do mundo, por exemplo na *perestroika* de Gorbachev ou na ascensão de Deng Xiaoping ao poder na China, que estava começando a libertar centenas de milhões de pessoas da fome, cumprindo assim as promessas de redenção que acompanharam e iluminaram as décadas de luta heroica travada pelo Partido Comunista Chinês. O messianismo, por um lado, é afetado pelo formalismo e, por outro lado, corre o risco de cercar com uma aura sacra um acontecimento histórico soberana e arbitrariamente identificado como o Evento por excelência*.

Totalmente atravessado pela condenação da violência (e mesmo do poder como tal) e pelo distanciamento da ilusão da violência como um "meio para os fins justos", o texto juvenil [de Benjamin], *Crítica da violência*, de 1920-1921, termina com uma homenagem à "pura violência divina". Seu modelo seria constituído pelo "julgamento de deus sobre a tribo de korah", o rebelde um tanto aristocrático que, segundo o relato bíblico (Números, 16), contesta a orientação de Moisés e é engolido, junto com sua tribo e seus bens, por um abismo que se abre na terra. A celebração da "violência imediata pura", da "violência pura ou

---

[52] Goldex Poldex, "L'événement dans la chambre froide: le Carnival de Solidarność (1980-1981), explosion de l'imaginaire politique", em Alain Badiou e Slavoj Žižek, *L'idée du communisme*, v. ii (Paris, Lignes, 2011 [1981]), p. 106-8.

* Aqui, no arquivo original, há um espaço entre este parágrafo e o próximo, significando que Losurdo provavelmente pretendia dizer algo mais, talvez até sobre o Evento, antes de retornar a Benjamin. (N. E. I.)

divina", da violência "aniquiladora"⁵³, é bastante preocupante, mas é uma forma de fuga, teológica e messiânica, de uma situação em que tudo é violência, e violência em cujo contexto é difícil ou impossível fazer distinções significativas.

AH, SE BADIOU TIVESSE LIDO TOGLIATTI!*

Depois do "fim da história" e ainda mais do movimento comunista e do marxismo, por algum tempo precipitadamente proclamado pelos vencedores da Guerra Fria, hoje assistimos a um renascimento do interesse por Marx e da ideia de comunismo. Infelizmente, trata-se de uma retomada e de um resgate que não se preocupa em fazer um balanço histórico e ignora por completo o processo de aprendizagem que ocorreu de forma fastidiosa e incompleta no movimento comunista. Já muito difícil devido à situação objetiva (a devastação da Primeira Guerra Mundial, a guerra civil e a intervenção estrangeira, uma situação internacional cheia de perigos), o problema da passagem do estado de exceção à normalidade e à progressiva transformação, em sentido democrático, do Estado resultante da Revolução de Outubro, tornou-se ainda mais complicado ou impossível pela expectativa da extinção do Estado e do poder político como tal. Era necessário aprovar uma nova Constituição e uma nova ordem legislativa, mas aqui estavam os socialistas revolucionários e os círculos influenciados pelo anarquismo proclamando que "a lei é o ópio do povo"⁵⁴ e que "Constituição é uma ideia burguesa"⁵⁵. Dadas essas premissas, por um lado, qualquer tentativa de regulamentação legal e constitucional foi marcada como uma traição à ideia original e um retrocesso em direção ao antigo regime; por outro lado, no esforço de enfrentar a emergência, era fácil justificar qualquer medida, por mais radical ou terrorista que fosse. A experiência trágica da guerra total e do papel de Moloch sanguinário desempenhado pelos Estados empenhados no conflito reforçara poderosamente as tendências anárquicas, e

---

[53] Walter Benjamin, "Per la critica della violenza", em *"Angelus Novus"*, cit., p. 5 e 26-7. ["Crítica da violência - crítica do poder", em *Documentos de cultura, documentos de barbárie: escritos escolhidos*, São Paulo, Cultrix, 1986, p. 173]

[*] O título é idêntico ao de um tópico presente em Domenico Losurdo, *Il marxismo occidentale: come nacque, come morì, come può rinascere* (Roma-Bari, Laterza, 2017), p. 155-9 [ed. bras.: *O marxismo ocidental: como nasceu, como morreu, como pode renascer*, trad. Ana Maria Chiarini e Diego Silveira, São Paulo, Boitempo, 2018, p. 174-9], mas o texto é diferente. (N. E. I.)

[54] Ernst Bloch, *Naturrecht und menschliche Würde* (Frankfurt, Suhrkamp, 1961), p. 253.

[55] Em Edward Hallett Carr, *La rivoluzione bolscevica* (4. ed., Turim, Einaudi, 1964 [1950]), p. 168.

estas por sua vez tornavam cada vez mais difícil, senão impossível, adquirir os pontos fortes da tradição liberal-democrática. Verificava-se uma dialética pela qual o estado de exceção (provocado pela guerra) radicalizava a utopia do desaparecimento do Estado e do poder enquanto tal, e essa utopia abstrata fez-se ainda mais rígida posteriormente e tornou instransponível o estado de exceção.

No entanto, interveio rapidamente um processo de aprendizagem, mesmo que incompleto e desdobrado não em um nível teórico geral, mas principalmente na prática ou nos julgamentos sobre os desenvolvimentos concretos da Rússia Soviética. Já em 7 de junho de 1919, Gramsci homenageou Lênin e os bolcheviques não como protagonistas de um processo destinado a levar à extinção do Estado, mas como o "maior estadista da Europa contemporânea" e "uma aristocracia de estadistas que nenhuma outra nação possui"[56]: eles tiveram o mérito de salvar o Estado e a nação da catástrofe e da dissolução anárquica causada pela guerra e pela ignorância das classes dominantes.

Alguns anos mais tarde vemos o próprio Lênin, na última fase da evolução de sua vida, voltar a atenção ao problema de como promover a extinção do Estado junto com a tarefa de "melhorar nosso aparato estatal", de proceder à "edificação do Estado", na construção de um aparato estatal "verdadeiramente novo, que mereça de fato o nome de socialista, de soviético". Foi uma tomada de consciência acompanhada de um importante alerta. Negligenciar a tarefa de construir um novo Estado significava, em última análise, perpetuar ou prolongar a sobrevivência do antigo aparelho de estado czarista: "Devemos eliminar todos os vestígios do que a Rússia czarista e seu aparato burocrático e capitalista deixaram em tão ampla medida como herança ao nosso aparato". Ou seja, dir-se-ia em outra linguagem: demorar-se na ideia da extinção do Estado favoreceria a transformação da utopia em distopia[57].

Cerca de uma década depois, Stálin atribuía ao Estado soviético a função de reprimir a contrarrevolução e o crime comum em nível doméstico e de defender o país em nível internacional. Ele listou uma "terceira função, o trabalho de organização econômica e o trabalho cultural e educacional dos órgãos de nosso Estado"*.

---

[56] Antonio Gramsci, *L'Ordine Nuovo, 1919-1920* (Turim, Einaudi, 1987), p. 56-8.
[57] Domenico Losurdo, *Antonio Gramsci dal liberalismo al "comunismo critico"*, cit., p. 189-90.
* Ibidem, *Stalin: storia e critica di una leggenda nera* (Roma, Carocci, 2008), p. 64-9. [ed. bras.: *Stalin: história crítica de uma lenda negra*, trad. Jaime A. Clasen, Rio de Janeiro, Revan, 2010, p. 65-70] (N. E. I.)

Como se pode ver, na Rússia Soviética, a prática do governo logo significou um adeus à ideia da extinção do Estado. Isso é ainda mais verdadeiro para um país como a República Popular da China, que não teve atrás de si a experiência apocalíptica da Primeira Guerra Mundial. Em setembro de 1954, Mao Tsé-Tung convocou a luta para "construir um grande Estado socialista"[58]. Cerca de dois anos depois, ele chegou ao limite de criticar a ideia da extinção do Estado, mesmo em um nível mais teórico:

> Os órgãos de nosso Estado são os órgãos da ditadura do proletariado. Nós tomamos os tribunais, eles servem para manter a contrarrevolução sob controle, mas não têm essa tarefa exclusivamente, eles têm que dirimir muitas disputas que surgem entre o povo. Aparentemente, ainda serão necessários tribunais daqui a dez mil anos, porque mesmo após a eliminação das classes haverá contradições entre o que é avançado e o que é atrasado, ainda haverá brigas e querelas entre os homens, ocorrerão desordens de todo tipo: sem tribunais para onde as pessoas se dirigiriam? Porém, a luta terá mudado de natureza, será diferente da luta de classes. Até os tribunais mudarão de natureza.[59]

Não se fala aqui do Estado enquanto tal, mas dos "tribunais", a propósito dos quais afirma-se de modo explícito que "são órgãos de nosso Estado" e, como tais, continuarão a subsistir mesmo "daqui a dez mil anos".

Ao contrário de certas interpretações superficiais difundidas no Ocidente, nem mesmo a Revolução Cultural agitou a ideia da extinção do Estado, pois de fato aquela fora lançada com o objetivo de afirmar a ditadura do proletariado e, portanto, o poder de Estado da classe revolucionária também sobre o nível cultural. Nas palavras do Relatório ao IX Congresso Nacional do PCCh, lido por Lin Piao, mas redigido por Mao ou sob sua direção, tratava-se de "retomar aquela parte do poder usurpada pela burguesia, exercendo a total ditadura do proletariado na superestrutura, incluindo todos os setores da cultura"[60]. É verdade, porém, que Mao se afastou da tese da extinção do Estado de forma mais radical e quase explícita nos anos em que se comprometeu a distinguir

---

[58] Mao Zedong, *Rivoluzione e costruzione: scritti e discorsi 1949-1957* (Turim, Einaudi, 1979), p. 170.
[59] Ibidem, p. 451.
[60] Lin Piao, *Rapporto al IX Congresso Nazionale del Partito Comunista Cinese* (Pequim, Casa Editrice in Lingue Estere, 1969), p. 30.

as "contradições intrínsecas ao povo"* daquelas antagonísticas, ou seja, nos anos em que se preocupou em restringir ao máximo o alcance da repressão.

É célebre a brilhante análise que faz Marx da dialética que se desenvolveu no momento mais crítico da Revolução Francesa: correndo o risco de ser esmagada pela reação interna e pela agressão dos poderes do Antigo Regime, ela só poderia se salvar apelando ao entusiasmo das massas e ao espírito de sacrifício dos cidadãos, e mediante intervenções enérgicas na esfera da propriedade privada, que todavia continua a ser considerada inviolável, assim como sagrado e inviolável continua a ser proclamado o "interesse privado" do indivíduo. Em síntese, pode-se formular este juízo sobre a Revolução Francesa do período jacobino: "Sua práxis revolucionária está em flagrante contradição com sua teoria [...] Mas a práxis é apenas a exceção, e a teoria é a regra"[61].

Não menos aguda, mas de caráter diverso, é a contradição entre teoria e práxis que se manifesta na Revolução de Outubro (e, em menor medida, nas outras revoluções que reivindicaram o socialismo e o comunismo). A teoria da extinção do Estado viu-se em crise pela exigência imposta pela práxis de pôr fim ao processo de balcanização da Rússia, de derrotar a reação interna [e] a intervenção das potências contrarrevolucionárias, de consolidar e ampliar a base social de consenso mediante a viabilização de um processo de realização do Estado de direito e da democratização das novas instituições do Estado. Infelizmente, o fracasso em chegar a um acordo com a teoria da extinção tornou isso muito mais difícil na prática.

Prolongado, incerto e não ausente de oscilações foi o processo de aprendizagem. Na história do "socialismo real", o problema do Estado de direito, do *rule of law*, começa a emergir somente muito mais tarde, com a alçada de Deng Xiaoping à direção da China, depois de uma Revolução Cultural, esta também movida pela convicção do caráter "formal" e escassamente significativo da liberdade liberal[62]. Nos partidos comunistas mais maduros do Ocidente, a elaboração foi mais longe. Pode-se fazer referência aqui à polêmica mencionada entre Togliatti e Bobbio. Como sabemos, muito mais do que por sua estreiteza, que abstraía as necessidades materiais e econômicas, a liberdade liberal foi duramente criticada por suas cláusulas de exclusão (em

---

* Domenico Losurdo, *La lotta di classe*, cit., p. 255-7. [ed. bras.: *A luta de classes*, cit., p. 270-2] (N. E. I.)
[61] Karl Marx e Friedrich Engels, *Werke*, cit., v. 1, p. 366-7.
[62] Deng Xiaoping, *Selected Works* (Pequim, Foreign Languages Press, 1992-25), v. III, p. 166-7.

detrimento dos povos coloniais em particular). Quanto ao resto, o dirigente comunista [Togliatti] enfatizou que "direitos de liberdade e direitos sociais" haviam se tornado "patrimônio" do movimento comunista[63]. Obviamente, o momento e as modalidades de realização de um e de outro dependiam da situação concreta e da maior ou menor aspereza do conflito no plano doméstico e internacional; mas, no plano estratégico, não se tratava de forma alguma de fazer uma escolha entre um e outro.

Abstraindo completamente esse instrutivo capítulo da história, Badiou desenvolve um hino à "extinção do Estado" e à "transição para o não Estado"[64]. Entretanto, sem um Estado, sem a norma legal e a administração da justiça, sem aqueles "tribunais" cuja existência e permanência foram invocadas e previstas por Mao Tsé-Tung, como é possível garantir a liberdade do indivíduo? A resposta a esse problema é desconcertante: "A justiça é mais importante do que a liberdade"[65], "a justiça é o objetivo" da "política revolucionária clássica", começando a partir dos "grandes jacobinos de 1792" dos "nossos grandes ancestrais jacobinos"[66]. Poderíamos suspirar: ah, se Badiou tivesse lido Togliatti e seu elogio aos "direitos da liberdade" e também aos "direitos sociais"! Se no plano filosófico representa uma regressão, no plano historiográfico essa posição dá provas de notável desenvoltura. Os jacobinos escassamente interessados na causa da liberdade? No final do século XVIII, os "jacobinos negros", com o apoio dos próprios jacobinos que governavam Paris, foram os protagonistas de uma das maiores batalhas pela liberdade da história universal: derrubaram a escravidão e o domínio colonial ao mesmo tempo; e posteriormente defenderam essas conquistas derrotando o poderoso exército enviado por Napoleão.

Não muito diferente de Badiou argumenta Žižek, que condena "os Estados do socialismo realmente existente" pelo fato de serem Estados e por terem traído o comunismo que "é antiestatal por definição"[67]. No entanto, esse antiestatis-

---

[63] Ver neste volume, p. 76.
[64] Alain Badiou, "L'hypothèse communiste", em *Circonstances*, tomo 5 (Paris, Lignes, 2009), p. 195. [ed. bras.: *A hipótese comunista*, trad. Mariana Echalar, São Paulo, Boitempo, 2012, p. 141]
[65] Ibidem, *La relation énigmatique entre philosophie et politique* (Paris, Germina, 2011), p. 38.
[66] Ibidem, p. 40 e 42.
[67] Slavoj Žižek, "L'idée du communisme comme universel concret", em Alain Badiou e Slavoj Žižek, *L'idée du communisme*, cit., p. 309.

mo enfático resulta na celebração da "violência divina". Claro, é um motivo caro a Walter Benjamin. Os exemplos mais modernos de "violência divina" aduzidos por Žižek são "o Terror Revolucionário de 1792 a 1794" e "o Terror Vermelho de 1919..."[68]. É uma violência inevitável porque é imposta por uma situação trágica: em ambos os casos há uma escolha entre a violência do antigo regime e a agressão das potências contrarrevolucionárias, por um lado, e, por outro lado, a violência da revolução e da defesa nacional. No entanto, é uma violência "divina"? Qualquer que seja o significado atribuído ao adjetivo, ele corre o risco de reduzir a uma bagatela a negatividade e o horror inerentes ao substantivo. Atribuir à violência um caráter divino não é a melhor maneira de estimular sua limitação e cessação o mais rápido possível. Além disso, essa atribuição favorece uma leitura maniqueísta do conflito, e isso [é] completamente enganoso no plano da reconstrução histórica e totalmente inadmissível no que diz respeito ao julgamento moral: pode muito bem ser considerado inevitável e legítimo "o Terror Revolucionário de 1792-1794", mas isso não significa que estamos autorizados a estender esse julgamento a todos os atos desse Terror, como seríamos de alguma forma forçados a fazer se falássemos de "violência divina", que por definição exclui o momento do acidental, do excesso, da arbitrariedade individual.

Em conclusão: a ideia da extinção do Estado, à qual continua agarrada a "esquerda radical", deveria ser o antídoto para a violência que manchou o comunismo do século XX; caso contrário, ela agora abre as portas para uma "violência divina" que já era incapaz em Benjamin de proceder a distinções e limitações.

A ausência de um balanço histórico, a vontade de proceder como se nunca tivesse existido um movimento comunista com seus erros, com suas tragédias, mas também com seu rico processo de aprendizagem, tudo isso é apenas fonte de catástrofes. Isso não se aplica apenas ao problema do Estado e sua extinção. Peguemos a questão nacional. Vimos Marx e Engels enfatizarem como o internacionalismo enérgico, mas abstrato, pode muito bem se transformar no chauvinismo da "nação-modelo". Agora vamos ler como a "esquerda radical" de nossos dias argumenta: é necessária "uma força política proletária ou popular diretamente internacional. Retomamos aqui um ponto original de Marx que devemos absolutamente reconstituir. O limite nacional das

---

[68] Ibidem, *In difesa delle cause perse* (Milão, Ponte alle Grazie, 2009 [2008]), p. 203. [ed. bras.: *Em defesa das causas perdidas*, trad. Maria Beatriz de Medina, São Paulo, Boitempo, 2011, p. 172]

revoluções do século XX foi uma das grandes fragilidades da ideia comunista"[69]. Impõe-se, em vez disso, um "internacionalismo radical": "chegou a hora de sermos subjetivamente militantes planetários"[70]. Gostaríamos que fosse uma posição nova e original. Na realidade somos levados a pensar em um capítulo da história da Terceira Internacional Comunista, que em seus primeiros anos de vida, não tendo ainda se dado conta da questão nacional, se definiu como um "partido bolchevique mundial", como se as diferenças entre as nações e as próprias identidades nacionais tivessem desaparecido. Na visão do filósofo francês, os "militantes planetários" tomam o posto dos militantes do "partido bolchevique mundial", mas sem sequer interrogar-se sobre as razões pelas quais estes últimos passaram, a partir de certo ponto, a prestar maior atenção às questões nacionais e a acertar contas com o "niilismo nacional" posto sob acusação por Dimitrov em 1935 por ocasião do VII Congresso (o último) da Terceira Internacional Comunista. Aqueles foram os anos em que, lançado como foi na colonização e na escravização do Leste Europeu, o nazismo tornou a questão nacional mais aguda mesmo fora do mundo colonial propriamente dito. Mais ou menos na mesma época, a partir do cárcere, Gramsci convidou--nos a não perder de vista uma verdade essencial: um comunista deve saber como "purificar o internacionalismo de todos os elementos vagos e puramente ideológicos" para ser "profundamente nacional"[71].

Era uma grande lição. E, no entanto, décadas depois, na União Soviética, Leonid Brejnev erguia-se como o defensor da teoria segundo a qual, pelo menos no "campo socialista", o estreito princípio de respeito pela soberania nacional havia sido superado de uma vez por todas pelo internacionalismo proletário e comunista. Foi uma tese que de fato consagrou o direito da União Soviética à intervenção "fraterna" nesse ou naquele país "irmão"; e novamente, com base na dialética já brilhantemente analisada por Marx, o suposto internacionalismo foi revertido em chauvinismo de grande potência. Logo após a dissolução do "campo socialista" e da União Soviética, Fidel Castro chegava a essa conclusão: "Nós socialistas cometemos o erro de subestimar a força do nacionalismo e da religião"[72].

---

[69] Alain Badiou, "Le socialisme est-il le réel dont le communisme est l'idée?", em Alain Badiou e Slavoj Žižek, *L'idée du communisme*, cit., p. 20.

[70] Ibidem, p. 22.

[71] Antonio Gramsci, *Quaderni del carcere*, cit., p. 866 e 1.729.

[72] Arthur M. Schlesinger Jr., "Four Days with Fidel: A Havana Diary", *The New York Review of Books*, 26 mar. 1992, p. 25.

É preciso ter em mente que a própria religião pode ser um momento essencial na construção da identidade nacional, como aconteceu, por exemplo, na Polônia, que foi a primeira a se rebelar contra a "nação-modelo" soviética.

Badiou não está sozinho ao argumentar da maneira como vimos. No início de nosso século, dois livros escritos a quatro mãos encontraram uma fortuna extraordinária, nos quais podemos ler a tese segundo a qual no mundo de hoje uma burguesia substancialmente unificada em nível planetário enfrentaria uma "multidão" também unificada pelo desaparecimento das barreiras estatais e nacionais[73]. Porém, é interessante como se comportou um dos dois autores durante a guerra contra a Iugoslávia:

> Devemos reconhecer que essa não é uma ação do imperialismo estadunidense. Na verdade, é uma operação internacional (ou, na verdade, supranacional). E seus objetivos não são guiados pelos limitados interesses nacionais dos Estados Unidos: na verdade, ela visa proteger os direitos humanos (ou, na verdade, a vida humana).[74]

Assim era legitimada uma guerra desencadeada sem a autorização do Conselho de Segurança da Organização das Nações Unidas (ONU). E é apenas nos Estados Unidos e no Ocidente que esse direito soberano é reconhecido: o presumido teórico do internacionalismo acabou revelando-se um campeão do chauvinismo estadunidense (e ocidental).

Retornar ao "socialismo utópico"? Uma empreitada quixotesca

Precisamente como expressão de classes e povos situados em posição privilegiada ou dominante, o liberalismo é amplamente imune ao populismo e ao messianismo; nesse sentido, os movimentos de emancipação social e nacional podem e devem aprender com ele, mas, obviamente, não para renegarem a si próprios, e sim para alcançar maior maturidade e eficácia. Porém, depois das tragédias do século XX e da derrota sofrida pelo socialismo no Leste Europeu,

---

[73] Michael Hardt e Antonio Negri, *Impero*, cit., e *Moltitudine: guerra e democrazia nel nuovo ordine imperiale* (Milão, Rizzoli, 2004). [ed. bras.: *Império*, cit., e *Multidão: guerra e democracia na era do império*, trad. Clóvis Marques, Rio de Janeiro, Record, 2004]

[74] Michael Hardt, "La nuda vita sotto l'Impero", *Il manifesto*, 15 maio 1999.

não são poucas as vozes que nos convidam a retornar à utopia e, portanto, a nos apegar a uma tradição de pensamento que é afetada tanto pelo messianismo (imagina-se um futuro luminoso absolutamente livre de contradições e conflitos), quanto pelo populismo (livrando-se do Estado e das superfluidades políticas e tendo a oportunidade de se expressar em sua excelência moral espontânea, o povo pode finalmente construir um reino de paz e justiça). São convites que nos impelem a seguir o caminho, então teorizado e estimulado por Engels, do socialismo utópico ao socialismo científico.

O primeiro passo deve ser o repúdio ao Estado e ao poder como tal, fonte de contaminação da qual se deve manter distância. É uma abordagem comum a movimentos de massa, como o dirigido no México pelo Subcomandante Marcos, e a filósofos famosos: hoje em dia, goza de grande sucesso um livro que já no título convida-nos a "mudar o mundo sem tomar o poder"[75]. De tal visão participa de algum modo Badiou, que, com um suspiro de alívio, saúda "o colapso do comunismo estatal"[76], e Žižek, que nutre ternura pelos que exigem a "abolição do Estado"[77].

É uma pena que mesmo nesse caso esteja completamente ausente uma questão que deveria ser elementar e inevitável: no decorrer da história conseguiram melhores resultados e tiveram menores custos sociais e humanos as experiências socialistas realizadas a partir de baixo e, pelo menos aparentemente, por fora do Estado e em polêmica com ele? Antes de respondê-la, deve-se notar que a distinção entre socialismo ou "comunismo estatal" e socialismo ou comunismo não "estatal" não é de forma alguma óbvia e sem necessidade de ser explicada, como poderia parecer à primeira vista. Tome-se a grande insurreição de que já nos ocupamos: na China, os Taiping se insurgem contra o poder da dinastia Manchu, mas, por sua vez, nos territórios conquistados gradativamente, eles se constituem como um Estado contraposto ao existente. O socialismo do qual eles são os protagonistas dirige-se contra o Estado (a derrubar) sendo ao mesmo tempo "de Estado" (aquele em vias de edificação);

---

[75] John Holloway, *Cambiare il mondo senza prendere il potere: il significato della rivoluzione oggi* (Roma, Carta, 2004 [2002]). [ed. bras.: *Mudar o mundo sem tomar o poder: o significado da revolução hoje*, trad. Emir Sader, São Paulo, Boitempo, 2003]

[76] Alain Badiou, *Second manifeste pour la philosophie* (Paris, Flammarion-Champs, 2010), p. 112.

[77] Slavoj Žižek, *In difesa delle cause perse*, cit., p. 258. [ed. bras.: *Em defesa das causas perdidas*, cit., p. 212]

é um socialismo que toma forma, por um lado, a partir de baixo e, por outro, a partir de cima. Olhando bem, essa foi a característica do socialismo chinês pelas duas décadas que precederam a conquista do poder em escala nacional por obra do Partido Comunista. O que diferencia o período Taiping (1851-1864) e a primeira fase da China maoísta (1928-1949) não é, desse modo, a ausência ou a presença do Estado. Podemos no mínimo falar no primeiro caso de socialismo utópico e no segundo de socialismo científico (mais atento que o primeiro em identificar e atrair para si as forças sociais e políticas capazes de apoiar a revolução e conduzi-la à vitória). Vejamos agora como concretamente se posicionam os Taiping. São os campeões da defesa do princípio da igualdade (mesmo entre homens e mulheres) e "constituem um regime comunitário no qual ninguém possui bens próprios, no qual o indivíduo está estritamente enquadrado, no qual, após a supressão de qualquer comércio privado, as necessidades indispensáveis aos indivíduos são asseguradas pela coletividade, no qual o poder tem base teocrática". "É uma teocracia que, ao mesmo tempo que lança reformas corajosas e incisivas, afeta impiedosamente todos aqueles que continuam a se entregar ao luxo e ao consumo supérfluo (não só de ópio, mas também de tabaco e álcool), à vida sexual licenciosa (prostituição, homossexualidade, adultério), à heresia e à idolatria no plano religioso. Se a plataforma rigidamente igualitária [provoca] "a hostilidade dos médios e pequenos proprietários", o zelo puritano corrói ainda mais a base social do consenso, tanto mais que os dirigentes revolucionários, mais expostos às tentações pelo exercício do poder, não logram estar à altura das rígidas normas impostas por eles[78].

Muito diferente é a orientação que inspira na China o governo das áreas "libertadas", isto é, controladas pelo Partido Comunista, antes mesmo da fundação da República Popular da China: o comércio proibido pelos Taiping está agora sendo desenvolvido ao máximo, a fim também de quebrar o cerco decretado por Chiang Kai-shek[79]; coexistem as mais diversas formas de propriedade (privada, cooperativa, pública); Mao polemiza ferozmente contra o que chama de "igualitarismo absoluto". Esses são problemas que tratarei de forma

---

[78] Jacques Gernet, *Il mondo cinese: dalle prime civiltà alla Repubblica popolare* (Turim, Einaudi, 1978 [1972]), p. 514-20, e Jonathan Mirsky, "River of Fire, God's Chinese Son: The Taiping Heavenly Kingdom of Hong Xiuquan", *The New York Review of Books*, 29 fev. 1996, p. 39-42.

[79] Edgar Snow, *Stella rossa sulla Cina* (3. ed., Turim, Einaudi, 1967 [1937]).

mais ampla posteriormente*. Por enquanto, limitar-me-ei a chamar a atenção para a tragédia que levou à revolta de Taiping e à guerra civil resultante: vinte milhões de mortos! Se tivermos em mente que na China da época a população era inferior a um terço da atual, devemos concluir que a experiência do socialismo utópico, em cujo contexto a inspiração moral (e religiosa) imediata prevalece sobre o projeto político, foi talvez o capítulo mais catastrófico da história milenar do grande país asiático.

Queremos tratar apenas do socialismo utópico, que sempre esteve distante do exercício do poder? Já vimos os discípulos de Fourier se comprometerem a construir uma comunidade caracterizada pela partilha de bens e solidariedade mútua, mas, na Argélia, em terras tomadas aos árabes, expropriados, deportados e muitas vezes dizimados ou aniquilados. Provavelmente sem saber e involuntariamente, aqueles seguidores franceses do socialismo utópico foram cúmplices da política de roubo e terror implementada pelo expansionismo colonial do governo de Paris.

Infelizmente, os inimigos por princípio do socialismo ou "comunismo de Estado" nada aprenderam dessa trágica desventura. Entre eles estão dois aclamados autores da esquerda radical, que expressam seu entusiasmo sem limites pela "tradição do *kibutz*, baseada nas relações comunitárias"[80]. Sem dúvida, eram "relações comunitárias" vividas com intensidade espiritual e entrelaçadas com nobres intenções; mas elas se desenvolveram sob a bandeira de um "socialismo para o povo dos senhores" que ignorou totalmente os direitos dos árabes, despojados, marginalizados e sujeitos à limpeza étnica[81]. Os seguidores da "tradição do *kibutz*" não eram, de modo substancial, diferentes dos seguidores de Fourier em solo argelino: em ambos os casos, o socialismo utópico, que supostamente brota espontânea e livremente de certos setores da sociedade civil, acaba por não se revelar melhor do que o desprezado socialismo ou "comunismo de Estado".

---

* Isso não acontece: com toda a probabilidade, esses são os temas confiados ao quarto capítulo de acordo com o primeiro índice do volume. Conforme já especificado na Introdução, esse capítulo não está presente no arquivo digital nem na cópia impressa (anterior à última versão do arquivo). (N. E. I.)

[80] Michael Hardt e Antonio Negri, *Questo non è un manifesto* (Milão, Feltrinelli, 2012), p. 66. [ed. bras.: *Declaração: isto não é um manifesto*, trad. Carlos Szlak, São Paulo, n-1, 2014, p. 93]

[81] Ver neste volume, p. 82-6.

Além disso, ainda não nos colocamos a questão essencial: existe realmente um socialismo ou comunismo que não seja "de Estado"? O socialismo promulgado pelos discípulos de Fourier ou pelos sionistas organizados nos *kibutzim* foi construído em terras reivindicadas pelos árabes graças à violência do Estado. Era, portanto, um socialismo de Estado; para ser exato, era um socialismo construído graças a um Estado engajado no expansionismo colonial, enquanto o protagonista do socialismo soviético era um Estado chamado a salvar a nação da dominação semicolonial ou da escravidão colonial implacável a que estava destinada respectivamente pelo Ocidente liberal e pela Alemanha nazista.

Claro, também pode acontecer que o socialismo seja construído, pelo menos inicialmente, em oposição ao Estado existente (mas ainda com a tendência intrínseca de realizar um novo poder estatal, de se tornar o próprio Estado). Mesmo esse socialismo não é de forma alguma um antídoto para a violência e a repressão, como é confirmado com particular clareza pela experiência da Revolução Espanhola. Nesse caso, estamos perante uma violência exercida não contra os povos coloniais (os árabes), mas contra as classes abastadas. A revolta militar de 1936, desencadeada e dirigida por Francisco Franco, provocou nas camadas mais humildes da população uma "explosão cega de vingança milenar (o ressentimento acumulado em séculos de opressão)", estimulou o "terror desorganizado" proveniente de baixo e implementado "a despeito e não por causa das autoridades republicanas". Foi uma violência amplamente espontânea, na qual foram protagonistas as massas exasperadas pela miséria, pela degradação, pela humilhação infligida a elas por um período interminável de tempo. Para acender a faísca apresentou-se o "movimento anarquista", que se chocava com o poder do Estado, que visava a um coletivismo desdenhoso de qualquer forma de regulação jurídica e que sonhava com o que se pode definir como um socialismo utópico. Na mira da violência não estavam apenas as forças militares e policiais suspeitas de serem cúmplices da revolta fascista. Estavam também "os ricos, os banqueiros, os industriais e os proprietários de terras"; acima de tudo, atingido "com a maior ferocidade" foi o clero, a espinha dorsal de uma Igreja extraordinariamente rica e disposta a defender a causa da riqueza enquanto tal[82]. A recusa do Estado não parou no meio do caminho: generalizada era a crença de que "a justiça popular não precisava de advogados

---

[82] Paul Preston, *The Spanish Holocaust: Inquisition and Extermination in the Twentieth Century Spain* (Londres, Harper Press, 2012), p. XIII-XIV.

nem de juízes". Assimilados a um "ninho de víboras", os edifícios reservados à administração da justiça foram incendiados junto com os arquivos judiciais; a abertura das portas das prisões e a libertação dos presos, todos considerados vítimas de injustiças e opressões, andaram de mãos dadas com a punição dos supostos responsáveis por essa injustiça e essa opressão: "mais de cem juízes foram assassinados". A violência se desencadeava em seu imediatismo. O fato é que "os anarquistas viam a imediata aniquilação física do inimigo, sem as formalidades do processo, como a base de uma nova e revolucionária ordem utópica", de um "comunismo libertário" baseado na "abolição do dinheiro e da propriedade", bem como do Estado[83].

O mínimo que se pode dizer é que o socialismo utópico não é sinônimo de inocência. Mesmo que venha principalmente de teóricos do conservadorismo, o alerta crítico relacionado à possível conversão da utopia em distopia não deve ser descartado levianamente. No mínimo, essa advertência deve ser afirmada em todos os campos e de uma forma muito particular para a utopia cara ao imperialismo de hoje, que pretende alcançar a paz perpétua por meio de uma série de guerras, cada uma mais devastadora que a outra, nos planos material e espiritual, e a todos os arautos de novas guerras em uma escala maior. Em todo caso não pode escapar a esse alerta crítico nem mesmo o socialismo vindo de baixo, que gostaria de estar distante e protegido do Estado. Só por essa razão já é legítimo ou correto ser cético quanto à palavra de ordem do retorno ao socialismo utópico.

Elementos críticos dessa tradição de pensamento, para além de Marx e Engels, podemos retirar de Benjamin que, em suas *Teses sobre o conceito da história*, sintetiza assim os aspectos mais problemáticos do pensamento de um dos mais importantes expoentes da história do socialismo utópico:

> Segundo Fourier, o trabalho social bem organizado teria entre seus efeitos que quatro luas iluminariam a noite, que o gelo se retiraria dos polos, que a água marinha deixaria de ser salgada e que os animais predatórios entrariam a serviço do homem. (Tese 11).

Ao ler esse texto, surge uma dúvida: estamos diante de uma utopia ou de uma distopia? A consciência atual da natureza dramática da questão ecológica faz com que a gigantesca manipulação da natureza aqui proposta pareça

---

[83] Ibidem, p. 238-40, 248-9 e 259.

insensata e funesta. Em comparação com os tempos de Fourier, os avanços nas ciências naturais e as experiências históricas benéficas ou dolorosas associadas a esses avanços nos permitem traçar uma linha divisória mais precisa entre o que é alcançável e o que é inatingível, entre transformações positivas e transformações de sentido negativo. Em outras palavras, além de não ser a recuperação da inocência perdida e de ter um conteúdo um tanto vago e indefinido, a conclamação ao retorno ao socialismo utópico é uma empreitada quixotesca: não podemos voltar ao passado, em hipótese alguma podemos ser capazes de nos despojar do conhecimento científico e histórico adquirido do decurso do tempo.

O socialismo científico tem atrás de si duas revoluções ou o desdobramento total dos efeitos de duas revoluções: a Revolução Industrial (com o poderoso desenvolvimento conectado das forças produtivas) e a Revolução Política, que na França trouxe uma transformação sem precedentes das relações político--sociais. A partir daqui, era possível pensar-se na superação definitiva da miséria e da penúria das massas que, ainda para um autor como Tocqueville, eram impostas pela natureza e até mesmo pela Providência. O processo histórico concreto demonstrara que para se alcançar esse objetivo estavam disponíveis tanto o potencial produtivo (trazido à tona pela Revolução Industrial) quanto o potencial político (evidenciado pela ação política e pela intervenção das massas no curso do ciclo revolucionário francês). Após as duas revoluções (industrial e política), a emancipação radical do gênero humano passava a ser um objetivo perfeitamente realista: era necessário apenas indagar-se o tempo e a maneira do processo de emancipação. Mesmo que tenha sido uma investigação difícil e que envolveu um longo, cansativo e contraditório processo de aprendizagem e um contínuo e renovado balanço histórico das lutas gradativamente conduzidas e das experiências pouco a pouco completadas, alcançava-se a passagem do projeto emancipatório da utopia para a ciência.

O momento de crise dessa visão ocorreu entre as duas guerras mundiais. De que adiantava falar sobre socialismo científico nos anos em que o desencadeamento da guerra imperialista e depois a ascensão do nazifascismo podiam gozar do consenso das massas? A vida de Benjamin terminou de forma trágica precisamente no momento em que a análise-previsão formulada por Carl Schmitt, já na década de 1920, mostrava-se infelizmente acertada: como a vitória do fascismo na Itália demonstrou, o "mito da luta de classes" estava destinado a ser derrotado por um movimento "nacional" no qual, além da língua, cultura e tradição, "raça e linhagem" (*Rasse und Abstammung*) desempenhavam um papel essencial[84]. Enquanto triunfava a mais terrível reação, onde estava o potencial político do processo de emancipação destacado pelo ciclo revolucionário francês? E que sentido tinha falar em socialismo científico nos anos em que a Revolução Industrial parecia ter encontrado seu principal intérprete e beneficiário no Terceiro Reich, que, obtendo uma vitória após a outra, passou a escravizar povos inteiros? Precisamente em 1940, ano em que Benjamin, após ter escrito suas *Teses sobre o conceito da história*, ia ao encontro da morte, Heidegger pôde proclamar triunfantemente que os sucessos da *Blitzkrieg* de Hitler não foram nada acidentais: a vitória foi alcançada pelo país que, graças à plenitude de seu niilismo, foi mais longe do que qualquer outro na organização da "economia maquinal" e pode, portanto, aspirar a "erigir o domínio incondicionado sobre a Terra"[85]. Junto com o potencial político, desaparecera também o potencial produtivo do processo de emancipação.

É nesse contexto que a reflexão de Benjamin deve ser inserida. Suas *Teses sobre o conceito da história* destroem o socialismo científico positivista da Segunda Internacional, mas não são o retorno ao socialismo utópico e às "fantasias de um Fourier, tão ridicularizadas" (Tese 11). Estivesse ou não consciente disso o autor dessas *Teses*, não estamos perante uma fuga para um passado irremediavelmente transcorrido, mas sim frente a um desenvolvimento do processo de aprendizagem, com resultados ora convincentes, ora não. Se a trágica experiência do nazifascismo refutou o esquema evolucionário e positivista de uma vez por todas, outras experiências históricas trágicas (por exemplo, a Revolta de Taiping na China) destacaram o caráter fútil ou funesto do retorno ao "tempo messiânico" e ao messianismo. O limite de fundo do balanço histórico traçado por Benjamin é que ele leva em consideração uma área geográfica e um arco temporal muito restritos. Já tratei do primeiro ponto. Quanto ao segundo, deve-se notar que já depois de Stalingrado, Heidegger perdeu a confiança; e, nos anos em que se desenvolvia a resistência antifascista em todo o mundo, o movimento de emancipação parecia ter encontrado as forças para marchar e já não sentia necessidade de concentrar suas esperanças na repentina irrupção do Messias.

---

[84] Carl Schmitt, *Die geistesgeschichtliche Lage des heutigen Parlamentarismus* (Berlim, Duncker & Humblot, 1985 [1923; 2. ed. 1926]), p. 88-9.

[85] Martin Heidegger, "Nietzsche: Der europäische Nihilismus", em *Gesamtausgabe*, v. XLVIII (Frankfurt, Klostermann, 1975 [1940]), p. 205. [ed. bras.: *Nietzsche*, v. 2, trad. Marco Antônio Casanova, Rio de Janeiro, Forense Universitária, 2007, p. 123]

Em todo caso, com as *Teses sobre o conceito da história*, estamos imersos no processo histórico e no processo de aprendizagem, ele próprio histórico, dos tempos e modos de transformação da realidade político-social. Desse duplo processo não é possível escapar. Podemos considerar o socialismo utópico, ainda anterior à Revolução Industrial e à Revolução Política, a etapa inicial do processo de aprendizagem; mas, mesmo se quiséssemos, não poderíamos voltar ou regredir a esse estágio. Tentar fazer isso, ignorando e removendo tudo o que a Revolução Industrial e Política e séculos de história nos ensinaram, significaria não só retornar ao estágio inicial do processo de aprendizagem, mas negar esse processo como um todo. Tratar-se-ia, em última análise, de um deslize irracionalista que de forma alguma poderia ser colocado no mesmo nível das primeiras tentativas do socialismo utópico de mover-se e orientar-se em um terreno completamente desconhecido. Um adulto pode muito bem sonhar em voltar à infância, mas esse sonho seria o sinal não de seu rejuvenescimento, mas de seu envelhecimento acelerado.

Não de frescor verdejante, mas de seu oposto dá prova um socialismo que continua a embalar a utopia de um futuro sob o signo do desaparecimento de todas as contradições e de todos os conflitos e que nada aprendeu com as tentativas e as experiências reais de construção de uma sociedade pós-capitalista. Levar a sério e desenvolver o processo de aprendizagem significam também despedir-se da tese, que podemos ler em um célebre poema de Brecht, segundo a qual o comunismo é a "simplicidade difícil de fazer". É uma visão em que se percebem vestígios ou resíduos de populismo e messianismo: o bom senso, a sabedoria e a moralidade do povo são facilmente reconhecidos em um reino de justiça e paz, cuja realização só é impedida ou dificultada pela obstinação de uma pequena minoria de exploradores e opressores. Na verdade, a experiência histórica mostra que o comunismo é ainda mais difícil de ser pensado e planejado do que de ser realizado. Veremos que, após a Revolução de Outubro, sucederam-se de modo conflituoso e dramático sistemas sociais capitalistas diferentes e contraditórios entre si*. Ainda hoje, países que se referem ao socialismo como Cuba, Vietnã e sobretudo a China constituem um elemento de divisão, mais do que de unidade, para o multifacetado e disperso movimento internacional de inspiração marxista e comunista.

---

* Esta frase é um prelúdio ao conteúdo do quarto capítulo previsto no primeiro índice do volume. (N. E. I.)

A visão de Brecht também não é convincente por outro motivo. Se partirmos do pressuposto de que o socialismo e o comunismo seriam uma ideia "simples", a distância que separa as sociedades que se referiram e se referem a essa ideia e o modelo de socialismo e comunismo perseguido de tempos em tempos por cada um de nós pode ser explicada tanto pela pobreza mental dos dirigentes dessas sociedades como, mais facilmente e com mais frequência, pela sua "traição". Parece que essa categoria desfavorável, depois de ser obsessivamente usada pelas várias partes em conflito ao longo da história do comunismo do século XX, caiu em desuso. Não é assim. Quando, sem qualquer tentativa de explicação histórica, as reformas lançadas na China não só por Deng Xiaoping, mas também por um grande grupo dirigente e por um partido com uma longa militância comunista, são feitas coincidir com a restauração do capitalismo, de fato recorre-se à tese da "traição". Quando, ao analisar o ponto de inflexão na China em 1979, nenhuma referência é feita à situação objetiva (a morte do grande líder histórico tornou menos plausível do que nunca a tentativa de promover o desenvolvimento econômico por meio de apelos à mobilização e ao entusiasmo de massa) ou ao cansativo processo de aprender como construir a sociedade pós-capitalista (a coletivização em uma escala muito grande da economia havia produzido um fenômeno de descontentamento generalizado nos camponeses e desengajamento generalizado e até mesmo absenteísmo real na indústria), um vazio se abre no nível teórico que só pode ser preenchido com a categoria de "traição".

4.
O COMUNISMO COMO EVASÃO OU "MOVIMENTO REAL"

Populismo, messianismo, rebelionismo*

A liquidação sumária do socialismo com características chinesas e do socialismo de mercado é somente a demonstração mais evidente do peso que as tendências populistas e messiânicas continuam a exercer no âmbito do "marxismo ocidental libertário"**. Pense-se na atenção dirigida aos migrantes. Sendo claro, não só ela é um dever como deve ser reforçada. No entanto, fizeram péssima figura os expoentes do "marxismo ocidental libertário" que, depois de ter apoiado ou deixado passar em silêncio a destruição da Líbia e da Síria, agora comovem-se com a sorte reservada aos refugiados provenientes daqueles países. Podemos facilmente imaginar os rios de lágrimas que os populistas e certa esquerda teriam derramado se a China, depois de ter sofrido um destino semelhante ao de tantos "Estados falidos" ou forçados à falência, tivesse invadido o mundo com dezenas ou centenas de milhões de migrantes fugindo da fome e do desespero; exceto que são os mesmos populistas que em 4 de junho de cada ano comemoram

---

* No original, "*rebellismo*". Poderia ser traduzido por "insurrecionismo". No entanto, Losurdo refere-se todo o tempo aos filósofos alvo da crítica como "rebeldes", o que não é exatamente a mesma coisa que "insurgente", já que assume aqui uma carga irônica que a palavra "insurgente" não comporta. Optamos, desse modo, pelo neologismo "rebelionismo", em vez de "insurrecionismo", para que a menção aos "rebeldes" (os filósofos aqui criticados) ou à "rebeldia" por eles valorizada possa remeter diretamente ao fenômeno descrito e problematizado. (N. T.)
** Está claro que esta primeira frase está imediatamente ligada ao conteúdo do capítulo que foi depois excluído. Em todo caso, para o "marxismo ocidental libertário" a referência é Slavoj Žižek, *In difesa delle cause perse* (Milão, Ponte alle Grazie, 2009 [2008]), p. 255. (N. E. I.)

de forma acrítica e maniqueísta o "Incidente da Praça Tiananmen", ou seja, o trágico desfecho de um conflito que o Ocidente e os Estados Unidos, se não promoveram, contribuíram para exacerbar e tornar incontornável, na esperança de que se pudesse transformar o país resultante da maior revolução anticolonial da história em um "Estado falido", ou melhor, em uma série de Estados mais ou menos falidos. Vêm à mente aqueles cristãos ridicularizados por Hegel que, para poder cumprir a obrigação de fazer caridade aos pobres, precisam da permanência indefinida da condição de pobreza. Na verdade, levar a sério o auxílio aos pobres significa comprometer-se com a construção de relações sociais e instituições políticas capazes de erradicar o flagelo da pobreza de uma vez por todas. Do mesmo modo, levar a sério a causa dos migrantes certamente significa lutar contra a vergonhosa discriminação que muitas vezes sofrem nos países aonde chegam, mas também e sobretudo promover o desenvolvimento do país de onde fogem ou de onde fugiriam se suas condições econômicas e sociais não conhecessem uma melhoria significativa. Ao contrário, dir-se-ia que os populistas se comovem pelo destino dos pobres e dos migrantes somente depois que estes, após a destruição ou o empobrecimento drástico de seu país, estão condenados ao desespero!

O populismo localiza o lugar da excelência moral no mundo dos humildes e oprimidos, daqueles que estão longe do poder. Todavia, caso se tornem protagonistas de uma revolução vitoriosa, os humildes e os oprimidos deixam de sê-lo e os populistas entram em crise. Leiamos estas declarações de Hardt e Negri: "Da Índia à Argélia, de Cuba ao Vietnã, o Estado é a dádiva envenenada da libertação nacional"[1]. Sim, os palestinos podem contar com nossa simpatia; mas, a partir do momento em que "eles se institucionalizam", não se pode mais estar "ao lado deles". O fato é que, "quando a nação começa a se formar e se torna um Estado soberano, cessam suas funções progressistas". Em outras palavras: pode-se simpatizar com as lutas dos vietnamitas e dos palestinos ou de outros povos somente enquanto eles são oprimidos e humilhados; pode-se apoiar a luta de libertação nacional somente enquanto ela continua sendo derrotada! Na mesma direção vão as declarações de amor dirigidas ao socialismo e ao comunismo, desde que não sejam "de Estado", sob a condição, isto é, de que sejam expressões das classes subalternas que não o tenham conquistado e que não estejam em condição de conquistá-lo e que se resignem a permanecer

---

[1] Michael Hardt e Antonio Negri, *Impero* (Milão, Rizzoli, 2002 [2000]), p. 112 e 133. [ed. bras.: *Império*, cit., p. 151]

subalternas. A derrota ou a inconclusão de um movimento revolucionário é o pré-requisito para que os populistas possam autocelebrar-se e regozijar-se como campeões da causa dos humildes! É a mesma atitude criticada por Hegel nos cristãos, é a atitude que, para que possa se perpetuar, pressupõe na realidade a derrota da causa que declara querer defender, seja ela a dos pobres, dos migrantes, dos subalternos ou dos povos coloniais.

Por outro lado, o poder existente, mesmo aquele resultante de uma grande revolução e que é protagonista de um ambicioso processo de emancipação, parece decididamente reprovável ou, na melhor das hipóteses, irremediavelmente medíocre aos olhos de quem vive na contemplação ou na Expectativa messiânica do totalmente Outro. É por isso que o rebelionismo acaba se entrelaçando de modo inextricável com o populismo e o messianismo, por definição incapaz de se reconhecer em uma realidade política e social concreta e determinada. Mais uma vez, trata-se de uma tendência típica das classes subalternas, nesse caso sobretudo da pequena burguesia intelectual, que não tem experiência na gestão do poder e que, muitas vezes, está escassamente interessada em adquiri-la. O movimento comunista de alguma forma havia superado essa tendência, que, no entanto, após a crise de 1989-1991, voltou a se fazer fortemente presente nos autores que em nossos dias têm o mérito de reavivar e relançar a ideia revolucionária e comunista.

Badiou denuncia "a forma bestial assumida pelo militarismo estadunidense e seus servos"[2]. Embora de maneira mais titubeante, Žižek também reconhece a brutalidade da política imperialista de Washington. Acerca do Chile de Salvador Allende, ele relata a orientação de Henry Kissinger transmitida à Agência Central de Inteligência (CIA, sigla em inglês): "Façam a economia gritar de dor", e destaca como essa política continua a ser implementada contra a Venezuela "bolivariana"[3]. À denúncia do "militarismo" e do imperialismo segue-se, nos dois filósofos, um real reconhecimento das razões dos países que tentam opor resistência a isso tudo? Vejamos o soberano desprezo com que Žižek fala da China; porém, este não é seu único alvo: "a revolução 'bolivariana' da Venezuela experimenta um retrocesso cada vez maior rumo a um populismo

---

[2] Alain Badiou, *Second manifeste pour la philosophie* (Paris, Flammarion-Champs, 2010), p. 10.
[3] Slavoj Žižek, "Welcome to Interesting Times!", em Vários autores, *Revolution and Subjectivity* (Madri, Matadero, 2011 [2010]), p. 130, e *Benvenuti in tempi interessanti* (Milão, Ponte alle Grazie, 2012 [2010]), p. 85.

de caudilho"⁴. No entanto, acabamos de ver o filósofo esloveno reconhecer que os desenvolvimentos na Venezuela não são o resultado de uma evolução puramente interna. Levar em consideração o contexto internacional não significa desistir da crítica, mas torná-la concreta, em vez de reduzi-la a um exercício escolástico. Contudo, o rebelde está principalmente preocupado em afirmar sua superioridade sobre qualquer conteúdo político dado. Agindo dessa maneira, ele se professa antidogmático; na realidade, o temido e pesado dogmatismo do objeto é substituído por um evidente e sedutor dogmatismo do sujeito.

Ao mesmo resultado chegamos se passamos da política internacional à política interna. Em nome da luta contra *l'étatisme* [o estatismo] e contra qualquer forma de coerção exercida pelo Estado, Žižek não hesita em condenar a tributação progressiva, sem a qual não é possível alcançar direitos econômicos e sociais⁵. Mesmo quando polemiza contra o neoliberalismo, a "esquerda revolucionária" foge com horror da acusação ou da suspeita de compromisso com o poder do Estado e, portanto, mostra-se incapaz de travar uma luta coerente, tanto no nível ideológico como no imediatamente político, contra o desmantelamento do Estado de bem-estar social.

Nos Estados Unidos, os inimigos declarados do Estado de bem-estar social gostam de se intitular *libertarians* [libertários]. Sim, eles são "libertários" quando se trata de contestar o poder político e estatal comprometido com a introdução de tributação progressiva ou mesmo apenas com o combate à evasão fiscal. Porém, nada têm a objetar ao gigantesco poder financeiro (e político) que, por exemplo – pense-se em uma multinacional como o Walmart – proíbe a organização sindical no local de trabalho e impõe condições de trabalho servis ou semisservis. E nada têm a objetar ao poder soberano de vida e morte, exercido por meio de execuções extrajudiciais realizadas do alto por drones ou pelo desencadeamento unilateral de guerras devastadoras.

Peter Sloterdijk, filósofo que hoje se destaca pela luta contra a intolerável coerção estatal inerente à tributação progressiva e contra o *welfare state* como tal, pode ser considerado um "libertário" na versão europeia. Uma pena que ele possa se valer da simpatia ou da compreensão de Žižek. Embora lamentável, isso não é surpreendente. O culto formalista do "rebelde" não é nada estranho ao filósofo esloveno. Isso demonstra a sua polêmica contra o estatismo e o Estado

---

4   Ibidem, *Un anno sognato pericolosamente* (Milão, Ponte alle Grazie, 2013 [2012]), p. 163. [ed. bras.: *O ano em que sonhamos perigosamente*, cit. p. 129]

5   Ibidem, p. 145-7. [ed. bras.: ibidem, p. 117-8]

enquanto tal; uma prova é o próprio título de um de seus livros (merecidamente) mais famosos: *Em defesa das causas perdidas*. A figura do defensor das causas perdidas é uma outra versão da figura do "rebelde" ou do "dissidente". Depois da derrota sofrida no curso da Guerra de Secessão, os ideólogos do Sul escravista gostavam de se passar por intrépidos seguidores da *Lost Cause* [causa perdida], de uma Causa esmagada pelo poder, ainda que pelo poder industrial e militar da União, mas nem por isso menos nobre. Na verdade, mesmo que derrotados militarmente, os campeões do Estado racial conseguiram salvar o essencial de seu programa político: impuseram no Sul um regime terrorista de *white supremacy* que atingiu não apenas os negros, mas também os "amarelos"; a escravidão propriamente dita dos afro-americanos foi substituída pela semiescravidão dos *coolies* provenientes da China e da Índia; no geral, a "democracia para o povo dos senhores" celebrava seus triunfos. Era a forma de agir também cara a Nietzsche: o teórico do radicalismo aristocrático e o cantor da antiga e da "nova" escravidão recorreu ao gesto de distinção (aristocrático) de reivindicar orgulhosamente a própria "inatualidade"*, em contraposição ao poder agora exercido pela massa plebeia e vulgar; mas isso não o impediu de agitar razões muitas vezes em plena harmonia com a reação e o poder antidemocrático que se afirmava; e em total harmonia com a ideologia dominante no final do século XIX, a teorização do darwinismo social e a celebração da eugenia estiveram claramente presentes na obra de Nietzsche.

De maneira análoga, Žižek realmente escreve um livro *Em defesa das causas perdidas*, mas a esse gesto em nome de um inconformismo sedutor corresponde um conteúdo político e ideológico que vai na direção exatamente oposta. Não se trata apenas da tomada de posição que leva o filósofo esloveno a tomar partido em defesa de Sloterdijk e contra a tributação progressiva, isto é, em defesa de uma causa, em tempos de neoliberalismo triunfante, tudo menos "perdida". Nem é apenas a representação da China como um país de "capitalismo autoritário" e ferozmente antioperário: um clichê que está em perfeita harmonia com a ideologia dominante (e com a atual ideologia de guerra agitada, em particular,

---

* Domenico Losurdo, *Nietzsche, il ribelle aristocratico: biografia intellettuale e bilancio critico*, v. I, *La critica della rivoluzione dai profeti ebraici al socialismo* (Turim, Bollati Boringhieri, 2014 [2002], p. 373-7 [ed. bras.: *Nietzsche, o rebelde aristocrata: biografia intelectual e balanço crítico*, trad. Jaime A. Clasen, Rio de Janeiro, Revan, 2009, p. 357-61], e *Nietzsche, il ribelle aristocratico: biografia intellettuale e bilancio critico*, v. II, *La reazione antidemocratica: politica ed eccedenza teoretica* (Turim, Bollati Boringhieri, 2014 [2002]), p. 661-8. [ed. bras.: idem, p. 620-6] (N. E. I.)

pelo país líder do Ocidente) e que mais uma vez não tem nada a ver com as "causas perdidas"*. E mais: vimos que, em suas oscilações, o mesmo juízo sobre a Venezuela "bolivariana" às vezes nivela-se ao dos inimigos desse país, que no Ocidente são muito numerosos e, de fato, em clara situação de vantagem.

Em Marx e Engels está completamente ausente o gesto de flerte daqueles que, independentemente dos conteúdos concretos, pretendem defender "causas perdidas" ou em todo o caso "antiquadas", mas que muitas vezes acabam por assumir as razões, as certezas e até mesmo os dogmas da ideologia dominante. Uma tradição muito diferente atua por trás dos autores do *Manifesto Comunista*. De uma obra que analisou e defendeu a revolução que derrubou o antigo regime na Espanha em 1820, Hegel transcreveu em Berlim uma anotação com a qual se sentiu em perfeita sintonia: "A coragem hoje não consiste mais em atacar governos, mas em defendê-los". O governo que subiu ao poder em Madri poderia talvez ser medíocre e certamente não cumpriu todas as suas promessas, mas ainda assim era preferível à revolta reacionária e à rebelião das gangues sanfedistas**, apoiadas ou incentivadas pelos poderes do antigo regime[6].

Cerca de duas décadas depois, o jovem Marx assumiu a mesma atitude. Ainda não comunista, mas já revolucionário, dirigia a *Rheinische Zeitung*, que se autodenominava um "jornal liberal". Tratava-se, porém, de um liberalismo que não deve ser confundido de forma alguma com "liberalismo vulgar" (*gewöhnlicher Liberalismus*). Se este último, por um lado, via "todo o bem do lado dos órgãos representativos e todo o mal do lado do governo", a *Rheinische Zeitung*, por outro lado, caracterizou-se por seu esforço em analisar as relações de dominação e opressão em sua configuração concreta, sem hesitar, em certas circunstâncias, em sublinhar "a sabedoria geral do governo contra o egoísmo privado dos organismos representativos" (muitas vezes monopolizados pelas classes feudais e por uma grande burguesia ligada a elas por uma relação de aliança e mesmo de subalter-

---

* Ibidem, *Il marxismo occidentale: come nacque, come morì, come può rinascere* (Roma, Laterza, 2017), p. 146-9. [ed. bras: *O marxismo ocidental*, cit., p. 165-9] (N. E. I.)

** "Sanfedistas", conforme o dicionário do Instituto Trecanni: "1. a. No reino de Nápoles (1798-99), pertencente aos 'bandos da Santa Sé'. b. No Estado Papal após a Restauração de 1815, pertencente às seitas reacionárias que se opunham às seitas liberais. 2. Por extensão, com um tom polêmico, aqueles que se inspiram em um clericalismo fechado e reacionário". (N. T.)

[6] Domenico Losurdo, *Hegel e la Germania: filosofia e questione nazionale tra rivoluzione e reazione* (Milão, Guerini-Istituto Italiano per gli Studi Filosofici, 1997), p. 344-51.

nidade); ao contrário do "liberalismo vulgar", longe de lutar "unilateralmente contra a burocracia", Marx não teve dificuldade em reconhecer os méritos da luta que esta travou contra a "tendência romântica" ou romântico-feudal[7]. Em sentido oposto, foi o primeiro Bismarck que mirou a burocracia, na verdade a "onipotência burocrática", a seus olhos responsável por impor o "nivelamento" (isto é, atacar o privilégio feudal), por alimentar "tendências jacobinas" e até mesmo por acalentar o sonho de uma espécie de "democracia vermelha"[8]! Se compararmos o grande revolucionário e o futuro chanceler de ferro, foi antes este último que assumiu posturas antiburocráticas e rebeldes.

Da Alemanha passemos agora para a Inglaterra dos anos em que se desenvolveu a luta operária pela redução e regulamentação jurídica e estatal da jornada de trabalho. Junto ao reconhecimento do papel positivo que, pressionado pela luta dos trabalhadores, o Estado poderia desempenhar, ainda que controlado pelas classes exploradoras, apresentava-se no Marx maduro o reconhecimento do papel positivo que a burocracia poderia ter na contenção do poder excessivo agora não mais dos barões feudais, mas dos senhores capitalistas. *O capital* traçou um retrato admirado de um funcionário estatal que era particularmente escrupuloso ao exigir o cumprimento dos *Factory Acts*:

> ocupando o cargo de inspetor, ou melhor, "censor de fábricas" até 1859, prestou um serviço inestimável à classe trabalhadora inglesa. Ao longo de toda sua vida, Horner travou uma luta não só contra os ferozes fabricantes, mas também contra os ministros, para quem os "votos" dos fabricantes na Câmara Baixa tinham muito mais importância do que o número de horas que a "mão de obra" trabalhava nas fábricas.[9]

Não muito diferentemente de Bismarck, por outro lado, posicionaram-se os capitalistas ingleses, que – sempre *O capital* a destacá-lo – "denunciaram os inspetores de fábricas como uma espécie de comissários da Convenção" Jacobina[10]. E, novamente, no confronto entre o grande revolucionário e os capitalistas ingleses,

---

[7] Karl Marx e Friedrich Engels, *Werke* (Berlim, Dietz, 1955-89), supl. 1, p. 424.
[8] Domenico Losurdo, *Hegel e la Germania*, cit., p. 598-603.
[9] Karl Marx e Friedrich Engels, *Werke*, cit., v. 23, p. 238, nota 32. [ed. bras.: Karl Marx, *O capital: crítica da economia política*, Livro I: *O processo de produção do capital*, trad. Rubens Enderle, São Paulo, Boitempo, 2013, p. 300, nota 32]
[10] Ibidem, v. 23, p. 301. [ed. bras.: ibidem, p. 356]

foram estes que recorreram à retórica antiestatal e antiburocrática e assumiram posturas rebeldes, mesmo que para defender o despotismo patronal na fábrica e a escravatura assalariada em suas formas mais cruas. De fato, Marx os define como "os rebeldes pró-escravidão" (*Proslavery-Rebellen*), protagonistas de "uma rebelião pró-escravidão" (*Proslavery-Rebellion*), semelhante à que os Estados Unidos assistiu dos donos de escravos do Sul contra um governo que eles temiam ter o poder de colocar em discussão a liberdade de propriedade sobre o gado humano[11].

Mesmo no contexto de uma sociedade dividida em classes, não é determinado que o poder esteja do lado do mal e a oposição do lado da razão. Nas palavras de Engels, também existem "revoluções pelo alto"[12] ou reformas progressivas conduzidas de cima, ambas frequentemente implementadas para responder à pressão popular e até mesmo para prevenir uma possível revolução vinda de baixo. É essa complexidade do processo histórico e do conflito social que escapa ao populista.

À luz de tudo isso pode-se compreender a análise que mais tarde desenvolveu Gramsci sobre o "subversivismo reacionário". A Mussolini, que chegara ao fascismo e que, no entanto, continuava a se gabar de ter sido um seguidor de Blanqui e um rebelde e "herege" expulso da "Igreja ortodoxa" do socialismo, em um artigo de 22 de junho de 1921, o líder do Partido Comunista Italiano respondeu distinguindo a posição de Blanqui do "subversivismo de Mussolini", agora clara e exclusivamente reacionário, mas acrescentando: enquanto "teoria social do golpe de mão", de cega rebelião, o "blanquismo, em sua materialidade, pode hoje ser subversivo, amanhã reacionário, mas nunca revolucionário"[13]. Mais tarde, nos *Cadernos do cárcere*, destacava: não obstante as aparências ultrarrevolucionárias, "as frases de 'rebelionismo', de 'subversivismo', de 'antiestatismo' primitivo e elementar" são em realidade expressões de "apoliticismo", e portanto de evasão da realidade do conflito social e de substancial renúncia a modificar o que existe. Contrariamente ao que gosta de pensar o rebelde, "escassa compreensão do Estado significa escassa consciência de classe". Na melhor das hipóteses, a rebeldia e o antiestatismo por princípio podem estimular um "subversivismo" popular, incapaz de produzir um novo ordenamento político-social; por vezes, podem acabar pavimentando o caminho para um "subversivismo pelo alto"

---

[11] Ibidem, v. 23, p. 302 e 305. [ed. bras.: ibidem, p. 357 e 360]

[12] Ibidem, v. 7, p. 517.

[13] Antonio Gramsci, *Socialismo e fascismo: "l'Ordine Nuovo", 1921-1922* (Turim, Einaudi, 1966), p. 205-6.

das classes dominantes[14], a exemplo daquele de Mussolini, que vimos posar de impávido "herege", pronto a desafiar qualquer "Igreja ortodoxa".

Como o rebelionismo se converte em seu contrário

O "rebelde" é uma categoria totalmente formal, que pode assumir conteúdos políticos diversos e opostos. São válidas as considerações que fiz em outras ocasiões a respeito da figura do "dissidente"*. Se necessário, a ideologia dominante, por um lado, apresenta-o como o militante intrépido que evita qualquer contaminação com o poder e que não hesita em desafiá-lo; faz-se silêncio, por outro lado, sobre o fato de que o "dissidente" pode visar e ser incitado a visar um poder estatal que por sua vez é "dissidente" frente a um poder planetário muito mais poderoso e perturbador. Tomemos um expoente da oposição pró-Ocidente em Cuba: é certamente um "dissidente" com respeito ao poder em vigor em seu país, mas que por sua vez é "dissidente" com respeito ao poder exercido pelos Estados Unidos em um nível planetário e, de forma particularmente rigorosa, na América Latina. Se se critica a pena de prisão infligida ao primeiro "dissidente", com mais razão se deve criticar a tentativa de silenciar o segundo "dissidente" por meio da invasão armada da ilha e do assassinato de seu líder. Na Líbia, em 2011, deveriam ser corretamente considerados "rebeldes" ou "dissidentes" aqueles que se levantaram contra Gaddafi e alcançaram a vitória apenas graças ao apoio fornecido pelo aparato militar mais gigantesco da história, ou Gaddafi e seus aliados, protagonistas de uma revolução anticolonial e há muito condenados à morte pelo Ocidente e pela nação que eles ousaram desafiar? Claro, a coisa toda foi encenada como uma cruzada em defesa dos direitos humanos, mas hoje sabemos que essa cruzada resultou em muito, muito mais vítimas do que o "genocídio" que cinicamente se alegou prevenir. Sem mencionar o fato de que a guerra terminou com o terrível linchamento de Gaddafi e o grito desrespeitoso de triunfo da senhora Clinton: "Viemos, vimos, ele morreu!" (*we came, we saw, he died!*)[15]. E, no entanto, essa barbárie clara e implacavelmente colonial pôde valer-se, senão da cumplicidade, pelo menos do silêncio dos supostos "rebeldes"

---

[14] Ibidem, *Quaderni del carcere* (Turim, Einaudi, 1975), p. 326-7 e 2.108-9.

* Domenico Losurdo, *La sinistra assente: crisi, società dello spettacolo e guerra* (Roma, Carocci, 2014), p. 202-4. [ed. bras.: *A esquerda ausente: crise, sociedade do espetáculo, guerra*, trad. Maria Lucília Ruy, São Paulo, Anita Garibaldi/Fundação Mauricio Grabois, 2020, p. 263-6] (N. E. I.)

[15] Ibidem, p. 28-30. [ed. bras.: ibidem, cit., p. 55-8]

ocidentais, determinados a não se posicionar contra outros supostos "rebeldes" e dispostos a endossar ou tolerar uma infame guerra neocolonial, para não parecer cúmplices de um poder estatal (e além do mais ditatorial).

Em nossos dias, no Ocidente, não há intelectual mais "rebelde" ou mais "dissidente" do que Žižek. Pelo menos à primeira vista. Na realidade, rebelionismo e dissidência acabam por evaporar-se rapidamente se colocamos em confronto a ideologia dominante e a visão do filósofo esloveno. O balanço histórico por ele traçado do século que se passou não deixa espaço para dúvida: sob os olhos de todos "foi o fracasso do projeto comunista a característica marcante do século XX", assim como "as catástrofes resultantes do movimento comunista no século XX"[16]. Está tudo tão claro assim? Certamente não faltam autores que, embora distantes do movimento comunista, reconheçam a contribuição que ele deu para a construção do Estado de bem-estar no Ocidente. É um detalhe de pouca relevância? A liquidação do sistema colonial mundial com certeza não é: não seria concebível sem o movimento comunista e o "apoio soviético a nível ideológico e mesmo militar" fornecido aos povos coloniais em revolta e que "tornava a repressão muito custosa"[17]. É um capítulo da história ignorado e removido pela ideologia dominante, mas que acaba emergindo da análise de um importante estrategista estadunidense, outrora membro de relevo da administração Carter. Bem, em comparação com o catecismo da ideologia dominante, é mais "rebelde" ou "dissidente" Žižek ou Brzezinski?

O primeiro continua, destemido:

Não foram o fascismo e o stalinismo os monstros gêmeos do século XX, o primeiro a emergir das tentativas desesperadas do velho mundo de sobreviver, e o segundo de um esforço mal concebido de construir um novo?[18]

É um mistério como se pode colocar no mesmo plano, de um lado, a persistência do "velho mundo" do capitalismo, da pilhagem, dos massacres coloniais e das guerras imperialistas, e, de outro lado, o "esforço mal concebido" de deixar esse horror para trás. Essas duas grandezas completamente heterogêneas não só estão colocadas no mesmo nível, mas são assimiladas a ponto de se

---

[16] Slavoj Žižek, *Benvenuti in tempi interessanti*, cit., p. 53 e 83.
[17] Zbigniew Brzezinski, *Strategic Vision: America and the Crisis of Global Power* (Nova York, Basic Books, 2012), p. 14 e 34.
[18] Slavoj Žižek, *Benvenuti in tempi interessanti*, cit., p. 125.

configurarem como dois "monstros gêmeos", por definição indistinguíveis ou difíceis de distinguir. Retomando e radicalizando a tradição colonial, Hitler propõe explicitamente escravizar os eslavos, mas acaba sendo derrotado por Stálin, que desde o início alertou sobre os perigos da subjugação colonial que pairavam sobre a Rússia Soviética. Por mais numerosos e sérios que sejam os crimes cometidos pelo líder soviético, os dois antagonistas podem realmente ser considerados "monstros gêmeos"? Colonialismo e anticolonialismo, escravidão e antiescravidão resultam intercambiáveis. Com a mesma lógica, teremos também que considerar "monstros gêmeos" Toussaint L'Ouverture e Charles Leclerc, o protagonista da épica revolução anticolonialista e antiescravista de Santo Domingo-Haiti e o comandante do poderoso exército francês, empenhado em restabelecer na ilha a subjugação colonial e a escravidão.

A teoria dos "monstros gêmeos" reproduz com clareza a doutrina de Estado do "antitotalitarismo", que, ao mesmo tempo em que assimila os antagonistas de um capítulo decisivo da história do século XX, afasta o fato de um deles, Hitler, referir-se constantemente à tradição colonial do Ocidente e, tomando a Grã-Bretanha e os Estados Unidos como modelo, olhou para a Europa oriental como o lugar para construir as "Índias Germânicas" ou como o novo *Far West* a limpar dos "índios" ou "indígenas" e onde construir um império colonial de tipo continental.*

Ao menos Žižek vai contra a corrente ao ler a China antes das reformas de Deng Xiaoping, às quais às vezes parece querer homenagear e que, em todo caso, é repetida e positivamente contraposta à China de hoje? Precisamente no livro *Em defesa das causas perdidas* podemos ler sobre "a impiedosa decisão" de Mao "de deixar 10 milhões de pessoas morrerem de fome no final da década de 1950"[19]. Quando me deparei com essa afirmação pela primeira vez, fiquei um pouco perplexo: a tradução italiana era imprecisa ou muito enfática? Nada disso, mesmo o original era inequívoco: *"Mao's ruthless decision to starve tens of millions to death in the late 1950s"*[20]. Nem mesmo *O livro negro do comunismo* chega a esse ponto! Claro, não se cansa de afirmar e reiterar que o "Grande Salto" foi um desastre, de proporções mais colossais que as fomes, ainda que

---

* A partir daqui, Domenico Losurdo continua escrevendo com uma fonte diferente da normalmente usada. Mantivemos tudo no corpo do texto, indicando início e fim. (N. E. I.)

[19] Slavoj Žižek, *In difesa delle cause perse*, cit., p. 212. [ed. bras.: *Em defesa das causas perdidas*, cit., p. 178]

[20] Ibidem, *In Defense of Lost Causes* (Londres-Nova York, Verso, 2009 [2008]), p. 169.

catastróficas, que marcaram a história do grande país asiático, mas reconhece que o "objetivo de Mao não era o de matar em massa seus compatriotas"[21].*

Enquanto isso, a doutrina de Estado do Ocidente continuou em seu esforço implacável para transformar em uma pilha de sangue e lama cada capítulo da história daquele grande movimento emancipatório que foi o comunista. E é essa doutrina de Estado que realmente é retomada pelo filósofo esloveno. Muito mais cauteloso é Helmut Schmidt que, em polêmica com o jornalista que o entrevista, sublinha o caráter não intencional da tragédia a que o Grande Salto conduz.**

Se houve alguém que tomou a "decisão" de condenar milhões de pessoas à morte de fome, deveria ser procurado não em Pequim, mas em Washington, deveria ser buscado no círculo daqueles que, a um país e a um povo já atormentado pelo flagelo da fome, impuseram um embargo que visava explicitamente ser o mais devastador possível. Resta ainda o fato de que, para defender Mao de alguma forma, para tomar distância de uma calúnia infame e sem sentido, que no entanto agora se elevou a dogma da religião estatal anticomunista do Ocidente, apresentou-se o ex-chanceler da República Federal da Alemanha e não o filósofo rebelde, que se curvou a esse dogma sem problemas. Pode-se assim fazer-se uma consideração geral. Contra o país nascido da maior revolução anticolonial da história, os Estados Unidos conduzem uma campanha que, para além do nível político, diplomático e militar, se desenvolve também no plano cultural: trata-se de desacreditar a República Popular da China em toda a sua evolução, idealmente pendurando Mao no galho do Grande Salto e Deng no da Praça Tiananmen e do "autoritarismo". Procede Žižek de modo diferente?

Voltemos aos nossos dias. Em 12 de junho de 2009, no Irã já fustigado pela *cyberwar* [guerra cibernética] criada pelos Estados Unidos e por Israel e onde

---

[21] Jean-Loius Margolin, "Cina: una lunga marcia nella notte", em Stéphane Courtois et al., *Il libro nero del comunismo: crimini, terrore, repressione* (Milão, Mondadori 1998 [1997]), p. 456.

* Termina aqui a parte com fonte diferente daquela utilizada como padrão no corpo do texto. (N. E. I.)

** A partir daqui, Domenico Losurdo segue com fonte diferente do padrão. A essa passagem, que excluímos do corpo e reportamos a seguir, se pode dar o valor de anotação: "Este, eu acrescentaria, mesmo que tenha lançado mão de um voluntarismo fora da realidade, tinha a intenção de libertar o grande país asiático da tragédia (escassez endêmica, fomes recorrentes e mortes por inanição em grande escala) que lhe foi infligida em primeiro lugar pela agressão colonial e pelo 'século das humilhações' e que continuou a ser alimentada pelo implacável embargo decretado pelos Estados Unidos". (N. E. I.)

os cientistas envolvidos no projeto nuclear ou mais amplamente na indústria militar eram vítimas frequentes de atentados nem tão misteriosos, tinham lugar as eleições presidenciais. Estas não tiveram os resultados esperados por Washington e Bruxelas, que imediatamente denunciaram a "fraude eleitoral". O presidente brasileiro Lula, entre outros, colocou essa acusação em dúvida e a ridicularizou. O próprio *The Washington Post* reconhecia que não havia nenhuma prova que sustentasse a tese da fraude: assim, tudo levava à conclusão de que era autêntica a "clara vitória" obtida pelo presidente em exercício, Ahmadinejad. De fato, as projeções divulgadas às vésperas das eleições pela agência *Reuters* atribuíam-lhe uma vantagem ainda mais clara do que a efetivamente alcançada[22]. Nenhuma dúvida, portanto, salvo as de Žižek, que assume que foi uma eleição "manipulada" e expressa sua lástima pelo "espetáculo mais triste" oferecido pela "esquerda" de orientação diferente da sua[23]. Mas por que era legítimo (ou obrigatório) questionar a honestidade e a sinceridade dos líderes iranianos, mas não dos líderes ocidentais? Por que estavam acima de qualquer suspeita exatamente aqueles que em sua cruzada contra o governo de Teerã nem mesmo hesitaram em recorrer ao terrorismo?

Agora saltemos cinco anos para nos ocuparmos dos protestos que, a partir da ocupação de caráter paramilitar da Praça Maidan em Kiev, em fevereiro de 2014, levaram ao cobiçado *regime change* na Ucrânia, promovido pelos Estados Unidos e pela União Europeia, também presentes fisicamente, com líderes políticos proeminentes, que, por um lado, intimidam o governo legítimo, ameaçando-o com pesadas sanções políticas e econômicas, e, por outro, encorajam e incitam os revoltosos. Novamente nos deparamos com um paradoxo: se Žižek elogia os "heróis" da Praça Maidan, analistas ocidentais menos conformistas não têm dificuldade em falar sobre um golpe de Estado orquestrado primeiro em Washington. Pode-se ler em uma prestigiosa revista italiana de geopolítica que foi "graças à habilidade da CIA, ao trabalho de organizações não governamentais (ONGs) amigáveis e à agressão financeira" (até mesmo "George Soros, um conhecido banqueiro de Wall Street, admite ter tido uma importante influência sobre Maidan") que os Estados Unidos conseguiram "provocar a derrubada do governo eleito e obter a instalação em Kiev de um

---

[22] Anthony Dimaggio, *When Media Goes to War* (Nova York, Monthly Review Press, 2009), p. 293.
[23] Slavoj Žižek, *Un anno sognato pericolosamente* (Milão, Ponte alle Grazie, 2013 [2012]), p. 87-8. [ed. bras.: *O ano em que sonhamos perigosamente*, cit., p. 71-2]

oligarca mais ou menos filoamericano". E não se trata apenas disso: "No dia 16 de abril, o diretor da CIA, John Brennan, chega à capital ucraniana para se encontrar com os líderes das Forças Armadas e visitar as instalações destinadas aos 007 estadunidenses na sede da inteligência ucraniana [...] May Hunter Biden, filho do vice-presidente Joe, junta-se ao conselho de administração da maior empresa privada de hidrocarbonetos da Ucrânia, a Burisma Holdings, levando consigo Devon Archer, ex-consultor do Secretário de Estado John Kerry"[24]. Expansão geopolítica e enriquecimento pessoal e familiar andam lado a lado.

Agora vale a pena trazer duas vozes particularmente significativas. A primeira é do ex-embaixador italiano em Moscou: não só ocorreu um golpe de Estado em Kiev, mas um golpe de estado que além de engolir a Ucrânia, visa o coração da Rússia[25]. A segunda voz é a de um general reformado, que ocupou cargos muito importantes (entre outras coisas, foi Chefe do Estado-Maior do Comando da OTAN para o Sul da Europa). Depois de reiterar a tese do golpe em Kiev, apoiada em análises bem documentadas, a partir dos acontecimentos na Praça Maidan, e com clara referência à série de golpes disfarçados de "revoluções coloridas", o ex-general chega a uma conclusão de caráter geral:

> [O] Departamento de Estado dos Estados Unidos [...] não dirige mais a diplomacia das fragatas e das *party* [festas] e que, em conformidade com a Convenção de Viena, deve abster-se de interferir nos assuntos internos de outros países. Na verdade, ele nem sequer gerencia diplomatas. Os embaixadores comportam-se como espiões e adotaram as técnicas da CIA dos tempos de Pinochet [e seu golpe de Estado] e dos narcotraficantes, intervindo diretamente nas políticas e nos assuntos dos países de acreditamento. Eles implantam todas as ferramentas de pressão e subversão disponíveis: velhas e novas, leves e duras, públicas e privadas, manobrando e manipulando pessoas e opiniões com as redes sociais, a corrupção de funcionários, a intervenção de mercenários, organizações não governamentais, países terceiros.[26]

As análises e intervenções citadas referem-se repetidamente ao papel desempenhado pelas ONGs nas operações de desestabilização e mudança de regime

---

[24] Dario Fabbri, "L'autogol di Obama", *Limes: Rivista Italiana di Geopolitica*, n. 8, p. 191-8, 2014, p. 193-4.
[25] Sergio Romano, *Il declino dell'Impero americano* (Milão, Longanesi, 2014), p. 115.
[26] Fabio Mini, "La strana coppia Russia-Cina figlia delle manipolazioni e degli errori di Obama", *Limes: Rivista Italiana di Geopolitica*, n. 8, p. 51-64, 2014, p. 61.

promovidas por Washington. Mesmo um historiador britânico de sucesso, que também celebra de maneira explícita o Império dos Estados Unidos, reconhece que muitas vezes ele pode contar com o apoio de ONGs[27]. Para Žižek, expressar desconfiança pelo papel que desempenharam, por exemplo, na denúncia do "sofrimento no Tibete" significa se afastar do "humanismo universal"[28]! Também nesse caso a rebeldia coquete não tem dificuldade em se transformar no mais cinzento e acrítico conformismo.

COMO O MESSIANISMO SE TRANSFORMA EM CAPITULACIONISMO

Além do rebelionismo, o messianismo pode facilmente transformar-se em seu oposto. Exemplar é uma história que se passa na Itália. Graças também à lição de Gramsci, o Partido Comunista logo se despediu ou pôs fim à expectativa messiânica do advento de um mundo tão desprovido de contradições e conflitos que tornaria supérflua a instituição do Estado e a própria norma jurídica. Na elaboração teórica e política de Palmiro Togliatti, a "democracia progressiva" e o "caminho italiano para o socialismo" eram chamados a conjugar, na esperada sociedade pós-capitalista, poder operário e hegemonia proletária e popular, de um lado, e Estado de direito, por outro lado. Isso também significou acabar com a vulgata "marxista", que liquidava, por considerar irrelevantes, as liberdades "formais" sancionadas pela revolução democrático-burguesa. Retomando o grande tema do legado da tradição revolucionária anterior que o movimento comunista é chamado a assumir e fazer seu, depois de o ter libertado de todo o exclusivismo de raça e classe, o Partido Comunista Italiano (PCI) dirigido por Togliatti leu a Resistência, a revolução antifascista, como um desenvolvimento a um nível qualitativamente superior do *Risorgimento*, isto é, da revolução que significou o fim do Antigo Regime na Itália e o advento de um sistema liberal mais ou menos democrático.

Deixando para trás o messianismo, característica inicial de uma grande revolução em que foram protagonistas as classes subalternas ou os povos oprimidos, o futuro pós-capitalista começou a emergir de uma forma nova e mais sóbria, no curso de um processo de aprendizagem que ainda prosseguia

---

[27] Niall Ferguson, *Colossus: The Rise and Fall of the American Empire* (Londres, Penguin Books, 2005 [2004]), p. 11-3 e 15. [ed. bras.: *Colosso: ascensão e queda do império americano*, trad. Marcelo Musa Cavallari, São Paulo, Planeta, 2011]

[28] Slavoj Žižek, *Benvenuti in tempi interessanti*, cit., p. 63.

tateando e estava longe de sua conclusão. No entanto, não demorou muito para enfrentar forte oposição.*

Em 1965, um importante intelectual da esquerda "revolucionária", Alberto Asor Rosa, colocou sob suspeita a política seguida pelo PCI durante a Resistência, "aquela estratégia que mais tarde conduzirá à concepção do caminho italiano ao socialismo como necessariamente ligado à implementação da Constituição e das reformas burguesas". Os "comunistas togliattianos e gramscianos" como um todo foram ridicularizados por seu "democratismo": eles eram "os últimos expoentes tardios" do "*Risorgimento* democrático, garibaldiano, mazziniano e carducciano"[29]. Cerca de dez anos depois, foi Rossana Rossanda quem trovejou contra Togliatti, a quem censurou pelo "caráter formal do discurso do Estado de direito progressista" e o apego persistente ao "garantismo político constitucional", a estreiteza que o encerrava no "horizonte clássico do Estado de direito"[30].

Asor Rosa foi ainda mais longe em sua acusação. Em 1946, um prestigioso intelectual e líder do PCI, Lucio Lombardo Radice, escrevia: "O mundo evolui, mas as verdades do mundo que desvanece são recolhidas do novo mundo". Alguma coisa deveria o movimento operário saber herdar do mundo político-constitucional que também questionava radicalmente; assim, foi retomado o tema (muito presente em Engels, Lênin e de modo muito particular em Gramsci) do legado da tradição revolucionária que está por trás dele, que o proletariado é chamado a assumir quando se prepara para construir a sociedade pós-capitalista. Porém, esse não era certamente o ponto de vista de Asor Rosa, que, enojado, chamou a atenção para o "eco textual das afirmações stalinistas". A seu ver, era o PCI como um todo que, ao "conceber o caminho italiano para o socialismo como necessariamente vinculado à implementação da Constituição e às reformas burguesas", evidenciava ao mesmo tempo "democratismo" e "stalinismo". Parece que aqui "democratismo" e "stalinismo" formam uma unidade. A alusão era a uma passagem importante no discurso de Stálin no XIX Congresso do Partido Comunista da União Soviética (PCUS):

---

* A partir daqui, Domenico Losurdo continua com fonte diferente da normalmente utilizada; visto que esta passagem é absolutamente coerente com a anterior e a subsequente, nós a integramos – indicando seu início e fim – no corpo do próprio texto. (N. E. I.)

[29] Alberto Asor Rosa, *Scrittori e popolo: il populismo nella letteratura italiana contemporanea* (3. ed., Roma, Samonà e Savelli, 1969 [1965]), p. 156-7 e nota.

[30] Rossana Rossanda, "I limiti della democrazia progressiva", em Vários autores, *Da Togliatti alla nuova sinistra* (Roma, Alfani, 1976), p. 271-2.

A burguesia jogou ao mar a bandeira das liberdades democrático-burguesas; eu penso que cabe a vocês, representantes dos partidos comunistas e democráticos, erguê-la e levá-la adiante, se quiserem reunir a maioria das pessoas ao seu redor. Não há ninguém mais que possa levantá-la.[31]

Foi a época em que a perseguição anticomunista grassou no Ocidente e o macarthismo celebrou seus triunfos nos Estados Unidos, com a caça às bruxas desencadeada até mesmo contra círculos liberais e progressistas. A releitura hoje dessa passagem, provavelmente inspirada em Togliatti, do discurso de Stálin, não pode deixar de despertar um suspiro: ah, se ambos tivessem aderido de modo coerente à orientação que Asor Rosa tão duramente reprovou!

Considerações semelhantes podem ser feitas em relação à ironia de Rossanda sobre o Estado de direito. Essa ironia apareceu mais ou menos no período em que uma virada radical estava começando a tomar forma na China: enquanto polemizava ferozmente contra o "socialismo real", a Revolução Cultural havia assumido um motivo subjacente, o escárnio das liberdades "formais" e do governo da lei. Rompendo com essa visão, Deng Xiaoping enfatizou em 1979 que a extensão e a melhoria do "sistema legal" eram a precondição para um desenvolvimento real da "democracia"[32]. Era necessário introduzir o "governo das leis" no partido e "na sociedade como um todo"; por certo faltava à China uma tradição jurídica sólida, mas os comunistas deviam precisamente "ajudar o povo a compreender o Estado de direito"[33].

Esses foram os primeiros passos importantes na direção certa; no entanto, essa problemática como um todo não pode deixar de parecer banal e mesquinha a partir de uma visão messiânica que lê o futuro pós-capitalista como o advento de um totalmente Outro, que por definição nada tem a aprender e herdar da história que ficou para trás.*

Décadas se passaram desde a severa advertência contra a visão que tanto peso atribuía ao "democratismo" e ao "Estado de direito", e enquanto isso tudo no mundo mudou! Todavia, causou certa impressão ler a retumbante posição de Asor Rosa transmitida ao *Repubblica* em 16 de outubro de 2007. O "Ocidente

---

[31] Josef Stálin, "Discorso al XIX Congresso del Partito Comunista dell'Unione Sovietica", em *Problemi della pace* (Roma, Edizioni di Cultura Sociale, 1953 [1952]), p. 153.
[32] Deng Xiaoping, *Selected Works* (Pequim, Foreign Languages Press, 1992-95), v. II, p. 196.
[33] Ibidem, v. III, p. 166-7.
* Termina aqui a parte com fonte diferente. (N. E. I.)

democrático-capitalista" deveria ter dado um ultimato ao governo de Pequim: as Olimpíadas do ano seguinte deveriam ter sido boicotadas se a China não tivesse se comprometido a publicar em "todos os órgãos de imprensa e televisão chineses", no dia da abertura dos Jogos Olímpicos, "um documento a favor dos direitos universais de expressão e associação"! Esse texto chama a atenção pelo menos por dois motivos: os direitos econômicos e sociais não figuravam entre os "direitos universais" (pelos quais a República Popular da China se distinguiu positivamente, tendo libertado da fome centenas de milhões de pessoas); apenas aqueles anteriormente desprezados como burgueses foram incluídos. E não foi só isso. Asor Rosa reconhece que havia apenas "uma minoria" que pensava como ele no país mais populoso do mundo; e, no entanto, as grandes potências que foram protagonistas das Guerras do Ópio e da tragédia da "China crucificada" foram chamadas a fazer cumprir, com um ato de império, a Carta dos Direitos, entendida em chave neoliberal.

Pelo menos essa capitulação em relação ao Ocidente liberal comportou a assimilação do legado do pensamento liberal? Certamente não de seus pontos altos. Já vimos a liquidação dos direitos sociais e econômicos, caros ao socialismo liberal. Também conhecemos a grande lição de método fornecida por Hamilton, segundo a qual a afirmação do Estado de direito pressupõe uma situação de tranquilidade geopolítica*: e, em vez disso, Asor Rosa confiou a causa do triunfo do Estado de direito na China às mesmas potências que a atacaram a partir das Guerras do Ópio e que continuaram a ameaçá-la com um assustador arsenal posicionado imediatamente perto de suas fronteiras (bases militares, aeronaves e navios de guerra, mísseis convencionais e nucleares). Em Adam Smith podemos ler uma denúncia dos efeitos nefastos da "desigualdade global", aquela que se manifesta em nível planetário: no momento da descoberta-conquista de América, "e a superioridade de forças estava a tal ponto do lado dos europeus, que estes puderam cometer impunemente toda sorte de injustiças naquelas regiões longínquas"[34]. Asor Rosa, por sua vez, reservou apenas palavras de desprezo à corrida pelo "desenvolvimento" com que

---

* A frase implica uma referência que, na versão do texto que chegou até nós, não está presente; no entanto, assinalamos a passagem de Hamilton a que Losurdo se refere. Alexander Hamilton, "The Federalist", em *Writings* (Nova York, The Library of America, 2001), p. 192.

[34] Adam Smith, *Indagine sulla natura e le cause della ricchezza delle nazioni* (Milão, Mondadori, 1977 [1775-6, 3. ed. 1783]), p. 618, livro IV, cap. VII. [ed. bras.: *A riqueza das nações*: investigação sobre sua natureza e suas causas, v. II, trad. Luiz João Baraúna, São Paulo, Nova Cultural, 1996, p. 116]

a República Popular da China buscou (e busca) encurtar o atraso em relação aos países capitalistas mais avançados. Por fim, vimos que quando está em jogo a escravidão de um povo (ou, podemos acrescentar, sua subjugação colonial ou mesmo sua aniquilação nuclear), se servir para evitar tais perigos, o "governo despótico" pode ser a melhor opção; obviamente não havia espaço para o tema do conflito de liberdades na visão maniqueísta de Asor Rosa: da tradição liberal ele herdou apenas a agitação da bandeira da liberdade como ideologia de guerra e a rejeição da democracia nas relações internacionais.

Não teria valido a pena demorar-me neste capítulo menor da história das ideias se ele não revelasse com particular clareza a dialética segundo a qual o messianismo que surge por ocasião das grandes crises históricas, extinguindo-se em períodos de normalidade, tende a transmutar-se em capitulação à ideologia dominante. Em qualquer caso, nem o messianismo nem a capitulação podem resolver o problema da herança dos pontos altos da tradição liberal; e essa falta de aprendizagem tem consequências muito negativas também no que diz respeito às lutas a serem desenvolvidas na sociedade capitalista.

IMPREVISIBILIDADE DO PROCESSO HISTÓRICO E...

O populismo e o rebelionismo não são a expressão das limitações individuais deste ou daquele autor. Referem-se, como sabemos, às condições objetivas de vida das classes subalternas e dos povos oprimidos. Todavia, há uma outra circunstância que convém investigar. Para um movimento como o comunista, que afetou todo o planeta, que cultivou um projeto de ambição sem precedentes (a emancipação política e social da humanidade como um todo) e que por isso mesmo se vê obrigado a pensar e a desdobrar seu compromisso sobre um longo período, aplica-se de um modo muito particular aquela que é uma característica geral do processo histórico: a constante lacuna entre o projeto revolucionário de transformação social e o atual desenvolvimento histórico; por mais maduro e articulado que seja, o projeto formulado por um partido e um líder revolucionário costuma se mostrar "simplista" à luz dos acontecimentos subsequentes. É um problema que já surge no curso da vida e da evolução de Marx.

Limito-me aqui a um exemplo que considero esclarecedor. No final da década de 1850, enquanto se intensificava na Rússia a agitação camponesa que logo levaria o czar Alexandre II a abolir a servidão, nos Estados Unidos tornavam-se cada vez mais evidentes os sinais de alerta da guerra civil que se aproximava. Na noite de 16 a 17 de outubro de 1859, John Brown, um fervoroso abolicionista do Norte, deflagrou na Virgínia uma tentativa desesperada e malsucedida de levantar os escravos do Sul. Em 11 de janeiro do ano seguinte, Marx escreveu a Engels:

> A meu ver, a coisa mais importante que está acontecendo em todo o mundo é, por um lado, o movimento dos escravos estadunidenses, desencadeado pela morte de Brown, e, por outro lado, o movimento dos escravos na Rússia [...] Leio no *Tribune* que uma nova revolta de escravos eclodiu no Missouri, obviamente reprimida. Mas o sinal foi enviado. Se a coisa ficar cada vez mais séria, o que acontecerá em Manchester?[35]

Era assim evocado o cenário de uma revolução em escala quase planetária: mais ou menos ao mesmo tempo, escravos negros nos Estados Unidos, servos na Rússia e escravos assalariados ou trabalhadores na Inglaterra teriam se rebelado, respectivamente, contra os proprietários de escravos, a aristocracia feudal e a classe capitalista. Talvez, desde o início, Marx tenha nutrido dúvidas sobre a validade desse esquema binário. Com efeito, já no início de 1859 ele publicou um artigo que evocava um cenário muito diferente para a Rússia: o entrelaçamento da Guerra da Crimeia com a revolta dos servos, que aproveitariam o avanço das tropas franco-inglesas para insurgirem-se contra a opressão feudal[36]. Nesse caso, esperava-se a revolução do entrelaçamento da guerra internacional com o conflito social interno na Rússia: somos agora levados a pensar no outubro de 1917. Podemos tirar uma primeira conclusão: são afetados pelo populismo ou pelo rebelionismo aqueles que, ao contrário de Marx, não podem renunciar ao esquema binário do embate generalizado entre pobres e ricos e que, consternados com a complexidade do processo histórico, a cada virada histórica clamam pela traição da pureza original do ideal revolucionário.

O processo histórico é complexo, tortuoso, imprevisível para todos; mas para aqueles que, em vez de aceitá-lo passivamente como é, se propõem a orientá-lo ou influenciá-lo, a lacuna entre os projetos e as esperanças iniciais, de um lado, e os desenvolvimentos subsequentes, de outro, revela-se de uma amplitude particular e às vezes dolorosa. Quais foram as principais viradas históricas que pegaram de surpresa o movimento comunista?

---

[35] Karl Marx e Friedrich Engels, *Werke*, cit., v. 30, p. 6-7.
[36] Ibidem, v. 12, p. 681-2.

a) A abordagem de Marx e Engels ao problema da dialética revolucionária é tudo menos doutrinária. No final do século XIX, à medida que os perigos da guerra se tornavam mais agudos, Engels evocou um cenário deste gênero: a Rússia czarista supostamente atacaria a Alemanha, o país na vanguarda do movimento revolucionário: "diante da covardia" e das incertezas das classes dominantes, seria chamada a salvar a "existência nacional" do país a social--democracia revolucionária, que desempenharia um papel semelhante ao dos jacobinos na França em 1793-1794; só que o resultado final não seria a salvação da república burguesa, mas o advento da república socialista alemã[37]. A perspectiva da revolução anticolonial certamente não está ausente do pensamento de Marx, que já em 1853 formulou a hipótese de que os indianos se tornariam "fortes o suficiente para se livrar do jugo da dominação inglesa"[38]. Referindo-se à Irlanda, e portanto a uma colônia localizada na Europa, Marx destacou que a "questão social" poderia se apresentar como uma "questão nacional" e que, desse modo, a revolução social poderia assumir a forma de uma revolução nacional. Pelo menos no que diz respeito à última fase de sua evolução, não esteve ausente nos dois filósofos e militantes revolucionários a perspectiva de revolução em um país como a Rússia, embora situada na periferia do mundo capitalista desenvolvido. Foram assim previstas não poucas das contradições e dos conflitos que caracterizariam o século XX. No entanto, para Marx e Engels o epicentro da revolução continuou a ser a Europa ou o Ocidente: depois que a Comuna de Paris foi afogada em um rio de sangue, eles viram a Alemanha substituir a França como a vanguarda do movimento revolucionário; a própria Revolução Russa foi concebida como um prelúdio da europeia. E, portanto, a mudança do epicentro da revolução do Oeste para o Sudeste e a conformação da revolução social quase sempre como uma revolução nacional, como aconteceu durante o século XX, estavam além do horizonte de Marx e Engels. O que explica isso não é apenas a imprevisibilidade do processo histórico em geral. Há algo mais específico, que consiste nas jogadas a que podem recorrer os antagonistas do projeto de emancipação perseguido por um movimento revolucionário: já em 1868, na França, Ernest Renan indicou o expansionismo colonial como "a única saída" para escapar do socialismo. Cerca de três décadas depois, na Grã--Bretanha, Cecil Rhodes reiterou: "se não se quer uma guerra civil, é preciso

---

[37] Ibidem, v. 38, p. 176.
[38] Ibidem, v. 9, p. 224, e *Gesamtausgabe* (Berlim-Amsterdã, Dietz-Imes, 1975/1990), parte I, v. 12, p. 251.

tornar-se imperialista"*. Era uma lição que fazia escola em numerosos países; contudo, a suavização do conflito social na metrópole capitalista foi acompanhada, por um lado, pelo alargamento e agravamento da contradição entre os povos coloniais e as potências colonialistas e imperialistas, e, por outro, pela exacerbação extrema da contradição entre potências colonialistas e imperialistas, que resultaram na Primeira Guerra Mundial. Era o entrelaçamento dessas duas contradições com a luta de longa data entre as classes subalternas e as elites dominantes. Essa virada inesperada e imprevisível desorienta setores e personalidades do movimento de inspiração socialista e marxista, que torceram o nariz para as tentativas de construir uma sociedade pós-capitalista em um país que ainda era em grande parte pré-burguês, econômica e politicamente atrasado, ainda mais empobrecido e barbarizado pela guerra. É "a última das revoluções burguesas", e certamente não a mais feliz, sentenciava Kautsky, que considerava os acontecimentos na Rússia substancialmente estranhos à causa da luta pelo socialismo, à qual acreditava ser o mais fiel. Só que, para a massa profana, a luta em defesa ou contra o socialismo se configurava naqueles anos como uma luta em defesa ou contra a Rússia Soviética.

b) Foi Lênin quem chamou a atenção para a declaração de Rhodes. E, no entanto, apesar da tomada de consciência, já no início do século XX, da "enorme importância da questão nacional e colonial"[39], e com a elaboração, portanto, de uma visão que claramente ultrapassou a de Marx e Engels, o grande revolucionário russo não poderia ter imaginado que o choque entre o colonialismo e o anticolonialismo teria afetado a própria Europa e que de fato teria encontrado ali seu epicentro. Parecia que o outubro bolchevique de 1917 seria o prelúdio das revoluções socialistas no Ocidente; a repartição das colônias estava concluída e qualquer tentativa de uma nova partilha do mundo teria significado um confronto mortal entre as potências colonialistas e imperialistas e reativado a dialética da transformação da guerra imperialista em uma guerra civil revolucionária como a que conduzira ao surgimento da Rússia Soviética. Contudo, Hitler inaugurou um movimento novo e inesperado: sim, a divisão do mundo colonial tradicional estava completa, mas nada impedia a transformação em colônias de países que já haviam sido cooptados para o mundo civilizado e que até tinham um passado imperialista por trás de si. O Terceiro Reich travou uma

---

* Domenico Losurdo, *La sinistra assente*, cit., p. 267-70. [ed. bras.: *A esquerda ausente*, cit., p. 341-6] (N. E. I.)
[39] Vladimir Ilyich Lênin, *Opere complete* (Roma, Editori Riuniti, 1955-70), v. 21, p. 90.

guerra bárbara com o objetivo de subjugar e escravizar os eslavos da Polônia e da União Soviética; da mesma forma procedeu o Império do Sol Nascente contra a China e algo semelhante estava tentando a Itália fascista nos Bálcãs: em particular, aquelas contra a União Soviética e a China foram as duas maiores guerras coloniais da história. Resultado: a questão nacional reconquistava centralidade e prioridade em nível mundial; a derrota do Eixo, não obstante a formação no Leste Europeu de um "campo socialista" na esteira do avanço do Exército Vermelho, deu impulso não a uma série de revoluções socialistas, mas a uma gigantesca onda de revoluções anticoloniais, além disso mais frequentemente dirigidas ou influenciadas pelos comunistas e, portanto, de orientação socialista. Também esse novo ponto de inflexão histórica se caracterizou por contradições e conflitos agudos dentro do movimento comunista: a luta de classes cedia lugar à luta nacional; na União Soviética e na China, à palavra de ordem leninista da transformação da guerra imperialista em guerra civil revolucionária sobrepunha--se o apelo à condução da Grande Guerra Patriótica contra o Terceiro Reich e a guerra de resistência contra o imperialismo japonês. Bem se compreende a desorientação, a perplexidade, a desconfiança, por vezes até o desgosto que manifestaram certos setores do movimento comunista: resta porém o fato de que naqueles anos a linha de demarcação entre comunismo e anticomunismo coincidia amplamente com a linha que dividia aqueles que apoiavam as épicas lutas anticolonialistas protagonizadas pelos povos soviético e chinês e aqueles que a elas se contrapunham ou lhes criavam obstáculos.

c) O principal intérprete dessa nova situação foi Mao Tsé-Tung, que, em 1938, falando da China ameaçada de subjugação colonial e de escravização pelo Japão, citou a "identidade entre a luta nacional e a luta de classes"*. Essa identidade tendia a caracterizar a revolução anticolonial como um todo. Mao também estava certo ao sublinhar que de fato o epicentro da luta de classes havia se mudado do Ocidente para o Oriente naqueles anos e que ela tinha como protagonistas não os operários da metrópole capitalista, mas os povos das colônias ou semicolônias em luta por sua libertação. Mesmo que em certa medida tenha sido inspirada por uma lamentável luta pela hegemonia dentro do movimento comunista, essa tese refletia corretamente o novo quadro internacional. A Guerra Fria, que estava se tornando quente e de fato violenta na Indochina, e que em Cuba corria o risco de se

---

* Domenico Losurdo, *La lotta di classe: una storia politica e filosofica* (Roma-Bari, Laterza, 2013), p. 169-72. [ed. bras.: *A luta de classes*, cit., p. 182-5] (N. E. I.)

transformar em um holocausto nuclear, foi em grande parte a tentativa do Ocidente de sufocar a revolução anticolonial mundial. Esta era, de outro lado, apoiada principalmente por dois países, a União Soviética e a China, em acirrada competição entre si, mas que haviam, ambas, acabado de deixar para trás uma luta anticolonial épica, travada respectivamente contra o Terceiro Reich e o Império do Sol Nascente. No entanto, mesmo nesse caso, não faltaram círculos e personalidades do movimento comunista que, em nome do "obreirismo", por exemplo, olhavam com desdém para essa história profana, considerada irrelevante do ponto de vista da pura luta de classes e da autêntica luta pelo comunismo.

d) Nem mesmo a revolução anticolonial tinha um curso unilinear. Também nesse caso a iniciativa dos antagonistas interveio para torná-lo acidentado e inesperado. Junto com Lin Piao, Mao pensava que uma série ininterrupta de movimentos revolucionários vindos de baixo se desenvolveria e que sua vitória significaria o cerco final da cidadela capitalista e imperialista pela campanha anticolonialista e terceiro-mundista. Essa era também a visão de Fidel Castro e principalmente de Che Guevara, que esperava repetir a vitória da revolução cubana em outros países latino-americanos. No entanto, as revoluções vitoriosas vindas de baixo acabaram constituindo a exceção e não a regra. Aproveitando a lição inerente à derrota total do Eixo de retomar e radicalizar a tradição colonial, as potências coloniais tradicionais promoveram a partir do alto uma série de revoluções passivas, que deram origem a países formalmente independentes no plano político, mas reduzidos à posição de semicolônias devido à dependência econômica persistente ou à presença em seu território ou nas imediações de bases militares ameaçadoras. Por via das dúvidas, um formidável aparato militar, unificado sob a liderança da república estadunidense, estava pronto para impedir a passagem da revolução passiva para a ativa. Em conformidade com essa lógica, em 1946, as Filipinas, que no início do século XX viram uma grande revolução anticolonial reprimida pelos Estados Unidos com práticas implacáveis e às vezes genocidas, conquistaram sua independência formal e foram submetidas à cuidadosa vigilância de Washington. No ano seguinte, e portanto antes mesmo da fundação da República Popular da China, a Índia conquistou a independência graças a uma revolução passiva, também implementada para evitar que o modelo caro a Mao Tsé-Tung fizesse escola em outro grande país asiático. Por vezes, o perigo de passar de uma revolução passiva para uma revolução ativa foi frustrado por uma contrarrevolução preventiva que, no caso da Indonésia, envolveu o massacre preventivo de centenas de milhares de comunistas. Mesmo os países que tiveram atrás de si uma revolução anticolonial vitoriosa poderiam ser neutralizados por uma política de contenção econômica antes mesmo que militar, por meio de embargos devastadores, capazes de abalar sua real independência, de minar suas bases sociais de consenso no plano interno e sua capacidade de atração internacional: foi a política implementada durante décadas contra a China e ainda em vigor contra Cuba.

Deng Xiaping estava ciente desse novo ponto de inflexão. Mao repetira-o até o fim (e com ele, Lin Piao): "Quanto ao problema da guerra mundial, as possibilidades são apenas duas: uma é que a guerra dá origem à revolução [como aconteceu durante as duas guerras mundiais], e a outra é que a revolução impede a guerra"[40]. Diferentemente de 1914 e 1939, o movimento revolucionário podia dispor de tal força que tornou impossível o desencadeamento da guerra. O novo líder chinês, ao contrário, partiu de uma premissa completamente diferente: os Estados Unidos e o Ocidente conseguiram bloquear a onda das revoluções anticoloniais e estabilizar a situação internacional; era possível prever um período prolongado de paz ou, mais precisamente, sem guerras em grande escala. Esse impasse, se por um lado foi o resultado de uma derrota, por outro poderia ser a ocasião de um poderoso avanço: em vez de desperdiçar recursos na expectativa de uma conflagração improvável, um país como a China poderia usar o tempo à sua disposição para desenvolver poderosamente suas forças produtivas e alcançar independência econômica e tecnológica, bem como política, constituindo-se assim em um ponto de referência para todo o Terceiro Mundo. Mesmo países que alcançaram a independência por meio de uma revolução passiva ou que, como na América Latina, gozavam de liberdade parcial e sempre a perigo de ser cancelada totalmente por uma intervenção militar de Washington, também poderiam seguir o caminho do desenvolvimento independente e da luta contra o hegemonismo consagrado pela doutrina Monroe e outras doutrinas semelhantes. Em outras palavras, a revolução anticolonial continuava, mas em forma diversa: passou da fase político-militar para a político-econômica. Os resultados dessa nova fase da revolução anticolonial não faltaram e não faltam e, na verdade, são muito relevantes: as esperanças de transformar a China em um país semicolonial revelaram-se sem sentido; ao contrário, a *great divergence* [grande discrepância] que no plano internacional consagrava o predomínio absoluto do Ocidente e

---

[40] Lin Piao, *Rapporto al IX Congresso Nazionale del Partito Comunista Cinese* (Pequim, Casa Editrice in Lingue Estere, 1969), p. 84.

de seu país líder, vai se reduzindo drasticamente; fracassada com clamor foi, na América Latina, a tentativa de reafirmar a doutrina Monroe; a esperança há algum tempo cultivada em Washington de que o triunfo alcançado na Guerra Fria pudesse significar o controle substancial dos imensos ativos de energia da Rússia, e a redução desse país a uma condição semicolonial não [foi] alcançada; a onda de desestabilizações e *regime changes* disfarçadas de "revoluções coloridas" parece estar exaurida; a reivindicação do Ocidente e de seu país líder de travar guerras soberanamente em todos os cantos do mundo, mesmo sem a autorização do Conselho de Segurança da ONU, é objeto de contestações cada vez mais amplas; a credibilidade dos Estados Unidos como uma "nação escolhida por Deus", com a tarefa de liderar o mundo, chegou ao mínimo histórico.

Porém, precisamente os sucessos alcançados pela segunda fase da revolução anticolonial mundial podem acabar encurtando o período de relativa estabilidade e paz, corretamente previsto e utilizado com sabedoria por Deng Xiaoping. É cada vez mais evidente a presença, nos Estados Unidos, de círculos que acariciam um sonho perverso: a superpotência, ainda solitária por algum tempo, poderia tentar consolidar e tornar definitiva sua primazia, e sacudir de cima de si a poeira da crise e do declínio, alavancando seu até aqui incomparável aparato militar. Não há dúvida: os focos de guerra estão aumentando e os perigos da guerra em grande escala se agravam. Chegará a tornar-se nuclear o conflito devastador que agora começa a se anunciar no horizonte? Certamente não nos tranquiliza o fato, ressaltado também por analistas insuspeitados (por exemplo, o ex-embaixador italiano em Moscou), de que durante muito tempo os Estados Unidos aspiraram a garantir "para si mesmos a possibilidade de um primeiro ataque impune"[41].

Nascido no decorrer da luta contra a Primeira Guerra Mundial, o movimento comunista deve estar na primeira fileira, unido e cerrado, na luta pela defesa da paz; e, atento à sua história, deve estar também na primeira fila, unido e cerrado, na luta em defesa da nova etapa da revolução anticolonial mundial. Infelizmente, não é assim. Ainda hoje, talvez hoje mais do que nunca, não faltam círculos e personalidades que consideram essas tarefas muito medíocres e vulgares, em todo o caso completamente profanas diante da história sagrada da emancipação e da salvação revolucionária imaginada por eles e cara só a eles mesmos.

---

[41] Sergio Romano, *Il declino dell'Impero americano*, cit., p. 29.

... DUPLA DEFINIÇÃO DE "COMUNISMO"

Os comunistas são chamados a admitir uma verdade, por mais dolorosa que seja: até o ideal do comunismo pode configurar-se como um instrumento de evasão, até mesmo como uma religião de evasão. Em face do futuro brilhante ou do paraíso dos crédulos, as lutas concretas impostas de tempos em tempos pelos desenvolvimentos objetivos da luta de classes e as etapas singulares do processo de emancipação parecem ser parte integrante de um vale de lágrimas que é absolutamente inútil.

Marx mostra que tem plena consciência desse perigo desde o início de seu processo de formação como filósofo e militante revolucionário. Ocorre partir das "lutas *reais*". Vale ressaltar que a palavra em itálico já estava em Marx, que esclareceu em certo momento:

> Não enfrentaremos o mundo de forma doutrinária, com um princípio novo: aqui está a verdade, ajoelhem-se aqui [...] Nós não lhes dizemos: abandonem suas lutas, são bobagens; nós lhes gritaremos a verdadeira palavra de ordem da luta. Nós apenas lhes mostraremos pelo que efetivamente eles combatem, pois a consciência é algo que cada um deve desenvolver por si próprio, mesmo que não o queira.[42]

Ao negligenciar as "lutas reais" ou, para dizer como o *Manifesto Comunista*, o "movimento histórico que se desenvolve diante dos olhos", o militante e teórico da revolução acaba por se transformar em um "apóstolo salvador do mundo"[43]. Se por um lado é necessário saudar calorosamente a contemporânea *Marx Renaissance** e o desenvolvimento atual do "movimento comunista libertário", por outro lado é necessário reconhecer o perigo de que nele o "apóstolo salvador do mundo" se sobreponha ao militante e teórico da revolução. Sim, a deserção de lutas concretas contra o desmantelamento do Estado social, em defesa da soberania do Estado, da independência nacional e do direito ao desenvolvimento, às vezes é justificada remetendo-se ao ideal do comunismo: com relação ao futuro brilhante assim evocado, quão limitadas e mesquinhas parecem as lutas que estão hoje em andamento! Nessa perspectiva, o

---

[42] Karl Marx e Friedrich Engels, *Werke*, cit., v. 1, p. 345.
[43] Ibidem, v. 4, p. 474-5. [ed. bras.: *Manifesto comunista*, cit. p. 52]
* "Renascimento de Marx" ou "Renascença de Marx", em francês no original. Losurdo estabelece aqui um jocoso paralelo com o movimento estético localizado entre o século XIV e o fim do século XVI que retomava os cânones da arte clássica; por isso, renascida. (N. T.)

comunismo se configura como instrumento de evasão da realidade, como qualquer outra religião.

Precisamente para enfrentar esse perigo, *A ideologia alemã*, na qual está presente uma visão enfática do futuro comunista, ao mesmo tempo nos fornece uma definição muito diferente de comunismo: este deve ser entendido não como "um estado de coisas que deve ser instaurado, um ideal para o qual a realidade deverá se direcionar", mas antes como "o movimento real que supera o estado de coisas atual"[44]. Seria desastroso se a beleza sublime do futuro comunista desviasse a atenção das lutas que estão ocorrendo no presente.

Não se trata de modo algum de retomar a fórmula ("o movimento é tudo, o fim não é nada") cara a Bernstein, que se recusava a questionar o essencial, a saber, o poder político da burguesia e a arrogância imperialista das grandes potências (a benevolência com que o dirigente social-democrata alemão olhou para a missão "civilizadora" do colonialismo é bem conhecida). O objetivo que Bernstein teria querido anular (eternizando assim as relações político-sociais existentes a nível nacional e internacional) na verdade continua a existir: trata-se de construir uma sociedade pós-capitalista e pós-imperialista, que não pode e não deve ser mais imaginada com as cores de uma utopia que, com sua beleza etérea, desvia a atenção das "lutas reais" e do "movimento real"*. Como no passado, também no presente a concretude e a credibilidade do compromisso comunista são medidas por sua capacidade de compreender e fazer valer na teoria e na prática a dupla definição de "comunismo" que encontramos em Marx e Engels.

---

[44] Ibidem, v. 3, p. 35. [ed. bras.: *A ideologia alemã*, trad. Rubens Enderle, Nélio Schneider e Luciano Cavini Martorano, São Paulo, Boitempo, 2007, p. 38]

* Domenico Losurdo, *Fuga dalla storia? La rivoluzione russa e la rivoluzione cinese oggi* (Nápoles, La Città del Sole, 2005 [1999]), p. 96-8. [ed. bras.: *Fuga da história? A Revolução Russa e a Revolução Chinesa vistas de hoje*, trad. Luiz Mario Gazzaneo e Carolina Muranaka Saliba, Rio de Janeiro, Revan, 2004, p. 78-80] (N. E. I.)

CONCLUSÕES
A aventurosa viagem de Colombo como uma metáfora para a revolução

Lênin e os líderes da Internacional Comunista aspiravam a uma república soviética mundial, com o desaparecimento final de classes, Estados, nações, mercados e religiões. Não apenas nunca nos aproximamos de tal objetivo como também nunca conseguimos marchar em direção a ele. Estaríamos, portanto, perante um evidente e completo fracasso. Na realidade, a discrepância entre programas e resultados é inerente a toda revolução. Os jacobinos franceses não construíram ou restauraram a antiga *polis*; os revolucionários estadunidenses não produziram uma sociedade de pequenos agricultores e produtores, sem polarização entre riqueza e pobreza, sem um exército permanente e sem um forte poder central; os puritanos ingleses não reviveram a sociedade bíblica por eles miticamente transfigurada. A história de Cristóvão Colombo, que sai em busca das Índias, mas descobre a América, pode servir de metáfora para a compreensão da dialética objetiva dos processos revolucionários. São precisamente Marx e Engels que sublinham este ponto: na análise da Revolução Francesa ou Inglesa, não partem da consciência subjetiva de seus protagonistas ou dos ideólogos que as invocaram e ideologicamente prepararam, mas sim da investigação das contradições objetivas que as estimularam e das características reais do continente político-social descoberto ou iluminado pelas convulsões ocorridas; os dois teóricos do materialismo histórico sublinham, portanto, o descompasso entre o projeto subjetivo e o resultado objetivo e, por fim, explicam as razões para a produção – necessária – dessa *décalage* [descompasso]. Por que devemos proceder de forma diferente diante da Revolução de Outubro?*

---

* Aqui o texto se interrompe. A conclusão assume, com toda a probabilidade, apenas a forma de um aceno. É uma repetição de um texto que também se apresenta em outros lugares; por exemplo, em Domenico Losurdo, *Fuga dalla storia?*, cit., p. 113-7 [ed. bras.: *Fuga da história?*, cit., p. 92-5]. Dado que questões que não estão estritamente relacionadas com o conteúdo de *A questão comunista* são desenvolvidas, decidiu-se não acrescentar nada aqui. Não se pode, entre outras coisas, descartar que Losurdo tenha encerrado voluntariamente a discussão, com essa pergunta. Em todo o caso, para respeitar a forma como o texto chegou até nós, critério norteador desta edição, a conclusão é apresentada em sua versão original. (N. E. I)

APÊNDICE

[Índice 1]

Premissa
"Antitotalitarismo" e anticomunismo como doutrinas de Estado

Cap. 1 O comunismo como "utopia invertida"?
1. "Antitotalitarismo" e autoabsolvição do Ocidente liberal
2. Comunismo: uma "palavra indizível"?
3. As fronteiras imprecisas entre a utopia e o projeto político concreto
4. Natureza, artifício, engenharia social
5. Utopia e utopia realizada
6. Utopia e utopia invertida
7. Mito e realidade do "novo homem"
8. Desenvolvimento das forças produtivas: uma nova utopia invertida?
9. O "estado estacionário" e o "decrescimento" como utopia invertida

Cap. 2 Liberal-socialismo ou comunismo?
1. Marx, Lênin e a causa da liberdade
2. "Reação imperialista" e nascimento do liberal-socialismo
3. Comunismo, liberal-socialismo, "socialismo para o povo dos senhores"
4. Liberal-socialismo e comunismo: três ocasiões de encontro (perdidas)
5. Equívoco liberal-socialista e responsabilidade comunista
6. Os limites de fundo do liberal-socialismo
7. Bobbio contra Hobhouse: o liberal-socialismo como fuga do conflito

8. Da fuga do conflito à deslegitimação das revoluções anticoloniais
9. A virada de Bobbio e o declínio do liberal socialismo
10. 1848 e 1989: Tocqueville e Bobbio
11. Renascimento ecológico do liberal-socialismo?
12. Movimento comunista e hereditariedade do liberal-socialismo

Cap. 3 Amadurecimento do projeto comunista e herança liberal
1. Herança liberal e crítica do populismo
2. O populismo como culto do "decrescimento" e da "natureza"
3. Populismo e messianismo
4. O comunismo como capítulo da história das religiões?
5. O messianismo do totalmente Outro
6. O messianismo da Expectativa
7. Ah, se Badiou tivesse lido Togliatti!
8. Retornar ao "socialismo utópico"? Uma empreitada quixotesca

Cap. 4 Pensar a China, repensar o pós-capitalismo
1. "Capitalismo autoritário"/capitalismo democrático
2. "Expropriação política"/ "expropriação econômica"
3. Capitalismo, "economia de mercado não capitalista", "socialismo reformado"
4. "Capitalismo de Estado" e "estágio inicial do socialismo"
5. Sindicatos patronais e sindicatos dos trabalhadores
6. "Igualdade mais perfeita", "igualitarismo vermelho", "igualitarismo radical"
7. Política e economia, a China e o Mundo
8. "Capitalismo autoritário" ou "transição difícil e com um resultado incerto"?
9. "Democratização" ou "plutocratização" da China?

Cap. 5 O comunismo como evasão e como "movimento real"
1. Populismo, messianismo, rebelionismo
2. Como o rebelionismo se converte em seu contrário
3. Como o messianismo se transforma em capitulacionismo
4. Imprevisibilidade do processo histórico e ...
5. ...dupla definição de "comunismo"

Cap. 6 Em defesa da "forma partido"

Referências bibliográficas

[Índice 2]

Premissa
O apagamento das ilusões de 1989 o espectro "indizível"

Primeira parte
As possíveis alternativas ao comunismo

Cap. 1   O liberal-socialismo
Cap. 2   A "democracia radical"
Cap. 3   O ludismo e o "decrescimento"
Cap. 4   Retorno ao socialismo utópico?
Cap. 5   Recuar ao populismo?
Cap. 6   O fascinante rebelionismo

REFERÊNCIAS BIBLIOGRÁFICAS

ALY, Götz. *Hitlers Volksstaat*: Raub, Rassenkrieg und nationaler Sozialismus. Frankfurt, Fischer, 2005.

ARENDT, Hannah. Ripensare il sionismo. In: *Ebraismo e modernità*. Milão, Unicopli, 1986 [1945].

ASOR ROSA, Alberto. *Scrittori e popolo*: il populismo nella letteratura italiana contemporanea. 3. ed., Roma, Samonà e Savelli, 1969 [1965].

BADIOU, Alain. *L'être et l'événement*. Paris, Seuil, 1988. [Ed. bras. : *O ser e o evento*. Trad. Maria Luiza X. de A. Borges. Rio de Janeiro, Zahar/Ed. UFRJ, 1996.]

_____. *Il secolo*. Milão, Feltrinelli, 2006 [2005]. [Ed. bras.: *O século*. Trad. Carlos Felício da Silveira. Aparecida, Ideias & Letras, 2007.]

_____. L'hypothèse communiste. In: *Circonstances*, t. 5, Paris, Lignes, 2009. [Ed. bras.: *A hipótese comunista*. Trad. Mariana Echalar. São Paulo, Boitempo, 2012.]

_____. *Second manifeste pour la philosophie*. Paris, Flammarion-Champs, 2010.

_____. *La relation énigmatique entre philosophie et politique*. Paris, Germina, 2011.

_____. Le socialisme est-il le réel dont le communisme est l'idée? In: BADIOU, Alain; ŽIŽEK, Slavoj. *L'idée du communisme*, v. II. Paris, Lignes, 2011.

BEAUMONT, Gustave de. *L'Irlande sociale, politique et religieuse*. Villeneuve-d'Ascq, Université Charles De Gaulle-Lille III, 1989 [1839], 2 v.

BEBEL, August. *Die Frau und der Sozialismus* (1879). 60. ed. Berlim, Dietz, 1964 [1879].

BENEDETTO, E. L'anniversario dimenticato. *La Stampa*, 19 out. 1995.

BENJAMIN, Walter. Per la critica della violenza. In: *"Angelus Novus"*: saggi e frammenti. Turim, Einaudi, 1982 [1920-21]. [Ed. bras.: "Crítica da violência - crítica do poder". In: *Documentos de cultura, documentos de barbárie*: escritos escolhidos. São Paulo, Cultrix, 1986.]

_____. Tesi di filosofia della storia. In: *"Angelus Novus"*: saggi e frammenti. Turim, Einaudi, 1982 [1940]. [Ed. bras.: "Sobre o conceito da história". In: *Obras escolhidas*, v. 1: *Magia e técnica, arte e política:* ensaios sobre literatura e história da cultura. Trad. Sergio Paulo Rouanet. São Paulo, Brasiliense, 1987.]

BERLIN, Isaiah. *Quattro saggi sulla libertà*. Milão, Feltrinelli, 1989 [1969]. [Ed. bras.: *Quatro ensaios sobre a liberdade*. Trad. Wamberto Hudson Ferreira. Brasília, Ed. UnB, 1981.]

BERNSTEIN, Eduard. Die deutsche Sozialdemokratie und die türkischen Wirren. *Die neue Zeit*, v. 4, 1896-97, p. 108-16.

_____. Der Sozialismus und die Kolonialfrage. *Sozialistische Monatshefte*, v. 4, 1900, p. 549-62.

BLOCH, Ernst. *Naturrecht und menschliche Würde*. Frankfurt, Suhrkamp, 1961.

_____. *Geist der Utopie*. Frankfurt, Suhrkamp, 1971 [1918].

BOBBIO, Norberto. Invito al colloquio. In: *Politica e cultura*. Turim, Einaudi, 1977 [1951], p. 15-31. [Ed. bras.: *Política e cultura*. Trad. Jaime Clasen. São Paulo, Ed. Unesp, 2015.]

_____. Difesa della libertà. In: *Politica e cultura*. Turim, Einaudi, 1977 [1952], p. 47-57.

_____. Della libertà dei moderni paragonata a quella dei posteri. In: *Politica e cultura*. Turim, Einaudi, 1977 [1954], p. 160-94.

_____. Libertà e potere. In: *Politica e cultura*. Turim, Einaudi, 1977 [1954], p. 269-82.

_____. *L'utopia capovolta*. Turim: La Stampa, 1990.

_____. Caro Badaloni, solo due domande... *L'Unità*, 28 jan. 1990.

_____. Stuart Mill liberale e socialista. *La Lettera del Venerdì*, supl. de *L'Unità*, 31 maio 1991.

_____. L'eterno duello: democrazia senza fascisti né comunisti. *La Stampa*, 11 dez. 1994.

_____. *Autobiografia*. Roma/Bari, Laterza, 1997. [Ed. bras.: *Autobiografia*: uma vida política. Trad. Luiz Sérgio Henriques, São Paulo, Ed. Unesp, 2018.]

BOFFA, Giuseppe. *L'ultima illusione*: l'Occidente e la vittoria sul comunismo. Roma/Bari, Laterza, 1997.

BOUGLÉ, Célestin. Préface. In: HALEVY, Élie. *L'ère des tyrannies*: études sur le socialisme et la guerre. Paris, Gallimard, 1938.

BRZEZINSKI, Zbigniew Kazimierz. *Strategic Vision*: America and the Crisis of Global Power. Nova York, Basic Books, 2012.

BUCHARIN, Nikolai Ivanovich. *Lo Stato Leviatano*: Scritti sullo Stato e la guerra. Milão, Unicopli, 1984 [1915-1917].

BURKE, Edmund. Reflections on the Revolution in France (1790). In: *The Works*: A New Edition. v. V. Londres, Rivington, 1826. [Ed. bras. *Reflexões sobre a revolução na França*. Campinas, Vide Editorial, 2017.]

CAHEN, Jacques-Fernand; POUTEAU, Micheline. *Una resistenza incompiuta*: la guerra d'Algeria e gli anticolonialisti francesi, 1954-1962. Milão, Il Saggiatore, 1964, 2 v.

CAILLÉ, Alain. *Per un manifesto del convivialismo*. Lecce/Brescia, Pensa Multimedia, 2012 [2011].

CALOGERO, Guido. *Difesa del liberalsocialismo ed altri saggi*. Milão, Marzorati, 1972.

CAMPE, Joachim Heinrich. *Briefe aus Paris zur Zeit der Revolution geschrieben (1790)*. Hildesheim: Olms, 1977.

CARR, Edward Hallett. *La rivoluzione bolscevica*. 4. ed., Turim, Einaudi, 1964 [1950].

CATHERWOOD, Christopher. *Churchill's Folly*: How Winston Churchill Created Modern Iraq. Nova York, Carrol & Graf, 2004.

CLARK, Christopher. *The Sleepwalkers*: How Europe Went to War in 1914. Londres, Penguin Books, 2013.

COMITO, Vicenzo. *La Cina è vicina?* Roma, Ediesse, 2014.

CRÈVECOEUR, J. Hector St. John de. *Letters from an American Farmer*. Nova York, Duffield, 1904 [1782].

CROCE, Benedetto. *L'Italia dal 1914 al 1918*: pagine sulla guerra. 3. ed. Bari, Laterza, 1950.

_____. *Discorsi di varia filosofia*. Bari, Laterza, 1959, 2 v.

_____. *Storia d'Italia dal 1871 al 1915*. Bari, Laterza, 1967 [1928].

_____. *Materialismo storico ed economia marxistica* (1899), Roma/Bari, Laterza, 1973 [1899]. [Ed. bras.: *Materialismo histórico e economia marxista*. São Paulo, Centauro, 2007.]

_____. *Scritti e discorsi politici (1943-1947)*. Nápoles, Bibliopolis, 1993, 2 v.

DAHRENDORF, Ralf. *Classi e conflitti di classi nella società industriale*. Bari, Laterza, 1963 [1959].

DEL BOCA, Angelo. *Italiani, brava gente?* 3. ed. Vicenza, Neri Pozza, 2006 [2005].

DENG XIAOPING. *Selected Works*. Pequim, Foreign Languages Press, 1992-95, 3 v.

DIAMOND, Jared. *Armi, acciaio e malattie*: breve storia del mondo negli ultimi tredicimila anni. Turim, Einaudi, 1998 [1997]. [Ed. bras.: *Armas, germes e aço*: os destinos das sociedades humanas. Trad. Sylvia de Souza Costa, Cynthia Cortes e Paulo Soares. São Paulo, Record, 2002]

DIE WELT KOMPAKT, "Zu links", *Die Welt Kompakt*, 3 jun. 2013.

DIMAGGIO, Anthony. *When Media Goes to War*. Nova York, Monthly Review Press, 2009.

FABBRI, Dario. L'autogol di Obama. *Limes*: Rivista Italiana di Geopolitica, n. 8, 2014, p. 191-8.

FERGUSON, Niall. *Colossus*: The Rise and Fall of the American Empire. Londres, Penguin Books, 2005 [2004]. [Ed. bras.: *Colosso*: ascensão e queda do império americano. Trad. Marcelo Musa Cavallari. São Paulo, Planeta, 2011.]

_____. *Ventesimo secolo, l'età della violenza*. Milão, Mondadori, 2008 [2006].

_____. *Civilization*: The West and the Rest. Londres, Penguin Books, 2011.

FIGES, Orlando. *La tragedia di un popolo*: la Rivoluzione russa 1891-1924. Milão, TEA, 2000 [1996].

FISHMAN, Ted C. *China SpA*: la superpotenza che sta sfidando il mondo. Bolonha, Nuovi Mondi Media, 2005.

FONTAINE, André. *Storia della guerra fredda*: dalla guerra di Corea alla crisi delle alleanze. Milão, Il Saggiatore, 1968 [1967], 2 v.

FURET, François. *Il passato di un'illusione*: l'idea comunista nel XX secolo. Milão, Mondadori, 1995. [Ed. bras.: *O passado de uma ilusão*: ensaios sobre a ideia comunista no século XX. Trad. Roberto Leal Ferreira. São Paulo, Siciliano, 1995.]

GENTILE, Giovanni. Il fascismo e la Sicilia. In: *Politica e cultura*. Florença, Le Lettere, 1991 [1924], v. I.

GERNET, Jacques. *Il mondo cinese*: Dalle prime civiltà alla Repubblica popolare. Turim, Einaudi, 1978 [1972].

GINGRICH, Newt. America, perché sei così grande? *La Stampa*, 26 jan. 1995.

GOBETTI, Piero. *La rivoluzione liberale*: saggio sulla lotta politica in Italia. Turim, Einaudi, 1983 [1924].

GOLDEX POLDEX. L'événement dans la chambre froide: le Carnival de Solidarnosc (1980--1981), explosion de l'imaginaire politique. In: BADIOU, Alain; ŽIZEK, Slavoj. *L'idée du communisme*, v. II. Paris, Lignes, 2011.

GRAMSCI, Antonio. *Socialismo e fascismo*: L'Ordine Nuovo, 1921-1922. Turim, Einaudi, 1966.

_____. *Quaderni del carcere*. Turim, Einaudi, 1975.

_____. *Il nostro Marx*, 1918-1919. Turim, Einaudi, Torino, 1984.

_____. *L'Ordine Nuovo, 1919-1920*. Turim, Einaudi, 1987.

GUMPLOWICZ, Ludwig. *Der Rassenkampf*: Soziologische Untersuchungen. Innsbruck Wagner'sche Universittsbuchhandlung, 1883.

HALEVY, Élie. *L'ère des tyrannies*: études sur le socialisme et la guerre. Paris, Gallimard, 1938.

HAMILTON, Alexander. *Writings*. Nova York, The Library of America, 2001.

HARDT, Michael. La nuda vita sotto l'Impero. *Il Manifesto*, 15 maio 1999.

_____; NEGRI, Antonio. *Impero*. Milão, Rizzoli, 2002 [2000]. [Ed. bras.: *Império*. Trad. Berilo Vargas. Rio de Janeiro, Record, 2001.]

_____. *Moltitudine*: guerra e democrazia nel nuovo ordine imperiale. Milão, Rizzoli, 2004. [Ed. bras.: *Multidão*: guerra e democracia na era do império. Trad. Clóvis Marques. Rio de Janeiro, Record, 2004]

_____. *Questo non è un manifesto*. Milão, Feltrinelli, 2012. [Ed. bras.: *Declaração*: isto não é um manifesto. Trad. Carlos Szlak. São Paulo, n-1, 2014, p. 93.]

HEGEL, Georg Wilhelm Friedrich. *Vorlesungen über die Philosophie der Weltgeschichte*. Leipzig, Meiner, 1919-20.

_____. *Werke in zwanzig Bänden*. Frankfurt, Suhrkamp, 1969-79.

HEIDEGGER, Martin. Nietzsche: Der europäische Nihilismus. In: *Gesamtausgabe*. Frankfurt, Klostermann, 1975 [1940]. v. XLVIII. [Ed. bras.: *Nietzsche*, v. 2. Trad. Marco Antônio Casanova. Rio de Janeiro, Forense Universitária, 2007.]

HEROLD, J. Christopher. *Amante di un secolo*: vita di Madame de Staël. Milão, Bompiani, 1981 [1958].

HOBHOUSE, Leonard T. *Democracy and Reaction*. 2. ed. Londres, Fisher Unwin, 1909 [1905].

_____. *The Metaphysical Theory of the State*: A Criticism. 2. ed. Londres, Allen & Unwin 1921 [1918].

_____. *Liberalism*. Oxford, Oxford University Press, 1977 [1911].

HOBSON, John Atkinson. Socialistic Imperialism. *International Journal of Ethics*, v. 12, n. 1, 1901, p. 44-58.

_____. *Towards International Government*. Londres, Allen & Unwin, 1915.

_____. *The Fight for Democracy*. Manchester/Londres, The National Labour Press, 1917.

_____. *L'imperialismo*. Milão, ISEDI,1974 [1902].

HOFBAUER, Hannes. *Verordnete Wahrheit, bestrafte Gesinnung: Rechtsprechung als politisches Instrument*. Viena, ProMedia, 2011.

HOFFMEISTER, Johannes (org.) *Dokumente zu Hegels Entwicklung*. Stuttgart, Frommann, 1936.

HOLLOWAY, John. *Cambiare il mondo senza prendere il potere*: il significato della rivoluzione oggi. Roma, Carta, 2004 [2002]. [Ed. bras.: *Mudar o mundo sem tomar o poder*: o significado da revolução hoje. Trad. Emir Sader. São Paulo, Boitempo, 2003.]

IGNATIEFF, Michael. Lehrer Atta, Big D und die Amerikaner. *Die Zeit*, 15 ago. 2002.

JEFFERSON, Thomas. *Writings*. Nova York, The Library of America, 1984.

JÜNGER, Ernst. Die totale Mobilmachung. In: *Sämtliche Werke*. Stuttgart, Klett-Cotta, 1978 [1930]. v. VII.

KANT, Immanuel. *Gesammelte Schriften*, edição da Deutschen Akademie der Wissenschaften. Berlin/Leipzig, Reimer-de Gruyter, 1900.

KELLEY, Robin D. G. *Hammer and Hoe*: Alabama Communists during the Great Repression. Chapel Hill/Londres, The University of North Carolina Press, 1990.

KERSHAW, Ian. *Che cos'è il nazismo?* Problemi interpretativi e prospettive di ricerca. Turim, Bollati Boringhieri, 1995 [1985].

KISSINGER, Henry. *On China*. Nova York, The Penguin Press, 2011. [Ed. bras.: *Sobre a China*. Trad. Cássio de Arantes Leite. São Paulo, Objetiva, 2011.]

KOSS, Stephen E. *The Pro-Boers*: The Anatomy of an Antiwar Movement. Chicago/Londres, The University of Chicago Press, 1973.

LACOUTURE, Jean. *Ho Chi Minh*. Milão, Il Saggiatore, 1967.

LAFARGUE, Paul. Die Legende von Victor Hugo. *Neue Zeit*: Revue des geistigen und öffentlichen Lebens, v. 6, 1888.

LASKY, Harold J. *Liberty in the Modern State*. Londres, Allen & Unwin, 1948.

LÊNIN, Vladímir Ilitch. *Opere complete*. Roma, Editori Riuniti, 1955-70. [Ed. bras.: *O que fazer?* Questões candentes de nosso movimento. Trad. Edições Avante! São Paulo, Boitempo, 2020; *O Estado e a revolução*: a doutrina do marxismo sobre o Estado e as tarefas do proletariado na revolução. Trad. Edições Avante! São Paulo, Boitempo, 2017; *Imperialismo, estágio superior do capitalismo*. Trad. Edições Avante! São Paulo, Boitempo, 2021.]

LÉVI-STRAUSS, Claude. *Razza e storia*: razza e cultura. Turim, Einaudi, 2002 [2001]. [Ed. bras.: "Raça e história", em *Antropologia estrutural dois*. Trad. Chaim Samuel Katz. Rio de Janeiro, Tempo Brasileiro, 1979.]

LEWIS, Anthony. Bush and Iraq. *The New York Review of Books*, 7 nov. 2002.

LIN PIAO. *Rapporto al IX Congresso Nazionale del Partito Comunista Cinese*. Pequim, Casa Editrice in Lingue Estere, 1969.

LOSURDO, Domenico. *La comunità, la morte, l'Occidente*: Heidegger e l'"ideologia della guerra". Turim, Bollati Boringhieri, 1991.

_____. *Democrazia o bonapartismo*: trionfo e decadenza del suffragio universale. Turim, Bollati Boringhieri, 1993. [Ed. bras.: *Democracia ou bonapartismo*: triunfo e decadência do sufrágio universal. Trad. Luiz Sérgio Henriques. Rio de Janeiro/São Paulo, Ed. UFRJ/Ed. Unesp, 2004.]

_____. *Hegel e la Germania*: filosofia e questione nazionale tra rivoluzione e Reazione. Milão, Guerini-Istituto Italiano per gli Studi Filosofici, 1997.

_____. Antonio Gramsci dal liberalismo al "comunismo critico". Roma, Gamberetti, 1997.

_____. Controstoria del liberalismo. Roma/Bari, Laterza, 2005. [Ed. bras.: *Contra-história do liberalismo*. Trad. Giovanni Semeraro. Aparecida, Ideias & Letras, 2006.]

_____. *Fuga dalla storia?* La rivoluzione russa e la rivoluzione cinese oggi. Nápoles, La Città del Sole 2005 [1999]. [Ed. bras.: *Fuga da história?* A Revolução Russa e a Revolução Chinesa vistas de hoje. Trad. Luiz Mario Gazzaneo e Carolina Muranaka Saliba. Rio de Janeiro, Revan, 2004.]

_____. *Il linguaggio dell'Impero*: lessico dell'ideologia americana. Roma/Bari, Laterza, 2007. [Ed. bras.: *A linguagem do império*: léxico da ideologia estadunidense. Trad. Jaime A. Clasen. São Paulo, Boitempo, 2010.]

_____. *Stalin*: storia e critica di una leggenda nera. Roma, Carocci, 2008. [Ed. bras.: *Stalin*: história crítica de uma lenda negra. Trad. Jaime A. Clasen. Rio de Janeiro, Revan, 2010.]

_____. *La non-violenza*: una storia fuori dal mito. Roma/Bari, Laterza, 2010. [Ed. bras.: *A não violência*: uma história fora do mito. Trad. Carlos Alberto Dastoli. Rio de Janeiro, Revan, 2012.]

_____. *Hegel e la libertà dei moderni*. Nápoles, La Scuola di Pitagora, 2011 [1992], 2 v. [Ed. bras.: *Hegel e a liberdade dos modernos*. Trad. Ana Maria Chiarini e Diego Silveira. São Paulo, Boitempo, 2019.]

_____. *La lotta di classe*: una storia politica e filosofica. Roma/Bari, Laterza, 2013. [Ed. bras.: *A luta de classes*: uma história política e filosófica. Trad. Silvia de Bernardinis. São Paulo, Boitempo, 2015.]

_____. *La sinistra assente*: crisi, società dello spettacolo e guerra. Roma, Carocci, 2014. [Ed. bras.: *A esquerda ausente*: crise, sociedade do espetáculo, guerra. Trad. Maria Lucília Ruy. São Paulo, Anita Garibaldi/Fundação Mauricio Grabois, 2020.]

_____. *Nietzsche, il ribelle aristocratico*: biografia intellettuale e bilancio critico, v. I, *La critica della rivoluzione dai profeti ebraici al socialismo*. Turim, Bollati Boringhieri, 2014 [2002]. [Ed. bras.: *Nietzsche, o rebelde aristocrata*: biografia intelectual e balanço crítico. Trad. Jaime A. Clasen. Rio de Janeiro, Revan, 2009.]

_____. *Nietzsche, il ribelle aristocratico*: biografia intellettuale e bilancio critico, v. II, *La reazione antidemocratica*: Politica ed eccedenza teoretica. Turim, Bollati Boringhieri, 2014 [2002].

_____. *Il revisionismo storico*: problemi e miti. Roma/Bari, Laterza, 2015 [1996].

_____. *Un mondo senza guerre*: l'idea di pace dalle promesse del passato alle tragedie del presente. Roma, Carocci, 2016. [Ed. bras.: *Um mundo sem guerras*: a ideia de paz das promessas do passado às tragédias do presente. Trad. Ivan Esperança Rocha. São Paulo, Ed. Unesp, 2018.]

_____. *Il marxismo occidentale*: come nacque, come morì, come può rinascere. Roma/Bari, Laterza, 2017. [Ed. bras.: *O marxismo ocidental*: como nasceu, como morreu, como pode renascer. Trad. Ana Maria Chiarini e Diego Silveira. São Paulo, Boitempo, 2018.]

LÖWITH, Karl. *Weltgeschichte und Heilsgeschehen*: Die theologischen Voraussetzungen der Geschichtsphilosophie. 4. ed. Stuttgart, Kohlhammer, 1961 [1953].

LUDENDORFF, Erich. *Der totale Krieg*. Munique, Ludendorffs Verlag, 1935.

MACAULAY, Thomas Babington. *Critical and Historical Essays, Contributed to The Edinburgh Review*. Leipzig, Tauchnitz, 1850, 5 v.

MAO ZEDONG. *Opere scelte*. Pequim, Casa Editrice in Lingue Estere, 1969-75, 4 v.

_____. *Rivoluzione e costruzione*: scritti e discorsi 1949-1957. Turim, Einaudi, 1979.

MARGOLIN, Jean-Louis. Cina: una lunga marcia nella notte. In: COURTOIS, Stephane et al. *Il libro nero del comunismo*: crimini, terrore, repressione. Milão, Mondadori, 1998 [1997].

MARTINEAU, Harriet. *British Rule in India*: A Historical Sketch. Londres, Smith, 1857.

MARX, Karl. *Grundrisse der Kritik der politischen Ökonomie (Rohentwurf) 1857-1858*. Berlim, Dietz, 1953. [Ed. bras.: *Grundrisse*: manuscritos econômicos de 1857-58. Esboços da crítica da economia política. Trad. Mario Duayer e Nélio Schneider. São Paulo, Boitempo, 2011.]

_____; ENGELS, Friedrich. *Werke*. Berlim, Dietz, Berlin, 1955-89. [Ed. bras.: *Crítica do Programa de Gotha*. Trad. Rubens Enderle, São Paulo, Boitempo, 2012; *O capital*: crítica da economia política, Livro I: *O processo de produção do capital.* Trad. Rubens Enderle, São Paulo, Boitempo, 2013; *A ideologia alemã.* Trad. Rubens Enderle, Nélio Schneider e Luciano Cavini Martorano, São Paulo, Boitempo, 2007.]

_____. *Gesamtausgabe.* Berlim/Amsterdã, Dietz/IMES, 1975 ss./1990 ss.

_____. *Manifesto del Partito Comunista.* Roma/Bari, Laterza, 2003 [1848]. [Ed. bras.: *Manifesto comunista.* Trad. Álvaro Pina e Ivana Jinkings. São Paulo, Boitempo, 2010.]

MILIBAND, Ralph. *Il laburismo*: storia di una politica. 2. ed., Roma, Riuniti, 1968 [1964].

MILL, John Stuart. *Considerazioni sul governo rappresentativo.* Milão, Bompiani, 1946 [1861]. [Ed. bras.: *Considerações sobre o governo representativo.* Trad. Manoel Innocêncio de Lacerda Santos Jr. Brasília, Ed. UnB, 1980.]

_____. *Collected Works.* Toronto/Londres, University of Toronto Press/Routledge-Kegan Paul, 1963, 33 v.

_____. *Autobiografia.* Roma/Bari, Laterza, 1976 [1853-70]. [Ed. bras.: *Autobiografia.* Trad. Alexandre Braga Massella, São Paulo, Iluminuras, 2000.]

_____. *Saggio sulla libertà.* Milão, Il Saggiatore, 1981 [1858]. [Ed. bras.: *Sobre a liberdade*: texto integral. Trad. Pedro Madeira. Rio de Janeiro, Nova Fronteira, 2011.]

MINI, Fabio. La strana coppia Russia-Cina figlia delle manipolazioni e degli errori di Obama, *Limes*: Rivista Italiana di Geopolitica, n. 8, 2014, p. 51-64.

MIRSKY, Jonathan. River of Fire, God's Chinese Son: The Taiping Heavenly Kingdom of Hong Xiuquan. *The New York Review of Books*, 29 fev. 1996, p. 39-42.

MOLINARI, Maurizio. Un coro attraversa l'America: no alla guerra. *La Stampa*, 8 out. 2002.

MOSCA, Gaetano. *Elementi di scienza politica.* 5. ed. Bari, Laterza, 1953 [1953], 2 v.

MOSSE, Georg L. *La nazionalizzazione delle masse*: simbolismo politico e movimenti di massa in Germania dalle guerre napoleoniche al Terzo Reich. Bolonha, Il Mulino, 1975 [1974].

MUNZI, Ulderico. Vendetta 34 anni dopo? *Corriere della Sera*, 19 out. 1995.

NIETZSCHE, Friedrich. *Crepuscolo degli idoli ovvero come si filosofa col martello.* 8. ed., Milão, Adelphi, 2002 [1888]. [Ed. bras.: "Crepúsculo dos ídolos ou como filosofar com o martelo". In: *Obras incompletas.* Trad. Rubens Rodrigues Torres Filho. São Paulo, Nova Cultural, 1999.]

_____. *L'anticristo*: maledizione del cristianesimo. 22. ed. Milão, Adelphi, 2006 [1895]. [Ed. bras.: *O anticristo.* Trad. Paulo César de Sousa. São Paulo, Companhia das Letras, 2007.]

NOLTE, Ernst. *Der europäische Bürgerkrieg 1917-1945*: Nationalsozialismus und Bolschewismus. Frankfurt, Ullstein, 1987.

PANACCIONE, Andrea. Postfazione. In: MEDVEDEV, Žores A; MEDVEDEV, Roj A. *Stalin Sconosciuto*: alla luce degli archivi segreti sovietici. Milão, Feltrinelli, Milano, 2006 [2003].

PAQUET, Alfons. *Im Kommunistischen Rußland*: Briefe aus Moskau. Jena, Diederichs, 1919.

PASSARINI, P. Skinner: "Afghanistan? Non è una guerra, somiglia alla vendetta", *La Stampa*, 16 dez. 2001.

PIKETTY, Thomas. *Le capital au XXIe siècle.* Paris, Seuil, 2013. [Ed. bras.: *O capital no século XXI.* Trad. Monica Baumgarten de Bolle. Rio de Janeiro, Intrínseca, 2014.]

PIPES, Richard. *La Russia*: Potere e società dal Medioevo alla dissoluzione dell'"ancien régime". Milão, Leonardo, 1992 [1974].

POPPER, Karl R. *La società aperta e i suoi nemici*. Roma, Armando, 1974 [1943; 5. ed. 1966), 2 v. [Ed. bras.: *A sociedade aberta e seus inimigos*. Trad. Milton Amado, Belo Horizonte, Itatiaia, 1974, v. I e v. II.]

_____. *La lezione di questo secolo*. Veneza, Marsilio, 1992.

_____. "Kriege führen für den Frieden", *Der Spiegel*, 23 mar. 1992 (entrevista).

_____. Io, il Papa e Gorbaciov. *La Stampa*, 9 abr. 1992 (entrevista).

POURSIN, Jean-Marie; DUPUY, Gabriel. *Malthus*. Roma/Bari, Laterza, 1974 [1972].

PRESTON, Paul. *The Spanish Holocaust*: Inquisition and Extermination in the Twentieth Century Spain. Londres: Harper Press, 2012.

R. E. Clinton: "Usammo i neri come cavie umane. Una vergogna americana", *Corriere della Sera*, 10 abr. 1997.

RATZEL, Friedrich. *Politische Geographie der Vereinigten Staaten von Amerika unter besonderer Berücksichtigung der natürlichen Bedingungen und wirtschaftlichen Verhältnisse*. Munique, Oldenburg, 1893.

RAWLS, John. *Una teoria della giustizia*. Milão, Feltrinelli, 1982 [1971]. [Ed. bras.: *Uma teoria da justiça*. Trad. Almiro Pisetta e Lenita M. R. Esteves. São Paulo, Martins Fontes, 2000.]

ROMANO, Sergio. *Il declino dell'Impero americano*. Milão, Longanesi, 2014.

ROSENBERG, Alfred. *Der Mythus des 20*: Jahrhunderts. Munique, Hoheneichen, 1937 [1930].

ROSSANDA, Rossana. I limiti della democrazia progressiva. In: Vários autores, *Da Togliatti alla nuova sinistra*. Roma, Alfani, 1976.

ROSSELLI, Carlo. *Scritti politici*. Nápoles, Guida, 1988.

_____. *Scritti dell'esilio*. Turim, Einaudi, 1989-92, 2 v.

SCHELLING, Friedrich Wilhelm Joseph. Stuttgarter Privatvorlesungen. In: *Sämmtliche Werke*. Stuttgart/Augsburgo, Cotta, 1856-61 [1810]. v. VII.

_____. Philosophie der Mythologie. In: *Sämmtliche Werke*. Stuttgart/Augsburgo, Cota, 1856-61. v. XI.

SCHLESINGER JR., Arthur M. Four Days with Fidel: A Havana Diary. *The New York Review of Books*, 26 mar. 1992.

SCHMID, Alex Peter. *Churchills privater Krieg*: Intervention und Konterrevolution im russischen Bürgerkrieg, November 1918-März 1920. Zurique, Atlantis, 1974.

SCHMIDT, Helmut. Europa braucht keinen Vormund. *Die Zeit*, n. 32, 1º ago. 2002.

SCHMITT, Carl. *Die geistesgeschichtliche Lage des heutigen Parlamentarismus*. Berlim, Duncker & Humblot, 1985 [1923].

SCHNEIDER, James J. *The Structure of Strategic Revolution*: Total War and the Roots of the Soviet Warfare State. Novato, Presidio, 1994.

SMITH, Adam. *Indagine sulla natura e le cause della ricchezza delle nazioni*. Milão, Mondadori, 1977 [1775-6]. [Ed. bras.: *A riqueza das nações*: investigação sobre sua natureza e suas causas. Trad. Luiz João Baraúna, São Paulo, Nova Cultural, 1996. 2 v.]

_____. *Lectures on Jurisprudence*. Indianapolis, Liberty Classics, 1982 [1762-63, 1766].

SNOW, Edgar. *Stella rossa sulla Cina*. 3. ed. Turim, Einaudi, 1967 [1937].

SPENCER, Herbert. *The Man versus the State*: with Six Essays on Government, Society, and Freedom. Indianapolis, Liberty Classics, 1981 [1843-84]. [Ed. port.: *Homem versus Estado*. Lisboa, Alfanje, 2011.]

SPENGLER, Oswald. *Preußentum und Sozialismus*. Munique, Beck, 1921 [1919].

STÁLIN, Josef. Discorso al XIX Congresso del Partito Comunista dell'Unione Sovietica In: *Problemi della pace*. Roma, Edizioni di Cultura Sociale, 1953 [1952].

STERNHELL, Zeev. *La droite révolutionnaire*: les origines françaises du fascisme, 1885-1914. Paris, Seuil, 1978.

TAINE, Hippolyte. *Le origini della Francia contemporanea*: l'antico regime. Milão, Adelphi, 1986 [1876].

TOCQUEVILLE, Alexis de. *Correspondance et oeuvres posthumes*. Paris, Lévy, 1866.

_____. *Oeuvres complètes*. Paris, Gallimard, 1951. [Ed. bras.: *Lembranças de 1848*: as jornadas revolucionárias em Paris. Trad. Modesto Florenzano. São Paulo, Penguin-Companhia, 2011; *A democracia na América*, Livro I: *Leis e costumes*. Trad. Eduardo Brandão. São Paulo, Martins Fontes, 2005; *A democracia na América*, Livro II: *Sentimentos e opiniões*. Trad. Eduardo Brandão, São Paulo, Martins Fontes, 2000.]

TODOROV, Tzvetan. La guerra impossibile. *La Repubblica*, 26 jun. 2012.

TOGLIATTI, Palmiro. *Opere*. Roma, Riuniti, 1973-84, 6 v.

TORRI, Michelguglielmo. *Storia dell'India*. Roma/Bari, Laterza, 2000.

TUCKER, Robert C. *Stalin in Power*: The Revolution from Above, 1928-1941. Nova York/Londres, Norton, 1990.

VALLI, Bernardo. Tra Stalin e nazismo l'Ucraina risveglia gli incubi del passato. *La Repubblica*, 13 mar. 2014.

WADE, Wyn Craig. *The Fiery Cross*: The Ku Klux Klan in America. Nova York/Oxford, Oxford University Press, 1997.

WEBER, Max. Der Sinn der "Wertfreiheit" der soziologischen und ökonomischen Wissenschaften. In: *Methodologische Schriften, Studienausgabe*. Frankfurt, Fischer, 1968 [1917].

WERTH, Nicolas. *La terreur et le désarroi*: Stalin et son système. Paris, Perrin, 2007.

YOUNG-BRUEHL, Elisabeth. *Hannah Arendt, 1906-1975*: per amore del mondo. Turim, Bollati Boringhieri, 1990 [1982].

ŽIŽEK, Slavoj. *In Defense of Lost Causes*. Londres/NovaYork, Verso, 2009 [2008].

_____. *In difesa delle cause perse*. Milão, Ponte alle Grazie, 2009 [2008]. [Ed. bras.: *Em defesa das causas perdidas*. Trad. Maria Beatriz de Medina. São Paulo, Boitempo, 2011]

_____. L'idée du communisme comme universel concret. In: BADIOU, Alain; ŽIZEK, Slavoj. *L'idée du communisme*. Paris, Lignes, 2011.v. II.

_____. Welcome to Interesting Times! In: Vários autores. *Revolution and Subjectivity*. Madri, Matadero, 2011 [2010], p. 125-36.

_____. *Benvenuti in tempi interessanti*. Milão, Ponte alle Grazie, 2012 [2010].

_____. *Un anno sognato pericolosamente*. Milão, Ponte alle Grazie, 2013 [2012]. [Ed. bras.: *O ano em que sonhamos perigosamente*. Trad. Rogério Bettoni. São Paulo, Boitempo, 2012.]

SOBRE O AUTOR

Domenico Losurdo (1941-2018) foi um pensador marxista com fundamentais contribuições nas áreas de filosofia, história e política. Doutorou-se com uma tese sobre Karl Rosenkranz e foi professor de História da Filosofia na Universidade de Urbino. Intelectual militante, sua obra compreende longos tratados monográficos sobre autores canônicos da filosofia ou de história das ideias, além de ensaios e artigos sobre estratégias, táticas e eventos concretos. Sua produção é marcada pela crítica radical ao liberalismo, ao capitalismo e ao colonialismo, bem como por uma interpretação detalhada das experiências socialistas.

Tem diversas obras publicadas no Brasil, entre elas: *Contra-história do liberalismo* (Ideias & Letras, 2006), *Liberalismo: entre civilização e barbárie* (Anita Garibaldi, 2006), *Nietzsche, o rebelde aristocrata* (Revan, 2009), *A linguagem do império: léxico da ideologia estadunidense* (Boitempo, 2010), *A luta de classes: uma história política e filosófica* (Boitempo, 2015), *Guerra e revolução: um século após Outubro de 1917* (Boitempo, 2017), *O marxismo ocidental: como nasceu, como morreu, como pode renascer* (Boitempo, 2018), *Hegel e a liberdade dos modernos* (Boitempo 2019) e *Colonialismo e luta anticolonial* (Boitempo, 2020).

Finalizado em 24 de fevereiro de 2022, data em que a Rússia investiu militarmente contra a Ucrânia para deter a expansão da Otan na Europa oriental, confirmando a escalada do conflito descrito pelo autor, este livro foi composto em Adobe Garamond Pro, corpo 11/14,3, e impresso em papel Avena 80 g/m², pela gráfica Rettec, para a Boitempo, com tiragem de 5 mil exemplares.